Rosemary Agonito

»Nett« war ich lange genug, jetzt setze ich mich durch

Ein Selbstbehauptungstraining
für Frauen

Aus dem amerikanischen Englisch
von Joanna Schroeder

ECON

Sonderausgabe
2. Auflage 1997
Deutsche Erstausgabe

First published in the United States of America by Bob Adams, Inc.
Titel des amerikanischen Originals: *No more »Nice Girl«*
Aus dem Amerikanischen übersetzt von Joanna Schroeder
Umschlaggestaltung: Molesch/Niedertubbesing, Bielefeld
Titelabbildung: IFA, Düsseldorf
Lektorat: Ute Leidnecker
Gesetzt aus der Garamond
Satz: Dörlemann Satz, Lemförde
Druck und Bindearbeiten: Ebner Ulm
Printed in Germany
ISBN 3-612-21147-1

Inhalt

Einleitung

Nachdem ich zuerst als Philosophiedozentin, dann als Leiterin des Fachbereichs Frauenforschung an einem nordamerikanischen College gearbeitet habe, bin ich jetzt seit elf Jahren freiberuflich tätig. Ich arbeite als Unternehmensberaterin für Frauen, die sich mit der Absicht einer Existenzgründung tragen, und gebe Kurse für Frauen, die sich beruflich verändern oder nach einer Familienpause wieder ins Berufsleben einsteigen wollen. Außerdem bin ich Gleichstellungsberaterin in Unternehmen, die das Verhältnis zwischen weiblichen und männlichen Mitarbeitern auf die Ebene einer Gleichberechtigung bringen wollen und dabei eine Supervision oder einfach Rat brauchen. In diesen Jahren bin ich mit vielen Arbeitnehmerinnen jeder Hautfarbe und jeden Alters zusammengetroffen. Oft war ich über ihr Schicksal entsetzt oder traurig, aber ebenso oft hat mich ihr Lebensweg inspiriert und ermutigt. Ihre Geschichte war auch meine Geschichte – eine Art umfassender Sammlung von Erfahrungen gleichen Inhalts in immer verschiedener Form.

Was Frauen am Arbeitsplatz gemeinsam haben, ist ein lebenslanger Kampf gegen Hindernisse, einige davon kraß und offensichtlich, andere dagegen höchst subtil und so schwer wahrzunehmen, daß sie sich nur als leises, aber ständiges Nagen in unserem Inneren bemerkbar machen, dessen Ursachen wir aber nicht zu fassen kriegen. Vordergründig bestehen Hindernisse aus den Menschen, Situationen und Strukturen unserer Umgebung.

Aber andere Hindernisse sind tief in uns selbst verwurzelt, als Resultat einer ewigen Wiederholung von Botschaften, die bewußt oder unbewußt unsere Gedanken, Gefühle und Erinnerungen geprägt haben.

Der Arbeitsalltag jeder Frau kommt einem Hindernisrennen gleich. Die schwierigste Aufgabe für jede berufstätige Frau besteht deshalb darin, diese Hindernisse zu Hause und am Arbeitsplatz zu erkennen und zu benennen, und – was noch schwieriger ist – herauszufinden, was sie dagegen tun kann. Während die Frauenbewegung für die grundlegenden Rechte der Frau kämpft, muß jede Einzelne sich ihre individuellen Rechte in einer frauenfeindlichen Umwelt erkämpfen – sie muß sich mit offenen Gegnern und Unterstützern, mit heimlichen Tätern und der Gleichgültigkeit anderer auseinandersetzen – während sie gleichzeitig auch noch gegen ihren inneren Feind ankämpft.

Ich habe dieses Buch nicht geschrieben, um die Frauenbewegung mit weiteren Gedanken zu bereichern, oder für Frauen, denen diese Inhalte schon selbstverständlich geworden sind, ich behaupte auch nicht, daß meine Ideen neu sind oder einen Beitrag zur akademischen Diskussion feministischer Theorien leisten; vielmehr zielt dieses Buch auf unser konkretes, individuelles Handeln als Frauen. Ich habe dieses Buch als Hilfestellung für alle berufstätigen Frauen geschrieben, die tagtäglich mit persönlichem, institutionellem und strukturellem Sexismus konfrontiert sind, der sich in kleinen Unverschämtheiten und in großen Ungerechtigkeiten niederschlägt. Und ich schreibe es für alle Frauen, die durch eine frauenfeindliche Welt von ihrer beruflichen Selbstverwirklichung abgehalten werden, weil sie keine Berufsausbildung haben oder ein egoistischer Ehemann ihnen die Berufsausübung verbietet, oder weil sie nach der Familienpause nicht den Mut zu einem neuen Einstieg finden. Ich schreibe, weil ich festgestellt habe, daß der Feminismus den Alltag vieler Frauen noch längst nicht erreicht hat; weil viele Frauen den Kampf mit ihren inneren Feinden und den täglichen Kleinkrieg allein durchstehen und sich dabei einsam fühlen; weil viele Frauen noch nie erlebt haben, wie stark uns die gegenseitige Unterstützung durch andere Frauen aus der Frauenbewegung machen kann.

Viele Feministinnen haben festgestellt, daß unser Mangel an Selbstachtung als Frauen eine der verborgenen Wurzeln des Sexismus darstellt. Ich glaube aber nicht, daß sich unser Mangel an Selbstachtung durch langes Reden beheben läßt oder daß wir dadurch mit uns selbst zufriedener werden. Ich glaube, daß wir mit uns selbst zufrieden sind, wenn wir so *handeln*, daß wir mit uns selbst einverstanden sein können. Genauso wie ich das Gefühl, erfolgreich zu sein, nur dann habe, wenn ich etwas Konkretes erreicht habe, oder das Gefühl frei zu sein, wenn ich wirklich selbst Entscheidungen treffen kann, kann ich nur dann mit mir selbst einverstanden sein, wenn ich mich in meinem Handeln nicht selbst einschränke oder von anderen einschränken lasse, wenn ich mich weder passiv noch selbstschädigend verhalte.

In den allermeisten Fällen ist eine Verhaltensänderung nicht nur eine schwierige, sondern vor allem eine langwierige Aufgabe, weil die meisten Verhaltensmuster aus lebenslangen Wiederholungen und Gewohnheiten entstanden sind. Hin und wieder kann eine grundlegende Verhaltensänderung auf eine bewußte Einsicht folgen, meistens aber in Form einer regelrechten Bekehrung durch eine grundlegende, erschütternde Erkenntnis. Zum Beispiel hat mein Partner Joseph vor Jahren Pete Singers *Animal Liberation*[1] gelesen und seitdem nie wieder Fisch oder Fleisch gegessen. Das kann vorkommen.

Für die meisten von uns sind solche umwerfenden Erkenntnisse über Nacht eher selten. Die meisten ernsthaften Verhaltensänderungen sind der Lohn für ständige Bemühungen, aus denen langsam Wachstum und Veränderung entsteht. Und wir alle müssen da anfangen, wo wir gerade stehen.

Der Feminismus ist, wie alle großen Bewegungen, in Theorie und Praxis seiner Zeit weit voraus. Aber der Höhenflug feministischer Visionen wird bezahlt mit dem Verlust der Fähigkeit, die Frauen an der Basis zu erreichen. Frauen, die auf dem Boden der Tatsachen stehen (müssen), denen die Zeit, die Möglichkeit und vielleicht sogar der Wunsch fehlt, von den umwerfenden Folgen dieser Visionen zu profitieren. Feminismus macht den Leuten angst, weil er eine Herausforderung unserer Überzeugungen und unseres Seins in sich trägt, die uns zu einer grundlegenden Veränderung aller Strukturen unseres Lebens veranlassen könnten. Das gilt gleichermaßen für jene, die von dieser Bewegung mit Sicherheit nur profitieren können, wie für die anderen, die mit Sicherheit etwas zu verlieren haben, nämlich ihre männlichen Privilegien. Trotzdem bin ich davon überzeugt, daß die meisten Frauen ein dringendes Bedürfnis nach feministischen Erkenntnissen haben, auch wenn sie im Rahmen ihres normalen Lebens kaum damit in Berührung kommen, außer vielleicht durch die Medien, die sie verfälscht präsentieren.

Dieses Buch versucht besonders jene Frauen im Berufsleben zu erreichen, die sich Tag und Nacht mit der Verletzung ihrer Würde und erkannten oder nicht erkannten Hindernissen herumschlagen, mit der Doppelbelastung durch Kinder und Arbeit, mit den alltäglichen Sorgen und oft noch mit der Sorge um die nackte Existenz ...

Das vordringlichste Problem besteht darin, daß wir uns selbst damit abfinden, unterdrückt zu werden. Während ich überall, wo ich hinkomme, und besonders in der Arbeitswelt immer die schrecklichsten Geschichten darüber höre, wie Frauen behandelt werden, treffe ich nur selten Frauen, die mir erzählen, daß sie sich erfolgreich gegen diese Art der Behandlung gewehrt haben, oder es wenigstens versucht haben. Statt dessen erzählen mir Frauen immer wieder, was alles sie passiv und schweigend erduldet haben, manchmal von den seltenen Fällen eines verbitterten Ausbruchs gegen ihre Unterdrücker. Und dann gibt es die ganz seltenen, ermutigenden Fälle, wo Frauen sich selbstbewußt und positiv mit einer sexistischen Umgebung auseinandergesetzt haben, aber das sind leider viel zu wenige.

Es ist nicht so, daß ich dieses passive Ertragen nicht verstehen würde; ich habe die passive Rolle selbst lange genug gespielt. Das haben wir alle. Diese Passivität entspricht unserer Konditionierung als Frauen von klein auf. Wir sind auch heute noch »nett und brav«, weil man uns Mädchen beigebracht hat, daß sich das für uns gehört. Wir geben auch als erwachsene Frauen keine Widerworte, und wir wehren uns nicht. Wir wollen niemanden in seinen Gefühlen verletzen, und wir wollen um jeden, aber wirklich jeden Preis gemocht werden. Unsere Erziehung hat uns gelehrt, daß es für uns entscheidend ist, die Verbindung mit den Menschen um uns herum nicht zu riskieren. Deshalb sind wir immer auf die Zustimmung anderer bedacht.

Neben dieser Konditionierung gibt es auch noch die Angst vor den Konsequenzen, die uns für unangepaßtes Verhalten drohen. Unsere Rolle macht uns verletzbar, deshalb führen reale oder eingebildete Konsequenzen zu einer Selbstbeschneidung unserer Handlungsfähigkeit. Aber wir bezahlen einen viel zu hohen Preis dafür, daß wir »nette Mädchen« sind. Unsere Passivität erscheint Tätern als Ausdruck der Gleichgültigkeit oder als Einverständnis mit seinem oder ihrem Verhalten. Das ermutigt die Täter, uns immer weiter und häufig auch immer schlimmer auszunutzen. Und wir selbst untergraben unsere Fähigkeit, für uns selbst und in den Augen anderer als selbständige Individuen aufzutreten, wenn wir uns als Fußabtreter benutzen lassen oder einfach im täglichen Einerlei verharren, weil es uns einfacher erscheint.

Es steht außer Zweifel, daß Frauen wissen, was gespielt wird. (Vielleicht von den wenigen Ausnahmen abgesehen, die trotz des offensichtlichen Gegenteils in aller Naivität behaupten, daß sie nie diskriminiert wurden.) *Aber die meisten Frauen haben keine Ah-*

nung, wie sie einem Gegner ebenbürtig entgegentreten können. Und was noch schlimmer ist, Frauen erblicken darin eine schwer zu bewältigende Aufgabe, fast eine Unmöglichkeit, aber das ist eine (von Männern gewollte) Täuschung.

Weshalb ziehen wir es vor, uns auch als erwachsene Frauen noch wie »nette Mädchen« zu verhalten, wenn es eindeutig zu unserem eigenen Schaden ist?

Es ist natürlich keine Kleinigkeit, erwachsen zu werden. Aber die Fähigkeit, unsere eigenen Ansprüche wahrzunehmen, zu unserer Unterdrückung nein zu sagen und darauf zu bestehen, mit Achtung behandelt zu werden, ist der allererste Anfang einer Veränderung für uns Frauen. Ohne das können wir nicht auf Selbstachtung und Selbstbewußtsein hoffen, und es wird auch für andere schwer bleiben, uns ernst zu nehmen, wenn wir uns selbst kaum ernst nehmen. Wir erleben uns selbst als ohnmächtig und akzeptieren damit im tiefsten Inneren die allgemeine Überzeugung, daß wir einem unterlegenen Geschlecht angehören.

Aus früheren Erfahrungen wissen wir, daß wir Respekt, gleiche Chancen, Macht oder andere Dinge nicht aus freien Stücken angeboten bekommen, sondern daß wir selbst darauf bestehen müssen. Als Individuen und als Gruppe müssen Frauen dafür kämpfen, ernstgenommen zu werden, damit die gewohnten Strukturen aufbrechen und die tagtägliche, lebenslange sexistische Unterdrückung für uns ein Ende findet. Die Leute mögen »nette Mädchen«, aber das heißt noch lange nicht, daß sie sie auch respektieren.

Zu oft suchen wir nach anderen, die uns diese Aufgabe abnehmen – die stellvertretend für uns den Kampf um unsere Rechte auf sich nehmen, die Diskriminierung beenden und die Welt verändern könnten. Mit Sicherheit bedeutet die gemeinsame Aktion eine lebendige Grundlage für Veränderungen. Aber die Welt wird sich nicht bedeutend verändern, wenn wir es nicht selbst schaffen, unser eigenes, kleines Eckchen Welt zu verändern. Eine gelungene Revolution ist das Ergebnis der abertausend kleinen Revolutionen, aus denen sie sich zusammensetzt.

Die Frauenbewegung ist kein Abstraktum – sie bedeutet, daß Frauen sich selbst und ihre eigene Welt in Bewegung setzen. Wenn ich mich gegen den Scherzkeks, der auf meine Kosten seine schmutzigen Witze reißt, gegen den Chef, der mir keine wichtigen Aufträge anvertraut, den Kollegen, der meine Ideen klaut, oder den Typen, der mich bevormundet oder gönnerhaft behandelt, nicht zur Wehr setze, dann kann ich nicht erwarten, daß die Frauenbewegung an meiner Stelle mein Leben grundlegend ändern wird. Wenn ich das Gefühl habe, in einem schlecht bezahlten Job ohne jede Aussicht auf Gehaltserhöhung oder Beförderung gefangen zu sein, oder wenn mein Chef trotz meiner Qualitäten keinen Finger für mich krümmt, oder wenn meine Familie mich mit der doppelten Belastung durch Kinder und Karriere im Stich läßt, oder wenn ich nicht den Mut habe, mich als Unternehmerin selbständig zu machen, dann wird mich kein Märchenprinz (und auch keine Märchenprinzessin) retten. Jede Frau, die darüber ernsthaft nachdenkt, wird feststellen, daß ihr niemand hilft, wenn sie sich nicht selbst hilft.

Ich will nicht behaupten, daß wir in unserem Kampf gegen die sexistischen Hindernisse mutterseelenallein dastehen. Wir sind nicht allein. Zahlreiche Menschen, Frauen und Männer, kämpfen jeden Tag in diesem Bereich. Manchmal sind die Hindernisse tatsächlich zu groß, als daß sie im Alleingang aus dem Weg geräumt werden könnten. Aber vieles, was in unserem Leben verändert werden muß, können wir nur individuell und jede für sich ändern, mit oder ohne Unterstützung durch andere.

Dieses Buch ist ein Aufruf zum Handeln für alle Frauen, aber besonders für berufstätige Frauen. Es will Frauen ermutigen, für sich selbst einzustehen – zu verstehen, daß wir erst anfangen müssen, die kleinen Gemeinheiten nicht mehr unwidersprochen hinzunehmen, um uns dann mit Zuversicht gegen die großen Angriffe zu wehren. Nur indem wir uns weigern, den alltäglichen Sexismus zu tolerieren, können wir hoffen, etwas so Selbstverständliches wie Chancengleichheit zu erreichen, von einer systematischen Veränderung der ganzen Gesellschaft ganz zu schweigen.

Dem alltäglichen Sexismus wirkungsvoll entgegenzutreten erfordert drei Schritte:

1. Wir müssen verstehen, wie die Hindernisse tatsächlich beschaffen sind. (Was wird hier eigentlich gespielt?)
2. Wir müssen verstehen, welche Verbindungen es zwischen den anscheinend zusammenhanglosen Ereignissen in unserem Leben gibt, aus denen sich die sexistischen Strukturen zusammensetzen. (Welchen Zusammenhang gibt es zwischen sexueller Belästigung und der permanenten Unterbezahlung von Frauen oder der Tatsache, daß sie schlechtere Aufstiegschancen haben als Männer? Wie wirkt sich das, was mir als Kind passiert ist, auf mein (passives) Verhalten an meinem Arbeitsplatz aus? Welchen Einfluß hat das halbnackte Mädchen von der Bierreklame auf die Bevormundung und das gönnerhafte Gehabe, das so viele Männer Frauen gegenüber an den Tag legen? Was hat das, was meiner Nachbarin zustößt, mit mir zu tun?)
3. Wir müssen selbstbewußt und im Vertrauen auf unsere eigenen Kräfte handeln, auch wenn uns Hindernisse in den Weg gelegt werden.

Auf diesem Weg werden wir manchmal gewinnen und manchmal verlieren. Unabhängig von Sieg oder Niederlage werden wir auf diese Art und Weise Kontrolle über unser Leben haben, wie wir sie als passive Opfer von Belästigungen, als ewige »nette Mädchen« niemals haben können. Jeder neue Akt der Selbstbehauptung erleichtert den nächsten Schritt und verbessert unser Selbstbild. Und jedesmal wird es für den Täter schwieriger, unter dem Mantel des Schweigens ungestraft davonzukommen.

◆

Die meisten von uns teilen die Geschichten in diesem Buch – meine Geschichte und die der vielen Frauen, die ich getroffen und mit denen ich zusammengearbeitet habe. Ich will diese Geschichten anderen Frauen erzählen, auch wenn einige davon sehr persönlich sind, damit wir besser verstehen, wie die Hindernisse aussehen, die wir in den Weg gestellt bekommen und uns selbst in den Weg stellen, und damit wir verstehen, welche Zusammenhänge es zwischen den anscheinend unverbundenen Ereignissen unseres Lebens gibt. Neben diesen Geschichten möchte ich mitteilen, was ich selbst gelernt habe, seit ich meine eigenen Ansprüche selbst wahrnehme, und vor allem will ich zeigen, welche Wege zu einer beruflichen und persönlichen Selbstverwirklichung ohne selbstzerstörerische Momente möglich sind. Natürlich sind meine Strategien keine Patentrezepte – jede Frau muß selbst entscheiden, ob sie sie übernehmen oder eigene Strategien entwickeln will –, aber ich biete sie an in der Hoffnung auf Veränderung und auf eine bessere Zukunft.

Unsere Geschichte ist die einer Entwicklung von unfreiwilliger Mithilfe an unserer eigenen Unterdrückung hin zu einer neuen, selbstbewußten Unabhängigkeit. Trotz unserer Trauer, Wut und Verzweiflung enthält unsere Geschichte die Hoffnung auf Veränderung durch unser eigenes Handeln im Alltag – und darauf, daß mit einem kleinen Anstoß eine ganze Lawine der Veränderungen ausgelöst werden kann.

Dieses Buch verdankt den Frauen, die ich kennengelernt habe, sehr viel. Ihre Geschichten haben mir gezeigt, was menschliche Ausdauer vermag, was es bedeutet, den kleinen und großen Einschränkungen unserer Möglichkeiten standzuhalten und sie zu überwinden, und was schon die Entschlossenheit allein gegen haarsträubende und scheinbar festzementierte Ungerechtigkeiten ausrichten kann.

Natürlich bleiben die Frauen, deren Geschichten und Erlebnisse in diesem Buch erzählt werden, anonym. Ich habe die Namen und die Orte geändert, um die Privatsphäre der Frauen zu schützen und weil ihre Geschichten ebensogut auch unsere eigenen Geschichten sein könnten, häufig genug sind sie es auch. Ich danke allen diesen Frauen.

Und weil ich weiß, daß jede Frauengeneration auf dem aufbaut, was die Generation vor ihr erkämpft hat, möchte ich mich auch bei all jenen Frauen bedanken, die ich nur durch ihre Taten kenne: Die namenlosen Frauen aus dem antiken Rom, deren Kampf das traditionelle Recht der Männer, ihre Ehefrauen zu töten, abgeschafft hat; die Millionen Frauen in aller Welt, die als Hexen gebrandmarkt und ermordet wurden, weil sie aus ihrer Rolle ausgebrochen waren; die frühen Feministinnen des achtzehnten und neunzehnten Jahrhunderts, die trotz unvorstellbarer Hindernisse für ihre Rechte kämpften; die endlos vielen armen Frauen, die von jeher außer Haus arbeiten mußten, um sich und ihre Familien über Wasser zu halten …

Ich möchte mich auch bei den Männern bedanken, die gegen ihre Geschlechtsgenossen und alle Konventionen für die Rechte von Frauen eingetreten sind. Ich persönlich habe Kollegen und Freunde gefunden, die an sich und ihrer Umgebung gearbeitet haben, um die Bemühungen von Frauen zu unterstützen, zu Hause und in der Arbeitswelt.

Ich danke den Frauen, die ich nur durch ihre Bücher und Taten kenne. Ohne diese Frauen wäre ich nicht zu der Frau geworden, die ich heute bin – Andrea Dworkin, Robin Morgan, Shulamith Firestone, Marilyn French, Gloria Steinem, Marge Piercy, Mary Daly, Kate Millett, Elizabeth Cady Stanton, Matilda Joslyn Gage, Mary Wollstonecraft und andere. Und ich danke den wenigen, die ich zu meiner Freude persönlich kennenlernen konnte, wie Florence Howe, Wilma Scott Heide, Midge MacKenzie, Tillie Olsen, Karen DeCrow, Bella Abzug und Betty Bone Schiess.

Auf einer privateren Ebene möchte ich mich bei Joseph Agonito, meinem Gefährten seit über drei Jahrzehnten bedanken, der die Fähigkeit hatte, bei meiner feministischen Metamorphose mitzuwachsen, und der in seiner Eigenschaft als Lehrer, Autor und Dokumentarfilmproduzent zu verschiedenen Themen der Frauenforschung beigetragen hat. Unsere lange Partnerschaft läßt uns wie Dinosaurier in einer Welt voller Scheidungen erscheinen, sie beweist aber die Fähigkeit von Frauen und Männern, sich trotz aller Rückschläge gegenseitig zu respektieren, zu unterstützen und füreinander zu sorgen.

Auch meiner Mutter schulde ich großen Dank. Obwohl sie ihr ganzes Leben lang einem Schicksalsschlag nach dem anderen standhalten mußte, hat sie es doch fertiggebracht, meine Schwestern und mich vor der schlimmsten emotionalen Tyrannei des selbsternannten Patriarchen in unserem Leben abzuschirmen.

Schließlich möchte ich mich auch bei meinem Verlag Bob Adams, Inc. für die Hilfe und Unterstützung bedanken – Bob Adams, Brandon Toporov und besonders Laura Morin, deren Hilfe und Unterstützung mir bei jedem Schritt des Weges sehr wertvoll gewesen ist.

1 Äußere Hindernisse

Das Rollenmuster des »netten Mädchens«

Im Lauf meines Lebens ist mir immer deutlicher geworden, wie wichtig die Auseinandersetzung mit den Erlebnissen der Kindheit ist, um sich selbst verstehen zu lernen. Wer wir sind, warum wir in unserem Leben bestimmte Entscheidungen getroffen haben, wie unser tägliches Verhalten und unser Umgang mit der Welt vorgeprägt wurde, und das Wichtigste, auf welche Vorgaben wir ausgerichtet sind – diese Geheimnisse liegen in unserer Kindheit vergraben und warten darauf, ans Licht geholt zu werden.

Ob sie nun im einzelnen schmerzhaft oder beglückend sind, solche Entdeckungen können uns nur stärken, weil sie unseren Blickwinkel erweitern und uns die Möglichkeit geben, frühe Einflüsse auf unsere Entwicklung selbst zu vertiefen, auszugleichen oder zurückzuweisen. Wenn wir anfangen wollen, unsere eigene Zukunft zu gestalten, bei der wir selbst mit unserer Arbeit und unseren Beziehungen im Mittelpunkt stehen, dann ist die Erforschung unserer Vergangenheit unersetzlich, damit wir die Wahlmöglichkeiten für eine selbstbestimmte Zukunft überhaupt erfassen können. Die Entdeckung meines eigenen Wesens hinter den anerzogenen Verhaltensweisen aus der Kindheit kann mich befähigen, die Ziele zu verfolgen, die ich selbst für mich erreichen möchte, besonders wenn ich als Frau eher darauf ausgerichtet bin, anderen beim Erreichen ihrer Ziele zu helfen. Nur dann werden sich mir neue Möglichkeiten erschließen, auf meine Umgebung nicht mehr in Selbstverleugnung als »nettes Mädchen« zu reagieren, sondern mich von dieser Rollenfestschreibung zu befreien.

Das Muster des »netten Mädchens« zu erfüllen heißt, daß wir uns selbst immer hintenanstellen. Es heißt, immer anderen gefallen zu wollen, *ihre* Bedürfnisse und Wünsche zuerst zu erfüllen, auch wenn ihre Interessen gegen uns gerichtet sind. Für die Erfüllung unseres Wunsches, gemocht und akzeptiert zu werden (was Psychologen häufig als wichtigstes Motiv bei Frauen festgestellt haben), sind wir gern bereit, unsere eigenen Bedürfnisse und Gefühle zu unterdrücken, unsere Überzeugungen und Wertvorstellungen zu verraten und uns anzupassen.

Wir sind »nett« und lassen uns lieber verletzen, als daß wir einen anderen Menschen in seinen Gefühlen kränken, deshalb widersprechen wir nicht, und wir setzen uns auch gegen ständige, zermürbende Angriffe nicht zur Wehr. Wir schlucken alle Zumutungen und erfüllen unsere Pflichten. »Nette Mädchen« lächeln so lange, bis ihnen ihr Lächeln im Gesicht festfriert.

Die ewige Dulderin wird nie klagen, sondern immer treu und gehorsam sein. Und gehorsam sein bedeutet, daß wir uns nach den Regeln anderer richten, nach Regeln, die wir nicht gemacht haben, bei denen wir keine Mitsprache haben. Es bedeutet, daß wir uns einer tradierten Frauenrolle anpassen, auch wenn sie im Verhältnis zu den tatsächlichen Gegebenheiten unseres Lebens hoffnungslos überholt ist und uns selbst in Wirklichkeit keinerlei Vorteile bietet. Vor allem schließt das Muster des »netten Mädchens« Passivität und Nachgiebigkeit mit ein. Statt selbst zu agieren, reagieren wir nur. Statt uns selbst zu helfen, warten wir wie Rapunzel oder Dornröschen auf den Märchenprinzen, der uns aus dem Gefängnis unserer Untätigkeit befreien soll.

Am Arbeitsplatz hat das ewige Lied vom »netten Mädchen« ernsthafte Folgen, weil wir darin als inkonsequent, machtlos und abhängig besungen werden – und genauso sieht man uns. Wir passen uns den Plänen anderer an und werden deshalb rücksichtslos in die Pläne anderer eingespannt. Obwohl eine erfolgreiche Karriere gerade das Gegenteil eines »netten Mädchens« erfordert – nämlich Unabhängigkeit, Selbstbehauptung, Kreativität, Kompetenz, Durchsetzungsfähigkeit und Machtbewußtsein …

Wenn wir allerdings nicht so nett sind, werden wir schnell gehässig als »Mannweiber« oder »Karrierefrauen« abgestempelt. Das Ergebnis ist, daß wir im Berufsleben zwischen zwei Extremen zerrissen werden. Einerseits wollen wir Erfolg, andererseits merken wir, wie schwer es ist, nicht den gegenteiligen Tendenzen in uns selbst nachzugeben.

Im Grunde verhält sich ein »nettes Mädchen« ewig wie ein Kind. Diese Haltung ist unvereinbar mit der Selbstverantwortung einer erwachsenen Frau, die sich selbstbewußt ihren persönlichen Aufgaben am Arbeitsplatz und im Privatleben verpflichtet fühlt.

Natürlich sind nicht alle Frauen »nette Mädchen«, und nicht alle haben dieses Rollenmuster im gesamten Umfang verinnerlicht. Aber das Problem ist weitgefächert, und es betrifft Frauen aller Kulturen und sozialen Gruppen. Für alle diese Frauen ist es entscheidend, die Rolle des ohnmächtigen »netten Mädchens« abzustreifen, um Gleichberechtigung am Arbeitsplatz zu erreichen. Wie ich selbst soweit gekommen bin, zeigt die Geschichte meines eigenen Lebens.

Die Wurzeln der Hindernisse in der Kindheit

Mein Unmut darüber, wie sich die Welt den Frauen gegenüber verhält, gehört schon zu meinen frühesten Erinnerungen. Meine Mutter wollte unbedingt einen Sohn, statt dessen bekam sie drei Töchter hintereinander. Als zweites Kind traf mich ihre Enttäuschung mit voller Wucht. Sie hatte schon eine Tochter, ihr nächstes Kind *mußte* einfach ein Sohn werden, obwohl meinem Vater, wie sie selbst zugegeben hat, das eine wie das andere gleichgültig war.

Meine ganze Kindheit hindurch bekam ich diese Geschichte immer wieder zu hören: Als ich aus ihrem Bauch »geflutscht« kam – so pflegte sie es zu formulieren –, teilte der Arzt meiner Mutter mit, daß sie eine Tochter geboren hatte. Ihre Enttäuschung war so groß, daß sie dem Arzt eine Szene machte, weil er ihr ein Kind vom falschen Geschlecht zur Welt gebracht hatte. Um sie zu beruhigen, schlug der Arzt vor, daß sie mir doch einen Jungennamen geben könnte – warum nicht »George« oder »Georgianna«, weil ich das Licht der Welt an George Washingtons Geburtstag erblickt hatte. Aber meine Mutter war untröstlich und sagte dem Arzt, er könne sich seinen »George« an den Hut stecken.

Als dann ihre dritte Tochter Mitglied unserer Familie wurde, fügte sich Mutter in ihr Schicksal. Es sollte nicht sein. Sie hatte es nicht geschafft, ihrem Mann einen wertvollen Sohn zu gebären.

Ich konnte es nicht leiden, wenn die Geschichte meiner Geburt erzählt wurde, obwohl die Verwandtschaft und anderer Erwachsenenbesuch jedesmal lachte, wenn meine Mutter sie zum besten gab. Seitdem ist viel Zeit vergangen, aber vieles hat sich nicht geändert. Heute diskutieren wir über vorgeburtliche Geschlechtswahl und über die ethischen Implikationen, wenn Kinder mit dem unerwünschten Geschlecht abgetrieben werden. Die erste Frage nach einer Geburt lautet immer noch: »Junge oder Mädchen?«, als ob das die einzig wichtige Information über ein Neugeborenes wäre.

Als italienische Immigrantin in den USA tat meine Mutter ihr Möglichstes, aber sie blieb gefangen in den Erwartungen, Stereotypen und Vorurteilen ihres kulturellen Umfelds. Ich habe eine lebendige Erinnerung an einen Spätsommernachmittag, wo Gemüse in Gläser eingeweckt wurde. Ich half immer mit, die Tomaten, Bohnen, sauer eingelegten Auberginen und das ganze Zeug in die Gläser zu füllen. Aber ich war inzwischen vierzehn geworden, und es hatte sich etwas verändert. Als meine Mutter die Gläser hinstellte, gesellte ich mich wie immer in aller Unschuld hinzu. Aber zu meinem Erstaunen wies sie mich ab.

»Hast du nicht deine Periode?« fragte sie streng.

Sie wußte, daß ich sie hatte. Es war meine erste, und ich war empört, weil sie mich in Gegenwart meines Vaters danach gefragt hatte. Während der Menstruation, so wurde mir erklärt, war es absolut verboten, irgend etwas zu berühren, das mit dem Einwekken zu tun hatte – ich würde die Lebensmittel verderben.

»Aber ich wasche mir natürlich die Hände«, protestierte ich.

»Das macht keinen Unterschied«, sagte meine Mutter. Ich würde trotzdem alles verderben.

Diese Lektion über meine »Unreinheit« verletzte mich zutiefst, und ich bekam sie mit zunehmendem Alter immer wieder zu hören. Wie viele andere Frauen mußte ich feststellen, daß die meisten Religionen von der angeborenen Unreinheit der Frauen ausgehen, weil sie menstruieren. Und viele Leute würden auch heute noch keinen weiblichen Präsidenten wählen, weil sie der Meinung sind, daß die Menstruation Frauen labil und schwach macht. Ein Kollege an einem College der freien Künste, wo ich irgendwann unterrichtet habe, behauptete allen Ernstes, daß Frauen für egal welche Führungsrolle untauglich seien, weil ihre Periode sie unberechenbar, launisch, gefühlsbetont und unzuverlässig mache.

Andere Lektionen sind mir ebenfalls gut im Gedächtnis geblieben. Als Kind habe ich schon früh gelernt, daß die Leute meinen, ein Mädchen müsse vor den unausgesprochenen Gefahren der Welt geschützt werden. Für mich als Heranwachsende bedeutete dies eine massive Einschränkung meiner Bewegungsfreiheit, bloß weil ich ein Mädchen war.

Außerdem dämmerte mir schon ziemlich früh, daß Frauen nicht gerade viele wichtige Positionen in der Gesellschaft ausfüllten. Die Leute, die zum Präsidenten oder Vizepräsidenten des Landes gewählt wurden, waren durchweg Männer, und von wenigen Ausnahmen abgesehen, waren auch die Senatoren, Abgeordneten und Kabinettsmitglieder, genauso wie Priester und Gemeindevorsteher, Firmenchefs und Schuldirektoren alle männlichen Geschlechts.

Das Fehlen weiblicher Führungspersönlichkeiten ärgerte mich, auch wenn ich vielleicht nicht hätte sagen können, warum. Vielleicht weil es mir persönlich gefiel, im Rampenlicht zu stehen, weshalb ich mir immer verantwortliche Stellungen ausgesucht habe. In meiner Grundschulzeit war die sichtbarste Position, die es für eine Schülerin gab, die Aufgabe, zu Unterrichtsbeginn die Klassenbücher in den Klassenzimmern zu verteilen und sie nach Schulschluß wieder abzuholen. Zweimal am Tag wurdest du dann von allen Schülern und allen Lehrern gesehen, und du konntest dich ausgesprochen wichtig fühlen.

Da ich gern im Rampenlicht stehe, bewarb ich mich um diese Aufgabe, und endlich, als ich in der fünften Klasse war, wurde mir die Ehre zuteil. Das war für mich der Höhepunkt meiner Laufbahn in der Grundschule. Nie hatte ich einen Gedanken daran verschwendet, daß diese Helferinnen der Lehrer immer Mädchen waren – genauso wie die Kinder, die nach dem Unterricht noch die Tafel putzten und die Schwämme auswuschen.

Die zweite der erstrebenswerten Positionen war in meinen Augen Schülerlotse zu werden. Die Auserwählten durften strahlendweiße Riemen tragen, die über Brust und Rücken gekreuzt und um die Taille befestigt wurden. Sie beschützten andere, genauso wie Polizisten und Feuerwehrleute. Und sie waren Jungen.

Also, ich bewarb mich damals trotz meines Geschlechts um diesen Job. Gleichzeitig Schülerlotsin und Verantwortliche für die Klassenbücher sein zu dürfen, gab mir ein Gefühl der Allmacht. »Was kostet die Welt?« Gab es überhaupt noch Ziele, die ich nicht erreichen konnte?

Nur eines konnte ich nicht begreifen, nämlich warum mich die anderen Kinder, und vor allem die Mädchen, als Angeberin beschimpften. Die Jungen wurden nie Angeber genannt. Als ich in der High-School Vorsitzende sämtlicher Clubs wurde, in denen ich Mitglied war, sagten sie zu mir, daß ich herrschsüchtig sei (das jugendliche Äquivalent eines Karriereweibs?). Ich hatte einfach das Gefühl, daß ich tat, was ich tun sollte. Und warum wurden Jungen nie herrschsüchtig genannt?

Ich kann mich auch noch daran erinnern, wie sich Jungen und Mädchen in der Schule getrennt aufstellen mußten. Jungen rechts, Mädchen links. Ich hatte das Gefühl, wir sollten merken, daß wir verschieden waren und jeweils bei unseresgleichen bleiben sollten. Auch das ging mir gegen den Strich.

Schule und Lernen waren für mich als Heranwachsende eine aufregende Sache. Aber ich erinnere mich, wie traurig ich es fand, daß Frauen in der Geschichte anscheinend keinen bedeutenden Beitrag zum Fortschritt geleistet hatten – jedenfalls wurde uns nichts Derartiges erzählt. Die Männer waren natürlich immer damit beschäftigt, unbekannte Länder zu erforschen, neue Kulturen zu begründen, Städte und Staaten aufzubauen. Und die Frauen? Ich nahm an, und wahrscheinlich die anderen Kinder ebenfalls, daß die Frauen immer zu Hause bleiben und Kinder gebären mußten. Genauso wie meine Mutter. Mir schien diese Aufgabe nicht besonders reizvoll zu sein.

Meine Mutter war für mich der Inbegriff von Mutter schlechthin – wie es die italienischen Mütter oft sind. Sie opferte sich auf, kümmerte sich um all unsere Bedürfnisse und hatte anscheinend nie eigene, bediente unseren Vater und sorgte sich um alles und jeden. Meine Mutter verkörperte in jeder Hinsicht das »nette Mädchen«.

Natürlich stand die Mutterschaft zu jener Zeit in hohem Ansehen. Zeitschriften und Radio (Fernsehen hatten wir damals noch nicht), die Lesebücher in den Schulen, sogar die Nonnen im

Religionsunterricht (die als Expertinnen eigentlich nicht besonders qualifiziert waren) besangen die Freuden der Mutterschaft. In meinen Augen unterschied sich die Rolle einer Mutter nicht entscheidend von der einer besseren Hausangestellten – außer daß die Mütter kein eigenes Geld damit verdienten.

Auch die Kirche pries die Mutterschaft. Selbstbescheidung, Dienst an der Familie und der Gemeinde, Selbstaufopferung und Selbstverleugnung galten als Tugenden einer vorbildlichen Frau. Weil von Frauen erwartet wurde, daß sie heirateten, und sowohl Verhütung wie Abtreibung verboten waren, schien mir als junger Frau unfreiwillige Mutterschaft das unausweichliche weibliche Schicksal zu sein. Und das ging mir entschieden gegen den Strich.

Berufswahl

Als sich meine ältere Schwester dem Abitur näherte, teilte sie der Familie ihren Entschluß mit, Ärztin zu werden. Mein Vater war entsetzt. Mutter gefiel die Idee, aber das behielt sie lieber für sich.

»Wofür um Himmels willen willst du Ärztin werden? Du wirst ja doch nur heiraten und Kinder kriegen!« donnerte er.

Er tobte und fluchte und sagte, daß er nie im Leben einer seiner Töchter den Collegebesuch erlauben würde. Reine Geldverschwendung, das war seine Auffassung.

Meine Schwester bewies unglaublich viel Mut und hielt seiner Raserei stand. Es war die Zeit ewigen Streits in unserer Familie, aber schließlich bekam meine Schwester ein Stipendium und ging an die Universität. Mein Vater brauchte ein paar Jahre, um seine Niederlage zu schlucken, aber letztlich mußte er die Tatsache, daß meine Schwester studierte, wohl oder übel akzeptieren. Für mich war damit das Eis gebrochen, und ich – naiv wie ich war – war sowieso immer davon ausgegangen, daß ich ein College besuchen und studieren würde, weil Schule für mich das Schönste auf der Welt bedeutete.

Anders als meine Schwester hatte ich jedoch nicht die leiseste Ahnung, was ich werden wollte. Alle Frauen, die ich kannte, waren Mütter, Lehrerinnen, Krankenschwestern, Serviererinnen oder Sekretärinnen – von den Filmschauspielerinnen einmal abgesehen, die ich von den Bildchen kannte, die wir Mädchen sammelten und untereinander tauschten wie die Jungen Baseballsammelbilder.

Als ich ins College kam, immatrikulierte ich mich für den mathematisch-naturwissenschaftlichen Zweig. Das schien das Naheliegendste zu sein, weil ich in der Highschool in Mathematik und Naturwissenschaften ausgezeichnete Noten hatte, alle Kurse belegte, die in diesen Fächern angeboten wurden, Vorsitzende des Mathe-Clubs (vorher eine reine Jungendomäne) war und schließlich den Schulabschluß als Klassenbeste in Mathe machte. Bis heute verstehe ich nicht, warum ich diese Fachrichtung ein paar Wochen nach Semesterbeginn hinschmiß, um mich für den geisteswissenschaftlichen Zweig einschreiben zu lassen. Vielleicht hatte es etwas mit der Tatsache zu tun, daß sämtliche Lehrer in Mathe und Naturwissenschaften und außerdem die meisten Studenten männlich waren, während meine Freundinnen alle im geisteswissenschaftlichen Zweig studierten. Meine eigene Orientierungslosigkeit war wahrscheinlich ein weiterer entscheidender Faktor. Später habe ich durch die Lektüre von Betty Friedans Buch über den *»Weiblichkeitswahn«*[2] begriffen, daß diese berufliche Orientierungslosigkeit für Frauen nichts Ungewöhnliches ist, weil sie in erster Linie im Hinblick auf Heirat und Familie erzogen wurden.

Trotz meiner schulischen Leistungen fühlte ich mich gefangen in der Alternative zwischen gesellschaftlichen Ansprüchen an Frauen als Mütter und meinen eigenen Ansprüchen, mein Leben auf eine wichtige Aufgabe in einem breiteren gesellschaftlichen

Zusammenhang zu konzentrieren (wie es Männer zu tun schienen). Natürlich war diese Alternative falsch; beides ist wichtig. Aber schon als junge Frau konnte ich feststellen, daß die gesellschaftliche Anerkennung einer Mutter weit geringer war als die Anerkennung für Leistungen in der Öffentlichkeit – und ich verstand bereits, daß diese unterschiedliche Bewertung auch einem unterschiedlichen Einkommen entsprach.

Auf jeden Fall verfügte ich weder über die Mittel noch fand ich Rollenvorgaben, die es mir möglich gemacht hätten, meine Erwartungen an mich selbst in reale Berufspläne umzusetzen. Also wartete ich ab, bis mir etwas Entscheidendes passieren würde. Die offensichtliche Wahrheit dämmerte mir nur sehr allmählich: Niemand ging im Ernst davon aus, daß ich als Frau etwas Bedeutendes leisten würde. Wenn eine Frau etwas erreichte, dann wurde das als Abweichung von der Regel betrachtet, sie war durch ihre Leistung mehr Mann als Frau oder eben ein Ausnahmeexemplar. Bis heute ärgere ich mich über Sätze wie »Du denkst wie ein Mann« oder »Du triffst den Ball wie ein Mann« oder »Sie steht wirklich ihren Mann«.

Und während dieser ganzen Zeit begegneten mir immer wieder die gleichen sexistischen Haltungen und Stereotypen. Auf der Universität bekam einer meiner Professoren mit, daß ich die Absicht hatte, einen Mann zu heiraten, den ich dort kennengelernt hatte.

»Na endlich kriegt sie das, wofür sie gekommen ist«, erklärte er meinen Kommilitonen.

Das tat weh. Als begeisterte Studentin fragte ich mich, wie irgend jemand denken konnte, daß ich die Universität nur besucht hatte, um einen geeigneten Heiratskandidaten zu finden.

Zur gleichen Zeit sah sich meine Schwester mit anderen Formen von Sexismus konfrontiert. Wegen ihrer hervorragenden akademischen Zeugnisse »erlaubte« man ihr unter einer völlig ungerechten Quotierung die Zulassung zum Medizinstudium;

nicht mehr als sieben Frauen durften (zusammen mit einer weiteren Minorität) in diesem illustren Männerverein mitmachen. Natürlich ging auch in diesem Fall kein Aufschrei über die Ungerechtigkeit dieser diskriminierenden Quote durch die Menge der weißen Männer.

Im Anatomiekurs streute der Professor zwischen die akademischen Dias mit den Lendenwirbeln und den Hüftknochen pornographische Bilder von nackten Frauen ein. Er kalauerte, daß die Abwechslung der Aufmerksamkeit der Studenten dienlich sei.

Als ich meine Doktorarbeit geschrieben hatte, teilte mir die Fakultätsleitung mit, daß sie den perfekten Job für mich hätten, ganz meinen »Umständen« entsprechend. Es stellte sich heraus, daß es sich um eine Teilzeitstelle als Dozentin am College handelte. Meine Umstände? Offensichtlich Mutterschaft. Ungeachtet der Tatsache, daß ich vier Jahre Grundstudium und zwei Jahre Hauptstudium absolviert und schließlich fünf Jahre den Forschungsarbeiten für meine Dissertation gewidmet hatte, meinte der Fachbereichsleiter, eine Teilzeitstelle wäre der richtige Job für mich!

Als ich dann meine erste richtige Stelle im Fach Philosophie am College hatte, sagte mir ein anderer Fachbereichsleiter, besonders gut an mir gefiele ihm, daß ich verheiratet sei und Kinder hätte. Ich nehme an, daß ich ihm deshalb weniger bedrohlich erschien, weil ich die Rollenvorgabe eines »netten Mädchens« erfüllt hatte. Alleinstehende Frauen wirken anscheinend gefährlicher.

»Es wird es Ihnen leichter machen, sich hier einzufügen«, erwiderte er auf meine Nachfrage.

Ein männliches Mitglied der Fakultät teilte mir bei der ersten Begegnung ganz unumwunden mit: »Frauen können keine Philosophie machen. Sie können einfach nicht abstrakt denken«. Ich habe nie herausgefunden, ob er mir damit rundweg und ganz platt meine akademische Befähigung absprechen wollte, oder ob er mich als Ausnahmeexemplar betrachtete.

Die Studenten hielten mich ganz offensichtlich für ein Ausnahmeexemplar. Nach meiner ersten Veranstaltung vor einem großen Auditorium kam ein junger Student auf mich zu, um mir mitzuteilen, er könne es gar nicht glauben, daß ich eine Frau sei.

»Ich wußte überhaupt nicht, daß Frauen Philosophen sein können«, sagte er. »Aber Ihre Vorlesung war trotzdem wirklich gut.«

Es stellte sich heraus, daß nicht nur meine Gefühle und mein Selbstvertrauen unter dieser Haltung litten, die männliche Ignoranz schlug sich auch auf meinem Konto nieder. Die einzige weibliche Wirtschaftswissenschaftlerin der Universität führte eine Studie durch, um zu ermitteln, ob Männer und Frauen gleich bezahlt wurden. Natürlich nicht. Das Ergebnis der Studie war, daß uns Frauen die bloße Tatsache, Frauen zu sein, durchschnittlich 2000 $ im Jahr kostete, während die Arbeitsleistung beider Geschlechter die gleiche war. In den siebziger Jahren waren 2000 $ kein Pappenstiel. Die Nachricht brachte uns Frauen auf die Palme, aber in Wirklichkeit hatten wir eine viel geringere Gehaltsdifferenz zu verkraften als die meisten Frauen in anderen Bereichen.

Jahre später, als ich von der akademischen Welt genug hatte (»ich sei in die Jauchegrube meines politischen Ehrgeizes gefallen«, kommentierte damals ein Kollege meinen Abschied und meinte damit mein feministisches Engagement), hängte ich die Universität an den Nagel und machte mich selbständig. Die Welt hatte sich nicht geändert. Aber viele Frauen wagten den Sprung ins kalte Wasser und gründeten eine eigene Firma, weil sie in ihren Jobs nicht angemessen bezahlt wurden, keine Aufstiegschancen bekamen und die Chefetagen sowieso nur als Sekretärinnen erreichen konnten. In anderen Fällen mußten sie sich einem männlichen Führungsstil und den Ansprüchen ihrer Chefs anpassen, die ihren eigenen Vorstellungen nicht entsprachen. Also wurden sie ihre eigenen Chefinnen.

Obwohl es zunehmend mehr Frauen in der Geschäftswelt gab, blieb die Ablehnung gegenüber Frauen als Geschäftspartnerinnen weiterhin bestehen. Ein Mann erzählte mir, er kenne viele Männer, »die nie ein Geschäft mit einer Frau abschließen würden«.

»Und sagen Sie selbst«, fragte er mich, »wenn Sie die Wahl hätten, mit einer Frau oder mit einem Mann ins Geschäft zu kommen, wie würden Sie sich entscheiden?«

Als ich antwortete, »mit einer Frau«, tat er mich als Feministin ab. Das war Mitte der achtziger Jahre, als Feminismus bereits zum Schimpfwort avanciert war.

Während dieser ganzen Zeit war ich außerdem noch damit beschäftigt, eine Tochter und einen Sohn in einer sexistischen Welt zu erziehen, und auch das war nicht gerade einfach. Obwohl die Frauenbewegung mit voller Kraft für mehr weibliches Selbstbewußtsein arbeitete, und feministische Inhalte allmählich in die Köpfe sickerten, blieb doch die alltägliche Realität für Frauen und Mädchen mehr oder weniger unverändert. Nur zeigte meine Tochter keinerlei Ehrgeiz, in ihrer Schule die Klassenbücher auszuteilen, die allmählich sowieso von der Bildfläche verschwunden waren. Eine kurze Zeitlang wollte sie Ärztin werden, bis sie eines Tages aufgebracht nach Hause kam, weil die anderen Kinder ihr erklärt hatten, als Mädchen könne sie kein Arzt werden.

Als meine Tochter später den Entschluß faßte, sich als Schreinerin zu versuchen, gingen die Schwierigkeiten erst richtig los. Kein anderes Mädchen hatte sich für den Schreinerkurs angemeldet, und sie konnte auch keine ihrer Freundinnen dazu überreden. Sie hielten sie alle für verrückt. Die Aussicht, als einziges Mädchen in einem reinen Jungenkurs mit einem männlichen Lehrer ein Fach zu lernen, das ganz auf Männer zugeschnitten war, war nicht gerade rosig. Und letzten Endes kamen auch die Unterstützung und der Ansporn durch ihre feministischen Eltern gegen die Hindernisse, vor die sie sich gestellt sah, nicht an. Sie gab die Schreinerei auf, bevor sie damit angefangen hatte.

Auch meine Besuche bei den Lehrern und der Schulverwaltung blieben fruchtlos. Aufmerksam ging ich die Schulbücher meiner Kinder durch und schrieb mir alle sexistischen Textpassagen, Bilder und Ansätze heraus. Ich versuchte das Kollegium davon zu überzeugen, daß diese Bücher geändert oder durch andere ersetzt werden müßten.

»Diese Bücher sozialisieren unsere Kinder, in die althergebrachten Klischees über Mädchen und Jungen zu verfallen«, sagte ich. »Sie schränken die Möglichkeiten der Mädchen ein, bestätigen sie in ihrer anerzogenen Passivität und schwächen ihr Selbstbewußtsein«, erklärte ich den Lehrkräften, die mit geheuchelter Zustimmung nickten, aber Jahr für Jahr brachten meine Kinder die ewig gleichen Schulbücher nach Hause, während meine Beschwerden über ihre sexistischen Inhalte immer vehementer wurden. Trotzdem wurde das Problem von der Schule ignoriert.

Wie man die Vorurteile über Frauen verstehen lernt

Seit Jahren schon schlage ich mich mit dem Phänomen herum, daß Menschen wegen ihrer Zugehörigkeit zu einer bestimmten Gruppe in eine Schublade gesteckt und blitzschnell mit einem Stereotyp belegt werden. Wir alle tun das, auch die Unschuldsengel, die allen Ernstes von sich behaupten: »Ich bin nicht sexistisch! Ich bin nicht rassistisch! Ich bin nicht ...«

Während ein Teil dieser Vorurteile wissentlich gebraucht wird, bin ich trotzdem davon überzeugt, daß die meisten Stereotypen unwissentlich verwendet werden. Durch Jahrhunderte tradierte Haltungen sind uns und unserer Kultur so tief eingeprägt, daß wir uns ihrer ganz automatisch bedienen, ohne es selbst zu merken.

Ich fing an, diese Zusammenhänge besser zu verstehen, als ich das Material für mein erstes Buch über die Geschichte des Frauenbildes zusammentrug. Sexistische Haltungen Frauen gegenüber, das konnte ich dabei feststellen, gehen aus uralten Überzeugungen hervor, die gleichermaßen in volkstümlichem Aberglauben wie in den philosophischen Traditionen wurzeln. Die Leitidee ist dabei immer, daß Frauen keine vollwertigen Menschen sind. Jahrhundertelang wurde darüber diskutiert, daß den Frauen entweder etwas von dem fehlt, was den Menschen ausmacht, oder daß sie etwas, was zur Natur des Menschen im Widerspruch steht, zuviel haben.

Was ist es, das uns angeblich fehlt und das uns weniger menschlich macht? Rationalität (besonders die Fähigkeit zum abstrakten Denken), Moralität (die Fähigkeit, zwischen richtig und falsch entscheiden zu können) und körperliche Stärke (natürlich ist der männliche Körper die Urform des Menschen). Und was haben wir angeblich zuviel, das im Widerspruch zur menschlichen Natur steht? Zuviel Gefühl (das unser Denkvermögen behindert) und zuviel Sexualität (weshalb wir näher am Tierischen als am Menschlichen anzusiedeln sind)!

Historisch gesehen hat die Überzeugung, daß Frauen weniger menschlich und deshalb weniger wert sind als Männer zu Schlußfolgerungen geführt, denen wir heute in Form vieler Vorurteile täglich begegnen:

- Frauen sind schwach.
- Frauen sind gefühlsbetont und können deshalb nicht mit wichtigen Aufgaben betraut werden.
- Frauen sind irrational, unlogisch und unentschlossen.
- Frauen besitzen keine Führungsqualitäten.
- Frauen leben, um anderen, besonders Männern, zu dienen.
- Frauen »gehören an den Herd«, sind für Haus und Kinder zuständig.

- Frauen sollten bei einem Mann in festen Händen sein und von ihm beschützt werden.
- Frauen haben kein Interesse an Erfolg und Macht.
- Frauen sind Verführerinnen – sexuelle Wesen, die Männer schwach machen.
- Frauen sind kleinlich und eitel.

Unter anderem sind es diese Vorstellungen, die im Lauf der Geschichte das Bild vom »netten Mädchen« und das Gebot, Frauen auf dieses Bild hin zu erziehen, geformt haben. Anscheinend gilt ein »nettes Mädchen« zu sein als Ausgleich für unsere Schwächen. Wenn wir bleiben, wo man uns hingestellt hat, uns beschützen lassen und als »nette Mädchen« keine Männer ins Verderben stürzen, stellt unser »Zuviel« oder unser »Zuwenig« keine Gefahr für die Männerwelt dar.

Leider färben diese Klischees unbewußt die Erwartungen an Frauen, die sich dann ihrerseits mit ihrem alltäglichen Verhalten diesen unsinnigen Erwartungen anpassen. Wenn ich zum Beispiel bewußt oder unbewußt der Überzeugung bin, daß Frauen gefühlsbetont sind und keine Führungsqualitäten besitzen, dann gehe ich auch davon aus, daß eine Frau in einer verantwortlichen Position schwache Leistungen zeigt. Wenn sich also eine Frau um eine leitende Position bewirbt, werde ich wegen meiner Voreingenommenheit dazu neigen, die männlichen Bewerber wohlwollender zu begutachten. Und dementsprechend wird auch meine Entscheidung ausfallen.

Dieses Vorgehen ist selten das Ergebnis einer Verschwörung (leider kommt auch das vor), sondern eher der Effekt eines allgemein verbreiteten Filters in der Wahrnehmung und im Denken, der dafür sorgt, daß Frauen nicht ernstgenommen werden (müssen). Diesen Wahrnehmungsfilter wenigstens bei sich selbst abzuschaffen, kostet erhebliche Mühe.

Die Tatsache, daß solche Klischees meistens unbewußt auf uns projiziert werden, erschwert es, sich gegen sie zu wehren. Die Untaten, die daraus resultieren, fallen den Tätern überhaupt nicht auf. Über der Frage, was gegen diese Klischees zu tun ist, könnten die meisten Frauen (und Behinderte, Schwarze, lesbische und schwule Menschen und und und) schier verrückt werden. Es ist verdammt schwer, dagegen anzukommen.

Aber geben wir die Hoffnung nicht auf; gerüstet mit dem Einblick in diese Prozesse können wir anderen das Problem bewußt machen und Menschen darin unterstützen, ihre Klischees zu hinterfragen. Ich möchte hier einen Vergleich ziehen zu der Selbstverständlichkeit, mit der wir uns auf einen Stuhl setzen. Wenn ich einen Konferenzraum mit einem Tisch und Stühlen ringsum betrete, dann setze ich mich.

Aber ich muß mich nicht setzen. Ich könnte mich auf den Fußboden legen, stehenbleiben, auf den Tisch klettern. All das tue ich nicht; ich setze mich. Und ich setze mich, ohne mir dessen bewußt zu werden.

Ich teile die Gegenstände im Raum nicht bewußt in Kategorien ein (das ist eine Wand, das ist ein Fußboden, das ist ein Fenster). Im Gegenteil, unbewußt nehme ich alle Gegenstände wahr und ordne ihnen meine Erwartungen zu (auf einem Stuhl zu sitzen ist bequemer, als stehenzubleiben; er kann mein Gewicht tragen; andere erwarten von mir, daß ich mich hinsetze). Um mich der Situation entsprechend zu benehmen, gehe ich auf einen Stuhl zu und setze mich hin (statt zum Beispiel den Stuhl anzunagen) – ohne einen Gedanken daran zu verschwenden, was ich da tue.

Vorurteile funktionieren genauso. Solange sie »im Verborgenen« wirken und meine Handlungen unbewußt leiten, ist es außerordentlich schwer, sie in Frage zu stellen, besonders dann, wenn die Leute der Überzeugung sind, daß sie überhaupt nicht existieren. Es handelt sich um eine schwierige, aber nicht aussichtslose Aufgabe.

Die Auflösung des Wahrnehmungsfilters

Um noch einmal auf den Vergleich mit dem Stuhl zurückzukommen: Was würde mich dazu bringen, meine unbewußten Kategorien und Erwartungen derart in Frage zu stellen, daß sich mein Verhalten dem Stuhl gegenüber ändern würde? Alles, was die Berechtigung meiner Erwartungen in Zweifel zieht, wird mir das Thema bewußt machen. Wenn zum Beispiel der Stuhl unter mir zusammenbricht, muß ich mich doch ernsthaft fragen, ob meine Erwartung, daß ein Stuhl mein Gewicht trägt, berechtigt war. Das nächste Mal werde ich mir den Stuhl daraufhin ansehen, bevor ich mich hinsetze.

Auf die gleiche Art können auch die Klischees in Zweifel gezogen werden. Frauen, die sich nicht den gängigen Klischees entsprechend verhalten, stellen sie in Frage. Proteste (in der Öffentlichkeit als Demonstrationen, Sit-ins, Streiks) können die Leute dazu bringen, ihre Haltung zu überprüfen, auch wenn die spontane Reaktion negativ ausfällt. Natürlich bewirkt das unangepaßte Verhalten einer ganzen Gruppe eine schnellere Erschütterung der gängigen Vorurteile, als das, was eine Frau allein in mühevoller Kleinarbeit ausrichten kann.

Aber was mich persönlich betrifft, kann ich die Leute nur dann dazu bringen, mich nicht nach ihren Klischees zu beurteilen und dementsprechend zu behandeln, wenn ich mich selbst in meinem Denken und Verhalten von diesen Klischees freimache. Wenn ich mich für meine Arbeit im Büro so zurechtmache, daß ich erotisch herausfordernd wirke, dann bestärke ich meine Umgebung in ihren Wahrnehmungsfiltern, die Frauen als Sexobjekte erscheinen lassen. Wenn ich am Arbeitsplatz ständig von meiner Familie erzähle, dann bestärke ich meine Umgebung in dem Vorurteil, daß Frauen derart familienorientiert sind, daß sie zu konzentrierter Arbeit nicht fähig sind.

Aber das legt die ganze Last der Veränderung den Frauen auf

die Schultern, haben Frauen mir empört entgegengehalten. Allerdings. Weil es nämlich die Frauen sind, die ein handfestes Interesse an der Veränderung haben, nicht die Männer. Es ist eine bedauernswerte Tatsache, daß immer die Unterdrückten selbst gegen die Unterdrücker kämpfen müssen, um etwas zu verändern; nie kämpfen die, die ein Interesse am Erhalt der bestehenden Verhältnisse haben.

Bedauerlicherweise wirkt der Wahrnehmungsfilter genauso im Denken von Frauen, weil sie durch ihre Erziehung die gleichen Klischees verinnerlicht haben. Auch uns erscheint diese abwertende Haltung Frauen gegenüber das Natürlichste von der Welt zu sein. Deshalb verhalten sich Frauen diesen Vorgaben entsprechend, wodurch es unendlich schwieriger wird, die Filter in der eigenen und der Wahrnehmung anderer außer Kraft zu setzen.

Ich muß daran denken, wie ich eine Computerfachfrau beauftragt hatte, das Layout des Prospekts für eines meiner Projekte zu entwerfen. Sie betrieb ihre Firma in einem Büro in ihrer eigenen Wohnung, und dort waren wir verabredet, um das endgültige Layout zu besprechen. Als sie mich in ihr Büro führte, trafen wir im Hausflur ihren Mann und ihren kleinen Sohn.

»Soll ich solange auf Bobby aufpassen?« fragte er.

»Ist nicht nötig«, antwortete sie und nahm Bobby an der Hand mit in ihr Büro. Während wir arbeiteten, turnte der kleine Bobby ständig auf Mutters Schoß herum, quengelte, lenkte sie ab und faßte alles an, was in Reichweite lag, einschließlich der Layouts. Das Kind war lästig, störte unsere Arbeit, und ich bekam mit Sicherheit nicht ihre ungeteilte Aufmerksamkeit, für die ich 40 $ in der Stunde zahlte.

Ich hatte eine berufstätige Frau vor mir, die als selbständige Geschäftsfrau ernstgenommen werden wollte und die gleichzeitig das schwerwiegendste Klischee in Szene setzte, das weiblichen Unternehmerinnen Tag für Tag entgegengehalten wird: Frauen sind in erster Linie Mütter. Und wenn sie nebenher arbeiten, dann nur um ein bißchen Taschengeld hinzuzuverdienen.

In den Anfangsjahren der Frauenbewegung hatten Frauen die Wunschvorstellung, ihre Kinder zur Arbeit mitnehmen zu können. Es war der Inbegriff einer kindlichen »Ich will alles«-Phantasie: Ganztags arbeiten, ganztags Mutter sein, und zwar alles gleichzeitig und am gleichen Ort. Aber bis auf gelegentliche euphorische Artikel über eine Mutter, der es gelungen war, ihr Kind im Büro großzuziehen, war das Konzept eine Katastrophe. Es ist einfach unmöglich, sich mit ungeteilter Aufmerksamkeit den Anforderungen zu widmen, die ein bezahlter Arbeitsplatz an uns stellt, *und* gleichzeitig unseren Kindern gerecht zu werden. Säuglinge und Kinder lassen sich nicht programmieren. Sie stellen unvorhersehbare Forderungen – im einen Moment noch friedlich mit sich selbst beschäftigt, können sie schon im nächsten Augenblick unerbittlich unsere gesamte Aufmerksamkeit für sich beanspruchen. Wenn wir beides gleichzeitig wollen, werden wir weder unseren Kindern, noch unserer Arbeit gerecht – von uns selbst ganz zu schweigen.

Während noch viele Frauen selbst die Klischees verkörpern, ohne darüber nachzudenken, haben gleichzeitig nicht wenige Frauen ihren eigenen Wahrnehmungsfilter außer Kraft gesetzt. Eine Frau führt zum Beispiel ein erfolgreiches Bauunternehmen, muß sich aber ständig mit der Skepsis ihrer männlichen Kunden herumschlagen. Sobald sie nämlich herausfinden, daß die Firma einer Frau gehört, sind sie schon nahe daran, ihren Auftrag zurückzuziehen.

Seit sie das Problem durchschaut hat, beginnt Arlene jede geschäftliche Besprechung mit einer Selbstdarstellung ihres fachlichen Wissens und Könnens. Wenn sie einen potentiellen Kunden trifft, verwickelt sie ihn zuerst in eine Diskussion über die technischen Einzelheiten des Auftrags. Die Botschaft kommt beim Kunden sofort an: Diese Frau weiß, was sie tut.

»Das spart meine und Ihre Zeit«, erklärt sie ihr Vorgehen.

Sich von Anfang an nicht den Vorurteilen entsprechend zu verhalten, zahlt sich für sie selbst aus und wirkt gleichzeitig dem Wahrnehmungsfilter ihrer Geschäftspartner entgegen.

Wenn ich die Wahrnehmungsfilter anderer dauerhaft auflösen will, muß ich damit anfangen, ihnen ihre eigenen Vorurteile bewußt zu machen. Aber wenn ich dabei gleichzeitig das »nette Mädchen« spiele, gerate ich zu mir selbst in Widerspruch.

Wie wir den Vorurteilen gezielt entgegentreten können

Ich habe festgestellt, daß die Klischees anderer oft eher festzementiert werden, wenn man die Leute unnötig in die Defensive drängt, weil viele Menschen sich gerade in einer Konfrontation gegen die Argumentation ihres Gegenübers sperren. Meistens gibt es geeignetere Wege, jemandem beizukommen, der die Welt unbewußt durch eine sexistische Brille gefiltert sieht.

Es ist wichtig, sich selbst vor Augen zu führen, daß alle, die in Klischees denken (und davon ist niemand ganz frei), damit ihre ureigenen Interessen schützen. Außerdem resultieren daraus bestimmte Überlegungen. Womöglich sind diese Überlegungen völlig unberechtigt, aber in der Konfrontation muß ich die Auseinandersetzung genau an diesem Punkt beginnen.

Wenn ich vermute, daß hinter einem für mich nicht akzeptablen Verhalten ein bestimmtes Klischee steht, dann finde ich es hilfreich, mich den Überlegungen meines Gegenübers anzunähern. Ich versuche dabei zu vermeiden, das Thema in erster Linie als frauenspezifisch darzustellen, weil sich damit viele Leute von Anfang an in die Defensive gedrängt fühlen und die inhaltliche Auseinandersetzung in den Hintergrund rückt. Statt dessen versuche ich, die Aufmerksamkeit auf die Klischees zu lenken, um die Möglichkeiten eines veränderten Verhaltens ins Spiel zu bringen. Wenn dann das Klischee erstmal »auf dem Tisch« liegt, wird auch die inhaltliche Auseinandersetzung mit den daraus folgenden Überlegungen möglich.

Aber ist das denn nicht schon wieder ein Ansatz, der der Rolle des »netten Mädchens« entspricht? Nein. Mich gegen diese Rolle zu wehren, heißt nicht, daß ich deswegen meine Kontrahenten plattwalzen oder mir selbst durch mein Vorgehen noch zusätzliche Schwierigkeiten einhandeln müßte. Es heißt auch nicht, daß ich deshalb die Gefühle anderer verletzen müßte. Es gibt einen Mittelweg – bei dem ich meinem Gegner mit dem gleichen Respekt gegenübertrete, den ich von ihm für mich erwarte. Sich gegen die Rolle des »netten Mädchens« abzugrenzen, erfordert

Meine Methode, Vorurteilen entgegenzutreten, funktioniert so:

1. Ich stelle fest, welche Vorurteile das Verhalten bestimmen, das mich stört.
2. Ich überlege, welchen Interessen diese Vorurteile dienen.
3. Ich spreche mit der Person, bei der ich diese Vorurteile vermute.
4. Ich diskutiere das daraus resultierende Verhalten im Rahmen meiner Belange am Arbeitsplatz nicht als frauenspezifisches Thema.
5. Ich versuche, die hinter diesem Verhalten liegenden Stereotypen festzumachen, indem ich die Person dazu bringe, ihre oder seine Überlegungen und Interessen darzulegen.
6. Sobald die Überlegungen klar sind, stelle ich sie in Frage.

eine selbstbewußte, klare Haltung; oder anders gesagt, daß ich als Frau mit meiner ganzen Persönlichkeit für mich selbst einstehe.

Zum Beispiel wartete eine Freundin von mir vergeblich darauf, daß ihr die Leitung eines wichtigen Projekts übertragen würde, obwohl sie entsprechende Erfahrung mitbrachte und schon länger an der Vorbereitung des Projekts gearbeitet hatte. Sie war stinkwütend und hatte trotzdem wie ein »nettes Mädchen« reagiert, indem sie sich ohne Protest in die Entscheidung fügte, weil sie ihren Chef und den Mann, dem er die Projektleitung übertragen hatte, nicht vor den Kopf stoßen wollte. Sie hatte zwar die Vermutung, daß ihr Geschlecht den Ausschlag für diese Entscheidung gegeben hatte, aber sie wußte nicht, was sie dagegen unternehmen sollte.

Ich erklärte ihr meine Strategie, um Vorurteilen gezielt entgegenzutreten. Zusammen überlegten wir, welchen Klischees ihr Chef aufgesessen war und welche Befürchtungen er haben konnte. Wir fanden mehrere Möglichkeiten:

1. Für das Projekt waren diverse Reisen notwendig. Vorurteil: *Frauen wollen nicht reisen, sondern lieber bei ihren Familien bleiben.* Befürchtung des Chefs: *Eine Frau eignet sich nicht als Projektleiterin, weil ihr das Reisen Probleme bereitet.*
2. Für das Projekt würden viele Überstunden anfallen. Vorurteil: *Frauen können keine Überstunden machen, weil sie sich um ihre Familie kümmern müssen.* Befürchtung des Chefs: *Wenn ich die Projektleitung einer Frau übertrage, wird sie wegen ihrer Familie nicht genug Zeit aufbringen können, um wirklich gute Arbeit leisten zu können.*
3. Das Projekt schließt die Zusammenarbeit mit männlichen Kollegen ein. Vorurteil: *Eine Frau besitzt Männern gegenüber nicht die nötige Autorität, Männer arbeiten lieber unter Männern.* Befürchtung des Chefs: *Wenn eine Frau das Projekt leitet, könnte es Streitereien geben, die auf Kosten der Qualität gehen.*

4. Das Projekt beinhaltet eine Reihe schwieriger Entscheidungen. Vorurteil: *Frauen sind entscheidungsschwach.* Befürchtung des Chefs: *Wenn ich das Projekt einer Frau übertrage, könnten sich ihre Entscheidungsschwierigkeiten negativ auswirken; das gesamte Projekt könnte darunter leiden.*
5. Der Kunde war eine renommierte Firma. Vorurteil: *Eine Frau kann sich wichtigen Männern gegenüber nicht richtig verhalten, Männer arbeiten nicht gern mit einer Frau als Geschäftspartnerin zusammen.* Befürchtung des Chefs: *Im schlimmsten Fall könnte die Firma den Auftrag verlieren.*

Nach unserer Diskussion war meine Freundin Mary ebenso erstaunt wie erschüttert: »Also wenn *ich* denken würde, daß jemand nicht reisen, nicht genug Zeit aufbringen oder nicht mit seinen Auftraggebern und Mitarbeitern umgehen kann und außerdem noch an Entscheidungsunfähigkeit leidet – dann würde ich diese Person auch nicht zum Projektleiter machen. Aber ich kann alle diese Sachen.«

»Sprich mit deinem Chef«, schlug ich vor. »Wahrscheinlich hat er sich noch nicht einmal bewußt gegen dich entschieden, sondern viel schlimmer: Er hat dich gar nicht erst in Erwägung gezogen! Er hat diesen Filter im Denken! Versuch, ob du ihn dazu bringen kannst, seine Befürchtungen zuzugeben, dann kannst du vielleicht mit ihm verhandeln.«

Mary nahm meinen Rat an und erzählte mir dann später, auf welche Einstellung ihres Chefs sie gestoßen war. Tatsächlich hatte er sie nicht in Erwägung gezogen und war von ihrem Ansinnen überrascht. Zur Begründung sagte er Sachen wie: »Ich bin nicht auf die Idee gekommen, daß Sie die Projektleitung machen wollten. Ich dachte, Sie wollten nicht reisen, und was ist mit den Kindern? Ich fand, Bob wäre eine gute Besetzung für den Job, er kommt gut mit den Mitarbeitern zurecht, er ist es gewohnt, harte Entscheidungen zu fällen, er hat einen guten Draht zu unserem Kunden ...«

Mary war in der Lage, alle diese Einwände zu entkräften: »Selbstverständlich möchte ich für wichtige Projekte in meinem Sachgebiet in Betracht gezogen werden, und ich möchte mich profilieren. Auch das Reisen ist kein Problem, im Gegenteil, ich reise ausgesprochen gern. Mit den Männern in dieser Arbeitsgruppe habe ich schon zwei Jahre zusammengearbeitet, wir kennen einander gut und respektieren uns gegenseitig. Auch mit unserem Auftraggeber habe ich im letzten halben Jahr bestens zusammengearbeitet, da gab es nie Probleme. Hier ist eine Liste der schwerwiegenden Entscheidungen, die ich während meiner Mitarbeit in dieser Firma verantwortlich getroffen habe. Bob ist auch ein guter Mann in seinem Fach, aber ich habe mir schon ausführliche Sachkenntnisse erworben, weil ...«

Mary beendete dieses Gespräch mit der ausdrücklichen Aufforderung, sie in Zukunft ihrer fachlichen Kompetenz entsprechend einzubeziehen und zu fördern, und der Mitteilung, sie erwarte, von ihrem Chef mit der Leitung des nächsten wichtigen Projekts betraut zu werden.

Wenn Mary ihrem Chef frauenfeindliches Verhalten vorgeworfen hätte, hätte er sich aller Wahrscheinlichkeit nach empört dagegen verwehrt. Mary hätte nicht die Möglichkeit gefunden, ihre Position darzustellen, um damit sein Bild von ihr (und von Frauen überhaupt) in Frage zu stellen und in Zukunft ernstgenommen und gleichberechtigt behandelt zu werden. Eines ist gewiß: Ihr Chef wird nicht mehr in der gleichen Weise über sie denken wie früher. Und: Als »nettes Mädchen« hätte sie nichts erreicht.

Überall am Arbeitsplatz lauern Hindernisse

Als Beraterin in Gleichstellungsfragen gehört es zu meinem Job, zu wissen, wie es Frauen im Berufsleben ergeht. Und ich weiß, wie groß die Hindernisse sind, die Frauen auf allen Ebenen immer noch in den Weg gelegt werden. Vielleicht hat sich die Form geändert, aber im Wesentlichen ist das Problem das gleiche geblieben.

Die größten Karrierehindernisse werden schon ganz zu Anfang installiert. Junge Frauen werden nach wie vor, mal dezent und mal platt und direkt, auf Berufe vorbereitet, die dem tradierten Rollenbild entsprechen. Die überwiegende Mehrheit der Frauen verbringt ihr Berufsleben heute in sogenannten frauenspezifischen Karrieren, und in diesen subalternen Positionen haben es Frauen nicht leicht. Sie finden sich mit niedrigem Gehalt, niedrigem Sozialprestige und wenig Einfluß ab. Daß z.B. Kindererziehung in den Vereinigten Staaten zu den am schlechtest bezahlten Jobs gehört, spiegelt wider, welche Bedeutung wir Frauen und in diesem Fall auch Kindern beimessen.

Viele meiner Gesprächspartner sind erstaunt über meine Einschätzung der Lage von Frauen, die ich aus den vielen Beratungsgesprächen mit Betroffenen gewinne. Wenn ich Frauen bitte, die Hindernisse, denen sie im Arbeitsalltag begegnen, aufzulisten, dann ist das Bild erstaunlich konstant.

Frauen auf allen Ebenen der Hierarchie bemängeln, daß man ihnen zu wenig zutraut, daß man sie bevormundet, daß man sie in die Schubladen der Klischees zwängt. Aber egal, welchen Beruf Frauen ausüben, die Einschränkungen der Aufstiegschancen stehen an erster Stelle ihrer Mängelliste. Dies erregt besondere Aufmerksamkeit, weil die meisten stillschweigend davon ausgehen, daß Frauen einfach kein Interesse am beruflichen Erfolg haben, geschweige denn, wirklich Karriere machen wollen – dieser Wunsch bleibt in ihren Augen auf einige wenige Ausnahmeexemplare beschränkt.

Das ist natürlich nicht der Fall. Soweit ich die Lage überblicken kann, wünschen sich Frauen in allen Sparten – egal, ob sie Angestellte, Arbeiterinnen, Akademikerinnen oder Selbständige sind – Weiterbildung und beruflichen Aufstieg. Ewig auf der Stelle zu treten und sich abzurackern, ist für Frauen nicht erstrebenswerter als für Männer.

Ich gehe für meine Arbeit viel auf Reisen, treffe Frauen in Großstädten, Kleinstädten und auf dem Land, um ihnen eine speziell auf ihre Bedürfnisse zugeschnittene Beratung anzubieten. Wir leben nicht mehr in den fünfziger oder sechziger Jahren, aber nach wie vor berichten mir Frauen davon, daß ihre Leistungen heruntergespielt und ihre Möglichkeiten eingeschränkt werden, daß sie Schubladendenken, Gewalt und unverhüllter Diskriminierung begegnen – bis auf jene Ausnahmen, die allen augenscheinlichen Hindernissen zum Trotz steif und fest behaupten, nie im Leben diskriminiert worden zu sein.

- Eine Frau aus einer ländlichen Gegend, die sich entschlossen hatte, Automechanikerin zu werden, kam mit den erstaunten Reaktionen, den abschätzigen Blicken und der Frage »warum willst du ausgerechnet *sowas* machen?« emotional nur schwer zurecht.
- Eine Managerin suchte Rat, weil ihr Chef ihr mitgeteilt hatte, daß sie nicht befördert werden würde, weil die Männer in der Firma eine Frau als Vorgesetzte nicht akzeptieren würden. Sie erwog eine Klage beim Arbeitsgericht, befürchtete aber, damit ihre Karriere endgültig zu ruinieren. Außerdem stand ihr Wort gegen seins.
- Eine Lehrerin ärgerte sich, weil sie mit männlich geprägten Lehrbüchern arbeiten mußte, in denen die historischen Leistungen der Frauen unter den Teppich gekehrt wurden.
- Eine Geschäftsfrau mußte überall Geld zusammenkratzen, weil sie trotz entsprechender Sicherheiten keinen Bankkredit bekam, um ihre erfolgreiche Firma zu erweitern.
- Eine Krankenschwester beschwerte sich über das hochnäsige Verhalten der Ärzte, mit denen sie zusammenarbeitete, wes-

halb sie schon überlegt hatte, ihren Job im Krankenhaus an den Nagel zu hängen wie so viele ihrer Kolleginnen auch.

- Eine Sekretärin war wütend, weil sie herausgefunden hatte, daß der ungelernte, aber männliche Hausmeister mehr verdiente als die weiblichen Büroangestellten mit College-Abschluß oder Ausbildung an einer Fachschule.
- Eine leitende Angestellte entdeckte durch Zufall, daß ihr männlicher Kollege, der weniger Erfahrungen und Referenzen hatte, von ihr eingearbeitet wurde und die gleiche Arbeitsplatzbeschreibung hatte wie sie, im Jahr 7000 $ mehr verdiente als sie.
- Eine Arbeiterin in einer Auto-Fabrik ließ wiederholte sexuelle Übergriffe über sich ergehen und gab sich Mühe, die Sache »wie ein Kumpel« zu nehmen.
- Eine Verkäuferin gab ihren Job auf, weil ihr Chef sie sexuell belästigte.
- Eine Managerin empfand Wut und Verletztheit, weil ihre männlichen Kollegen angedeutet hatten, sie wäre dafür befördert worden, daß sie mit dem Chef ins Bett gegangen sei. »Wenn es für uns Frauen so leicht wäre, durch die Betten der Chefs an die Spitze zu kommen, warum kommen dann nicht mehr Frauen in der Chefetage an?«, meinte sie voller Sarkasmus.

In einem Punkt hatten sich alle diese Frauen gleich verhalten. Sie hatten es innerlich kochend vor Wut, aber äußerlich schweigend zugelassen, daß sie in ihrer Würde verletzt wurden. Sie waren in ihrer eigenen Passivität gefangen, und statt für sich selbst einzustehen, hatten sie das Verhalten der Männer erduldet, weil sie Angst vor einer Auseinandersetzung hatten. Obwohl sie innerlich aufgebracht waren, warteten sie wie »nette Mädchen« darauf, daß etwas passieren würde, das geschehenes Unrecht wiedergutmachen könnte.

Sogar Frauen, die eigentlich Durchsetzungskraft ausstrahlen, erliegen diesem Muster.

Kürzlich las ich mit Interesse den Bericht einer Managerin, die Abteilungsleiterin einer renommierten Firma für Börsengeschäfte an der Wall Street war. Zwanzig Jahre lang hatte sie sich an die männlichen Spielregeln gehalten, sich den Ruf der Zuverlässigkeit erworben und war befördert worden. Aber bei jeder Beförderung mußte sie feststellen, daß die Männer, die mit ihr auf einer Ebene standen, besser bezahlt wurden – ihr Gehalt lag höher, und sie erhielten höhere Prämien. Trotzdem enthielt sie sich jedesmal des Protests und rationalisierte ihre Misere. Sie war zufrieden mit dem, was sie hatte (ein sechsstelliges Jahresgehalt), und wollte unter keinen Umständen für habsüchtig gehalten werden. Nächstes Jahr wird es besser, beruhigte sie sich jedesmal wieder.

Die Situation spitzte sich zu, als sie eine Fusion zweier Firmen erreicht hatte, bei der es um mehr als eine Milliarde Dollar gegangen war. Sie bekam eine Prämie von 400 000 $, während der männliche Manager, der ebenfalls an der Fusion mitgearbeitet hatte, eine Prämie von mehr als einer Million $ erhielt. Und trotzdem bewahrte sie Stillschweigen, nur um festzustellen, daß sie zunehmend ungerechter behandelt wurde.

Obwohl sie in der Firma eine der Abteilungen leitete, die am meisten Gewinn erwirtschaftete, und zu den bewährtesten Mitarbeiterinnen und Mitarbeitern gezählt wurde, bemerkte sie, wie ihr Chef allmählich ihre Position in der Firma schwächte, sie von wichtigen Entscheidungen ausschloß und in ihrer eigenen Abteilung anderen die Macht zuspielte. Schließlich war sie nach einer Auseinandersetzung mit ihrem Chef gezwungen zu gehen.

Rückblickend sagte sie über ihr Schweigen angesichts der ungerechten Bezahlung und weil sie sich hatte ausnutzen lassen:

»Ich war doch bekloppt!« Nach zwanzig Jahren reichte sie endlich Klage ein, und ihre Forderungen wurden vor Gericht im

Wesentlichen bestätigt, aber in der Branche ist sie seitdem »erledigt«.

Aber »bekloppt« war sie nicht. Sie hatte sich nur getreu ihrer Erziehung wie ein »nettes Mädchen« benommen – und das Spiel, dessen Regeln Männer machen (in dem Frauen benachteiligt und diskriminiert werden) brav mitgespielt und nie die Klappe aufgemacht. Dieses Muster kann eine Frau eine Weile lang durchhalten, aber irgendwann wird sie merken, daß sie sich damit selbst schadet.

Manchmal sind es auch die Frauen selbst, die anderen Frauen Hindernisse in den Weg legen. Eine Frau in einem meiner Seminare war zum Beispiel der festen Überzeugung, daß Frauen schreckliche Chefinnen abgeben. Sie persönlich bevorzugte männliche Chefs. Nach einer hitzigen Diskussion in der Gruppe stellte sich heraus, daß sie selbst noch nie unter einer weiblichen Vorgesetzten gearbeitet hatte; sie hatte nur immer wieder gehört, wie schrecklich Frauen als Chefs seien.

Sehr oft messen wir Frauen im Management an ganz anderen Standards als Männer, ohne es selbst bemerken. Wir messen sie nämlich an unserem Bild des »netten Mädchens« – obwohl die Funktion einer Managerin Fähigkeiten erfordert, die das genaue Gegenteil davon einschließen.

Schwarze Frauen leiden unter doppelten Schwierigkeiten durch rassistische und sexistische Vorurteile. Ich denke an eins meiner Seminare, in dem sich eine Managerin darüber beschwerte, daß sie immer für die Sekretärin gehalten wurde. Eine Afro-Amerikanerin brauste auf: »Na, dich halten sie wenigstens für eine Sekretärin, aber mich! Mich halten sie höchstens für die Frau des Hausmeisters!«

Als hochspezialisierte Computerfachfrau war sie irgendwann zu einem großen Firmenkunden geschickt worden, um dort die Computeranlage zu reparieren. Als sie die Sicherheitskontrolle passieren wollte, sagte der Pförtner: »Sie wollen bestimmt zu

Herrn Sowieso.« Und dann haspelte er eine endlose Wegbeschreibung ab, wie sie dorthin kommen konnte.

»Einen Moment«, unterbrach sie ihn, »ich kenne keinen Sowieso.«

»Sie meinen, Sie sind nicht die Frau von unserem Hausmeister? Ich dachte, Sie bringen ihm das Mittagessen.«

Aber das war nur der Anfang, was danach kam, war noch schlimmer. Die Männer im Computerbereich wollten ihr nicht glauben, daß sie eine Technikerin war. Noch während sie den Computer reparierte, wurde sie wiederholt gefragt, ob sie wirklich wüßte, was sie da tat. Sie konnten es einfach nicht fassen: Eine afro-amerikanische Frau, die Computertechnikerin war!

Für ältere Frauen wiegt diese doppelte Last der rassistischen und sexistischen Vorurteile noch schwerer, weil unsere Gesellschaft ältere Menschen ohnehin ausgrenzt, und behinderte Frauen müssen sowohl mit sexistischer Abwertung als auch mit den Vorurteilen über Behinderte zurechtkommen. Vielleicht haben es lesbische Frauen am allerschwersten.

Ein männlicher Teilnehmer in einem meiner Seminare brachte es auf den Punkt: »Frauen im Berufsleben? Für sie muß es höllisch schwer sein.«

2 Innere Hindernisse

Das Erkennen der inneren Hindernisse

Nach und nach werden äußere Hindernisse verinnerlicht. Und ehe wir es selber merken, tragen wir den Feind in uns selbst.

Ein innerer Feind ist schlimmer als ein äußerer. Ihn wahrzunehmen ist viel schwieriger, und es gibt kein Entkommen, bevor wir ihn nicht erkannt haben. Ein kleines bißchen sehe ich hier eine Ähnlichkeit mit Krebs. Wir bemerken seine Anwesenheit erst dann, wenn er schon großen Schaden angerichtet hat.

Als Frauen wachsen wir in einer sexistischen Kultur auf, und auch die Männer sind von diesem Sexismus geprägt. Wenn man uns lange genug zwingt, ein X für ein U anzusehen, dann fangen wir schließlich selbst an zu glauben, daß X = U ist, während wir unser Wissen, daß eigentlich X = X ist, unterdrücken müssen.

Ich will mich davon nicht ausnehmen und habe lange genug an sexistischen Klischeevorstellungen und Erwartungen festgehalten, ohne es zu wissen. Erst die Frauenbewegung konnte mich wachrütteln.

In meiner Highschool-Zeit war ich Mitglied der Modekommission eines der größten Kaufhäuser unserer Stadt. Das hieß, daß ich meine Schule in einem Beratungsgremium vertrat, das monatlich zusammenkam und gern von sich glauben wollte, die Modeindustrie beeinflussen zu können. Mein Portrait hing vergrößert in einer Reihe mit den Photos der anderen Kommissionsmitglieder an der Wand im Gebäude der Unterstufe. Natürlich gab es nie irgendwelche Jungen in irgendwelchen Modekommissionen.

Was ich in dieser Modekommission eigentlich zu suchen hatte, ist mir heute ein echtes Rätsel. Als Tochter einer armen Familie aus dem italienischen Ghetto war Mode für mich und die Kinder aus der Nachbarschaft ein Ding von einem anderen Stern. Ich schätzte mich glücklich, wenn ich jährlich einen neuen Pullover und einen Rock bekam, und diese Stücke waren weit entfernt von Haute Couture! Aber für uns werdende Frauen war es ein absolutes Muß, sich eingehend mit dem eigenen Aussehen zu beschäftigen, und somit waren wir alle mit kaum etwas anderem beschäftigt.

In der monatlichen Zusammenkunft dieser Kommission lernten wir alles über die Bedingungen weiblicher Schönheit. Wie vorauszusehen, sollten es natürlich die Waren ebenjenes Kaufhauses sein, die uns zu der ersehnten Schönheit verhelfen würden und für die wir unter unseren Mitschülerinnen die Werbetrommel rühren sollten. Ich erinnere mich an eine der Lektionen, die wir zu lernen hatten: Eine Frau, egal wie dünn oder dick, sollte immer einen Hüfthalter tragen. Zur Demonstration wurde mir so ein Hüfthalter umgebunden, der mich in der nächsten Zeit effektiv davon abhielt, meine weibliche Aufmerksamkeit womöglich allzusehr an den Unterrichtsstoff zu verschwenden.

Die Bedeutung weiblicher Schönheit manifestierte sich auch in anderen Freizeitaktivitäten. Ich bewarb mich in der Miss Young America-Wahl an meiner Highschool. Die meisten Dornröschen unserer Schule nahmen daran teil, alle in der Hoffnung, als Schönste vom Märchenprinzen wachgeküßt zu werden. Naja, die Allerschönste war ich nicht gerade, aber immerhin kam ich in die engere Wahl und durfte an der New Yorker Miss Young America-Wahl teilnehmen, und mein Name wurde in einer Zeitschrift namens *Siebzehn* genannt. Ich war unbeschreiblich stolz!

Im College fragte mich später eine Freundin, was der Höhepunkt meiner Zeit in der Highschool gewesen sei. Ohne zu zögern sagte ich, was mich am meisten mit Stolz erfüllt hätte, wäre als Auserwählte von meiner Schule an der Miss Young America-Wahl in New York teilnehmen zu dürfen. Daß ich die Highschool als Klassenbeste abgeschlossen hatte, fiel daneben kaum ins Gewicht. Ich definierte mich selbst durch Märchenbilder, nicht durch meine Leistungen, meine Intelligenz, meine Fähigkeiten.

Sie ihrerseits war stolz darauf, daß sie bei einem religiösen Theaterstück ihrer konfessionellen Schule die Rolle der Heiligen Maria hatte spielen dürfen. Genau wie ich definierte sie sich selbst im Zusammenhang eines öffentlichen Rollenspiels.

Im College galt ich als Anwärterin, um als Filmstar entdeckt zu werden und Männer zu verführen. Auch wenn ich davon in Wirklichkeit weit entfernt war. Ich trug dazu bei, daß die Kosmetikläden der Umgebung die schönsten Umsätze machten. Kein Wunder, daß man sich später wegen meines Aussehens an mich erinnerte und nicht wegen meiner Intelligenz.

Unlängst lief mir eine ehemalige Mitstudentin aus meinem ersten College über den Weg, obwohl wir uns erst auf den zweiten Blick erkannten. Im Verlauf unseres Gesprächs stellten wir fest, daß sie zwei Jahre nach mir aufs College gekommen war. Dann ging ihr ein Licht auf.

»Ach, du bist das! Jetzt fällt es mir wieder ein! Du warst immer in der schicken Klicke. Die ganze Schule war neidisch auf deine Wespentaille. Wenn du irgendwo vorbeikamst, drehten sich alle Mädchen in ehrfürchtigem Neid nach dir um. Ich fühlte mich wie ein Walroß, und du warst so graziös – nie werde ich diesen traumhaften Schottenrock vergessen, den du damals hattest! Ich wünschte mir nichts sehnlicher als so einen Rock!«

So war das also: Jahre später waren mein Schottenrock und meine schlanke Taille das, was ihr über mich in Erinnerung geblieben war.

Eine andere Botschaft, die ich in frühen Jahren verinnerlichte, war, daß es besser aussah, wenn man an einen Mann gebunden war, als ungebunden zu sein. Ab einem bestimmten Alter fing ich deshalb an, am allgemeinen Bäumchen-wechsel-dich teilzunehmen. Das war wohlgemerkt noch vor der sexuellen Revolution und damals noch nicht gleichbedeutend mit »verfügbar« sein. »Miteinander gehen«, nannten wir es zu der Zeit.

Allein zu sein (also eigentlich *unabhängig* zu sein), war irgendwie verpönt. Inzwischen hat dieses Phänomen einen Namen: »Cinderella-Komplex«[3], und überall, wo ich genauer hinsehe, kann ich ihn finden, aber besonders bei jungen Frauen. Der Märchenprinz lebt und braucht um seine Macht nicht zu bangen, denn er hat seinen festen Platz in den Wunschträumen jedes »netten Mädchens«. Er ist der Mann, von dem Mädchen und Frauen erwarten, er werde sie retten und den Rest ihres Lebens für sie sorgen. Angeblich soll er längst gestorben sein, aber in unseren Köpfen lebt er unverdrossen weiter.

Wenn man Mädchen an der Highschool nach ihrem Märchenprinzen fragt (ohne diesen Begriff zu gebrauchen), wird man feststellen, daß die überwiegende Mehrheit fest an seine Existenz glaubt. Er ist jener ganz besondere Mann, der in ihr Leben tritt, um ihnen die Verantwortung für ihr Leben abzunehmen und sie für immer glücklich zu machen. Natürlich, Frauen wollen heute auch einen Beruf, aber eine echte Notwendigkeit scheint das immer noch nicht zu sein. Beruf, ja, aber deshalb hundertprozentig auf eigenen Beinen zu stehen? Da verlassen wir uns doch lieber auf den zukünftigen Familienvater: Papa wird's schon richten.

Auch wenn wir es gern leugnen würden, der Märchenprinz begegnet uns auf Schritt und Tritt. Im Fernsehen, in Zeitschriften, im Kitschroman, in der Musik, im Kino – sogar die »kleinen Arbeiterinnen« und »gefallenen Mädchen« dürfen im Kino ihren Märchenprinzen finden, der sie aus dem Elend erlöst, wenn sie nur hübsch genug sind. Um so härter sieht für viele Frauen die Realität im Alltag aus, wenn sie aus ihren Mädchenträumen statt in Luftschlössern vom Prinzen geküßt vom harten Aufprall auf dem Boden der Tatsachen aufwachen.

Rückblickend denke ich über mein Leben, daß ich mich, wie die meisten Frauen, sehr widersprüchlich verhalten habe. Ich habe mich auf zwei keineswegs parallel verlaufenden Schienen bewegt. Bei genauerer Betrachtung muß ich sie sogar als unvereinbar bezeichnen. Eine Schiene zielte darauf, etwas zu leisten, was meinem Intellekt angemessen war, die andere verlief in entgegengesetzter Richtung, wo der schöne Schein zählt und ich meine Begabungen und Interessen verleugnete. Und insofern diese zweite Schiene dem entsprach, was von Frauen erwartet wird, kostete es viel Mühe, der entgegengesetzten Richtung Raum zu verschaffen, so als müßte ich dazu ewig steil bergauf laufen.

Auf diesem Weg liegt nichts näher, als sich selbst von den eigenen Zielen abzubringen. Zumal dieses Verhalten zu dem gehört, was in der traditionellen Frauenrolle fest verankert ist, nämlich die eigenen Ziele, wenn eine Frau sie überhaupt entwikkelt, zurückzustellen. Historisch gesehen ist eine eigenständige Frau ein Widerspruch in sich. Dagegen werden Männer dezidiert dahingehend erzogen, ihre Ziele durchzusetzen. Wir lachen vielleicht über die Gleichsetzung von Weiblichkeit und Masochismus, aber »Weiblichkeit« ist ein soziales Konstrukt und als solches eine Bedingung unserer eigenen Erziehung. Und leider auch eine Vorgabe für die Erziehung unserer Töchter.

Wir, die in den fünfziger Jahren erzogen wurden, haben das kennengelernt, und in den Neunzigern müssen wir ebenfalls feststellen: Die biologische Uhr läuft, und von einem bestimmten

Alter an denken wir Frauen an Kinder und Nestbau. Sogar meine lesbischen Freundinnen wollen Babys!

Ungeachtet der Tatsache, daß die Welt angeblich von der Masse der Menschen zu bersten droht, ungeachtet der hohen Scheidungsrate und der banalen Wahrheit, daß alleinerziehende Mütter über das Existenzminimum nur in den seltensten Fällen herauskommen, und daß Mutterschaft jede Karriere ruinieren kann: Frauen wollen alles, und alles heißt anscheinend immer: Kinder um jeden Preis – egal, wie unser Leben aussieht.

Als ich in diesem gefährdeten Alter war, sprachen wir nicht davon, daß wir »alles wollten«, es war einfach ein Teil des Vertrags. Heiraten und Kinder kriegen. Und das galt genauso für berufstätige Frauen.

Als junge Frau wußte ich ziemlich sicher, daß ich keine Bilderbuchmutter werden wollte, aber auf meinen Märchenprinzen wollte ich trotzdem nicht verzichten. Und nie hätte eine Frau es gewagt, laut und offen zu sagen, sie will keine Kinder. Wenn ich es mir recht überlege, habe ich in meinem ganzen Leben nur zwei Frauen getroffen, die eindeutig sagten, sie wollten keine Kinder.

Das heißt noch lange nicht, daß alle Mütter glückliche Mütter sind. Weit gefehlt. Außerdem können sich längst nicht alle Frauen Kinder leisten. Dazu fehlen Kindergartenplätze, Ganztagsschulen und soziale Absicherung. Und längst nicht alle Frauen haben die emotionale Stabilität und Geduld, um Kinder zu erziehen – oder verfügen über jene seltene Variante des Märchenprinzen, der sie aufopferungsvoll darin unterstützt.

Vor ein paar Jahren hatte ich eine Nachbarin mit fünf Kindern. Sie stand morgens mit ihnen auf, zog sie an und machte Frühstück, aber dann wurden sie nach draußen geschickt, und die Tür blieb verschlossen. Von innen. Sie bekamen zu essen, aber ansonsten sollten sie zusehen, wie sie allein zurechtkamen.

Ich habe viele Frauen gehört, die – hinterher – bedauerten, Kinder bekommen zu haben. Wenn Sie ältere Menschen, Frauen und Männer, danach fragen, ob sie glücklich sind, Kinder zu haben, antworten erstaunlich viele mit nein.

Warum also bekommen Frauen Generation für Generation Kinder? Weil wir die Überzeugung eingetrichtert bekommen haben, daß Mutterschaft das höchste Glück auf Erden ist und schon fast einer Seligsprechung gleichkommt.

Ich bin ganz gewiß keine Gegnerin der Mutterschaft an sich; ich bin selbst Mutter. Aber ich bin eine Gegnerin des ungeheuren gesellschaftlichen Drucks, der auf Frauen ausgeübt wird, um sie zu Müttern zu machen. Dieser Druck fängt mit der für kleine Mädchen unvermeidlichen Babypuppe an und hört mit der Geringschätzung auf, die Frauen in der Menopause entgegenschlägt. Ich bin eine Gegnerin der falschen Überzeugung, daß eine Frau notwendig Mutter sein muß, um Erfüllung zu finden – eine Überzeugung, der wir noch immer mit tiefster Seele huldigen.

Muttersein ist eine ernste Angelegenheit, die wir uns vorher gut überlegen sollten. Aber bis jetzt begegnet sie mir überall als Teil eines weiblichen Automatismus. Um es einmal freundlich auszudrücken, sage ich, daß Muttersein jede, auch die kleinste Einzelheit im Leben einer Frau verändern wird; ihre Freundschaften, ihre Fähigkeit zu persönlichem Wachstum, ihre Möglichkeiten, vorhandene Begabungen weiterzuentwickeln, sich in einem weiteren gesellschaftlichen Kontext zu betätigen, sich in einem Arbeitsbereich ihrer Wahl zu verwirklichen, frei zu sein, und nicht zuletzt, beruflich erfolgreich zu sein.

In zahlreichen Untersuchungen wurde schon festgestellt, wie sehr Muttersein die Karrierechancen einer Frau beeinträchtigt, aber ich habe eine Studie gefunden, deren Ergebnis mich besonders aufgerüttelt hat: Eine Langzeitstudie untersuchte, wie männliche und weibliche Highschool-Absolventinnen ihre eigene berufliche Entwicklung beurteilten, und ob sie ihre gesteckten Ziele erreicht hatten.

Obwohl den weiblichen Absolventinnen in der Regel bessere

akademische Leistungen bescheinigt wurden als ihren männlichen Kommilitonen, waren ihre Aussichten für eine gute Karriere eher mager. Warum? Weil Frauen ihre Erwartungen an sich selbst kontinuierlich nach unten schrauben, um (schon im College) der Aussicht auf baldige Mutterschaft zu entsprechen, oder weil sie in dieser Hinsicht schon konkrete Pläne schmieden, wenn sie noch weit davon entfernt sind, eine berufliche Karriere zu planen. Junge Frauen büßen in der Regel während ihrer Ausbildung einen Teil ihres Selbstvertrauens ein, obwohl ihre Leistungen eher ein gesteigertes Selbstbewußtsein rechtfertigen würden, und bei den Männern passiert das Gegenteil.

Während die Männer ihren Ehrgeiz größtenteils in eine Berufskarriere umsetzen, stellte die Studie fest, daß die meisten Frauen ihre Ambitionen ernsthaft beschnitten hatten (indem sie etwa ihre Ausbildung abgebrochen hatten, indem sie entgegen ihrer ursprünglichen Absichten in ein typisch weibliches Betätigungsfeld wechselten, indem sie ihre Ausbildung auf niedrigerem Niveau abschlossen, als sie vorgehabt hatten). Wenn auch die begabtesten Frauen solche Kompromisse eingehen, dann können wir uns ungefähr vorstellen, wie es mit uns selbst steht.

Will ich damit etwa behaupten, daß begabte junge Frauen keine Mütter werden sollten? Natürlich nicht! Ich möchte nur dafür plädieren, daß die automatische Verknüpfung von weiblicher Existenz und Mutterschaft, von Mutterschaft und »Berufsunfähigkeit« oder subalterner Betätigung Frauen in ihren Möglichkeiten beschneidet und ihnen eine sinnvolle, selbstbestimmte Wahl unmöglich oder überflüssig erscheinen läßt.

Aber bis jetzt wagt es noch kaum jemand, das Muttersein ernsthaft auf den Prüfstand zu stellen, besonders junge Frauen nicht. Die gewohnte Form der Mutterschaft zu kritisieren ist tabu, egal, was auf dem Spiel steht. Sogar Feministinnen schrekken inzwischen davor zurück, ernsthafte Kritik am herrschenden Mutterbild zu üben. Ein echter Rückschritt!

Als ich heiratete, bekam ich ein Kind und adoptierte ein zweites. Im Rückblick war der Zeitpunkt beide Male denkbar ungünstig gewählt, aber ich selbst war dafür verantwortlich. Ich und die Kirche, die die Berechnung der unfruchtbaren Tage als einzige moralisch verantwortbare Verhütungsmethode propagierte.

Meine Schwangerschaft versetzte mich in einen neun Monate währenden Schlaf. Davor hatte ich sechs wunderbare, wenn auch finanziell schwierige Monate lang versucht, meinen Traum zu verwirklichen und Autorin zu werden. Ich hatte eine Reihe Artikel geschrieben, einer davon war sogar zur Veröffentlichung angenommen worden und hatte mir einen schönen Scheck eingebracht. Es war das erste Jahr, seit ich fünfzehn war, in dem ich nicht Tag für Tag aus dem Haus gehen mußte, um zu studieren oder zu arbeiten. Warum hatte ich mir selbst gerade jetzt eine Falle gestellt und war schwanger geworden? In den darauffolgenden Jahre brachte ich keinen Satz zu Papier.

Der Zeitpunkt für mein zweites Kind war womöglich noch ungünstiger gewählt. Ich wußte, daß ich diesen neunmonatigen Tiefschlaf kein zweites Mal durchstehen wollte, und außerdem wollte ich meinem Körper keine zweite Schwangerschaft antun, aber gleichzeitig war es für damalige Verhältnisse in einer italienisch geprägten Umgebung undenkbar, ein Einzelkind großzuziehen. Wie konnte ich das eine bekommen, ohne dafür das andere in Kauf nehmen zu müssen? Ein Kind ohne Schwangerschaft? Adoption war die Antwort. Es war Mitte der sechziger Jahre, und meine politische Gesinnung regte sich, deshalb versuchten wir, ein vietnamesisches Waisenkind zu adoptieren, aber das war unmöglich. Also stellten wir bei der Pearl S. Buck-Stiftung den Antrag für ein koreanisches Kind.

Zu dieser Zeit war ich mitten in der Arbeit für meine Dissertation und lehrte als wissenschaftliche Assistentin am College – ein übervoller Stundenplan. Ich genoß meine Arbeit, erforschte aufregende Gebiete der erkenntnistheoretischen Philosophie, und zum ersten Mal in meinem Leben hatte ich eine klare Vorstellung davon, was ich werden wollte: Universitätsprofessorin.

Es ist beinahe überflüssig, zu betonen, wie schwierig es war, ein neues Kind in unsere Familie zu integrieren. Ich mußte meinen Stundenplan komplett über den Haufen werfen, auch wenn ich es schaffte, meine Doktorarbeit einige Zeit später zu beenden.

Zwischen diesen gegensätzlichen Anforderungen fühlte ich mich zerrissen. Vielleicht hätte Matina Horner in mir ein interessantes Objekt für ihre Untersuchung über »Angst vor dem Erfolg und weibliche Selbstbeschränkung« gefunden, die damals die These vertrat, daß Frauen den Erfolg als Zerstörer ihrer persönlichen Beziehungen fürchten. Nicht, daß ich damals nur die geringste Ahnung von solchen Zusammenhängen gehabt hätte. Welche Kräfte in meinem Inneren wirkten, war mir völlig unbewußt, aber das machte mir meinen Alltag keineswegs leichter!

Die meisten Frauen, die ich kenne, machen sich selbst das Leben schwer. Wir spielen eine Rolle nach fremdem Drehbuch ohne Mitspracherecht, zum Nutzen anderer, ohne zu verstehen, was da gespielt wird.

Nein, ich will auch nicht in das ewige Lied einstimmen, die Opfer seien selbst schuld. Daß wir zu Opfern werden, ist nicht unsere Schuld, höchstens, daß wir uns selbst aufopfern, aber eigentlich ist mir die Schuldfrage gleichgültig. Schuldzuweisungen führen zu nichts. Der entscheidende Punkt ist für mich inzwischen, daß wir aufhören, Opfer zu sein. Meine Botschaft an uns Frauen ist, daß wir verstehen lernen, welches Spiel gespielt wird, nach welchen Regeln es funktioniert, und daß wir etwas dagegen tun.

Niemand außer uns selbst wird etwas für uns tun!

Gegen die äußeren Hindernisse zu kämpfen, ist in vieler Hinsicht leichter, als gegen innere Hindernisse zu kämpfen. Das System hat uns ganz wunderbar dazu gebracht, das zu tun, was wir tun sollen, und auch noch zu denken, es sei *unser* eigener Wunsch und Wille gewesen. Indem wir das »nette Mädchen« spielen, das bereitwillig tut, was von ihm erwartet wird, wirken wir an einem System mit, das uns einschränkt und in dem wir als eigenständige Erwachsene nicht anerkannt sind. Normalerweise ist uns nicht bewußt, daß wir diese Strukturen mittragen, zumal wir womöglich selbst zur Verschleierung beitragen. Deshalb ist es doppelt schwer, sie zu verändern.

Das Märchen von Dornröschen ist zur Hälfte wahr: Wir fallen im jugendlichen Alter in einen geistigen Schlaf, aber es wird kein Märchenprinz kommen, um uns wachzuküssen. Nur der Kuß der Aufklärung kann uns wecken, und die Möglichkeit dazu liegt einzig und allein in uns selbst, von außen können wir nur das Handwerkszeug dazu bekommen. Wir selbst müssen uns auf die Suche machen.

»Selbsterfahrung« heißt das Stichwort, das in den siebziger Jahren in aller Munde war, aber mehr als ein paar Frauen hat diese Idee bis heute nicht erreicht.

Der innere Feind der Frau hat viele Gesichter, er zeigt sich in einem schwachen Selbstbewußtsein, einem negativen Selbstbild, Schuldgefühlen, darin, daß Frauen schlecht über sich selbst und andere Frauen sprechen, Möglichkeiten ungenutzt lassen, Angst vor Risiken haben, resignieren, sich in Abhängigkeiten begeben, und schließlich gipfelt der Mangel an innerer Stärke darin, daß wir die Verantwortung für uns selbst auf andere abschieben – oder es versuchen. Die Verantwortung für unser eigenes Leben auf andere abzuwälzen, ist eine Wahl, die wir selbst (wenn auch unbewußt) treffen. Aber die Opferrolle ist nicht in unseren Genen festgeschrieben, und unsere Anatomie muß nicht unser Schicksal besiegeln: Auch wenn wir zu Opfern erzogen werden, können wir uns selbst dazu erziehen, die Opferrolle abzulehnen. Auch wenn wir zur Selbstbeschränkung erzogen wurden, können wir uns zu selbstbewußten Frauen entwickeln.

Wo ich auch hinkomme, kann ich einen Blick auf den inneren Feind von Frauen werfen. Wenn ich Kurse für selbständige Frauen gebe, dann ist es eine der vordringlichen Aufgaben, sie dazu zu bringen, angemessene Preise für ihre Produkte und Dienstleistungen zu fordern. Die selbstschädigenden Tendenzen von Unternehmerinnen spiegeln sich in viel zu niedrigen Preisen wider, weil die Frauen den Wert ihrer eigenen Arbeitsleistung und ihrer Zeit selbst viel zu niedrig ansetzen und oft nicht wahrhaben wollen, daß sie viel mehr wert sind.

Als ich selbst Unternehmerin wurde, war das meine erste Lektion, für die ich viel Lehrgeld bezahlen mußte. Der erste Firmenkunde, den ich in Aussicht hatte, zeigte ernsthaftes Interesse an meinen Leistungen, und die ersten beiden Geschäftsbesprechungen liefen vielversprechend. Dann baten sie mich um einen Kostenvoranschlag, und ich habe nie wieder etwas von ihnen gehört. Später habe ich herausgefunden, daß sie einen Blick auf meinen Kostenvoranschlag geworfen hatten, in dem meine Leistungen viel zu billig angeboten waren, woraus sie geschlossen hatten, daß ich nicht gut war.

Ein Teufelskreis: Andere werten mich als Frau ab, und als Reaktion darauf werte ich mich selbst ab. Meine Selbstabwertung bestätigt sie darin, mich weiter abzuwerten. Ohne mir dessen bewußt zu sein, trage ich zum Erhalt der Klischees und der entsprechenden Strukturen bei. Erst wenn Unternehmerinnen diese Lektion gelernt und ihre Preise erhöht haben, werden sie als Geschäftspartnerinnen ernstgenommen.

Wenn ich mit Managerinnen arbeite, mache ich die gleiche Feststellung: Eine Frau stellte während des Trainings plötzlich erstaunt fest, daß sie schon zu Beginn ihrer Laufbahn angefangen hatte, Herausforderungen abzulehnen und riskante Geschäfte ihren Kollegen zu überlassen.

»Warum«, fragte sie sich rückblickend, »ziehe ich es vor, mich selbst zu unterfordern?«

Oder eine Managerin, die ihrem Chef auf die Forderung, einige Überstunden zu machen, wütend entgegengehalten hatte, daß für sie ausnahmslos ihre Familie an erster Stelle stünde. Und seitdem ärgerte sie sich, daß sie nicht befördert wurde.

Wir haben es hier mit einer klassischen Falle zu tun, die aus dem »Entweder/Oder«-Denken resultiert. Warum müssen wir entweder Karriere oder Familie an die erste Stelle setzen, ohne nach Kompromissen zu suchen? Die Familie zur obersten Priorität zu machen und dabei keine Ausnahmen zuzulassen, ist ein Extrem (und dazu ein Extrem, das als typisch weiblich gilt), genauso wie der traditionelle unternehmerische Anspruch, die Arbeit zur obersten Priorität zu machen. *Beide Bereiche* können für Frauen wie Männer gleich wichtig sein, ohne daß der eine oder der andere Bereich dauerhaft zu kurz kommen muß.

Falsche Erwartungen und Selbstschädigung

Auch falsche Erwartungen können selbstschädigend wirken – Erwartungen an uns selbst und an die Welt. Bis wir das Erwachsenenalter erreicht haben, wird uns durch unsere geschlechtsspezifische Sozialisation, durch familiäre und gesellschaftliche Strukturen das Siegel »nettes Mädchen« aufgedrückt.

Natürlich hat sich nie jemand mit uns zu einem ernsten Gespräch an einen Tisch gesetzt und uns erklärt, daß es bestimmte Klischees über Frauen gibt, daß wir diese oder jene Regel zu befolgen hätten, um in den Augen der Umwelt als »nette Mädchen« zu erscheinen.

Nein, es sind die endlos vielen Bilder, mit denen wir von Geburt an berieselt werden, die unbemerkt unsere Gedankenwelt formen. Unser Bild von uns selbst entsteht aus »typischem« Mädchenspielzeug (für Mädchen ist Barbie das meistgekaufte Spielzeug), aus den Comics in der Zeitung, aus Kinderbüchern,

Schulbüchern, Kinderfilmen, den Vorurteilen von Eltern, Lehrern und Gleichaltrigen, den Märchen und Kitschromanen.

Schneewittchen, Dornröschen, Aschenputtel, Rapunzel – immer das gleiche Bild! Der Märchenprinz verliebt sich in ein totes Mädchen (Schneewittchen), ein Mädchen im Koma (Dornröschen), ein hilfloses Mädchen ohne Bewegungsfreiheit (Rapunzel) oder das von der bösen Mutter unschuldig verstoßene Aschenputtel, das er retten kann. Niemand macht sich Gedanken darüber, was für ein merkwürdiger Typ dieser Prinz ist, der tote oder ins Koma gefallene Mädchen küßt. Die Botschaft ist eindeutig: Passivität, Schwäche und Bewegungsunfähigkeit macht Männer an, nur eine »ohnmächtige« Frau kann die begehrenswerte Prinzessin sein.

Und Vorsicht vor anderen Frauen! Besonders die potentiellen Prinzessinnen werden Opfer von neidischen, vor allem alten Frauen (böse Stiefmütter, Hexen, neidische Schwestern). Auf der anderen Seite steht der Mann, der das Mädchen rettet (aber natürlich nur die jungen, schönen, passiven »netten Mädchen«).

Im Lauf der Zeit wird uns das »nette Mädchen« zur Gewohnheit (auch wenn dieses Verhalten einer Selbstaufopferung gleichkommt), und wir versuchen, wie »nette Mädchen« auszusehen (auch wenn wir als erwachsene Frauen längst nicht mehr den Körperbau eines kleinen Mädchens haben), wir wollen Mütter sein (auch wenn viele »nette Mädchen« besser Puppenmütter geblieben wären – weil sie Drogen nehmen, ihre Kinder vernachlässigen, mißhandeln usw.), und natürlich wollen wir unseren lieben Kleinen perfekte Mütter sein (sonst werden wir leicht als Rabenmütter angesehen).

Unglücklicherweise schließt das Bild des »netten Mädchens« Passivität und Hilflosigkeit mit ein. Falsche Erwartungen an uns selbst und unser Aussehen führen dazu, daß wir uns selbst nicht leiden können. Die falsche Erwartung, daß alle Frauen Mütter sein müßten, zwängt viele Frauen in das Korsett eines fremdbestimmten Lebens, ganz zu schweigen von den Schwierigkeiten, die den Kindern unglücklicher Mütter zugemutet werden und der hohen Bevölkerungsdichte in der westlichen Welt. Dieser Perfektionismus frißt unsere Zeit und unsere Kraft und wird uns letzten Endes als Versagerinnen dastehen lassen.

Eine meiner Freundinnen hatte eine vielversprechende Karriere bei einer Bank angefangen, wurde gut bezahlt und gefördert. Aber als man ihr einen hochdotierten Posten als Managerin anbot, lehnte sie ab, weil sie meinte, Kinder haben zu wollen. Sie empfand eine Karriere als Managerin als berufliche Überlastung, obwohl sie ihre Arbeit liebte. Aber sie hatte unrealistische Erwartungen an das Familienleben – selbst wenn eine Mutter sich noch so ins Zeug legt, ist eine Familie nicht nur unproblematisch und eitel Sonnenschein. Gleichzeitig war sie der falschen Alternative des »Entweder/Oder« aufgesessen und gab wegen der Geburt ihres ersten Kindes ihre Stelle auf, weil sie glaubte, ein Kind könne ihr alles geben, was sie vom Leben wollte.

Inzwischen sieht man ihr schon von weitem an, daß es ihr nicht gut geht. Sie verbringt ihre Zeit damit, ihren beiden Kindern hinterherzurennen, halbtags schlechtbezahlte Büroarbeit zu machen, und jammert ständig darüber, daß sie keine freie Minute für sich selbst hat. Sie droht immer wieder, »von zu Hause abzuhauen«, und das kommt ihr manchmal tatsächlich wie der einzige Ausweg vor.

Falsche Erwartungen an unseren Arbeitsplatz können uns ebenfalls sehr schmerzhafte Einsichten bescheren. Vielleicht weil niemand junge Frauen beiseite nimmt und ihnen erklärt, wie »der Hase läuft«. Oder vielleicht haben wir auch die gleichen romantischen Vorstellungen von unserer Arbeit wie von unserem Privatleben. Egal, wo die Gründe dafür liegen mögen, sicher ist, daß wir mit einer ganzen Reihe falscher Vorstellungen ins Berufsleben eintreten.

Der erste Mythos ist die Idee der Leistungsgesellschaft: Wir glauben, daß man nach Leistungen und Fähigkeiten bewertet und anerkannt wird. Damit verbunden ist der Mythos von der gerechten Bezahlung: Wir glauben, daß wer viel und erfolgreich arbeitet, auch entsprechend anerkannt und bezahlt wird.

Immer wieder spreche ich mit Frauen, die sich darüber beklagen, daß sie hart arbeiten, viel leisten und trotzdem weder angemessen bezahlt noch befördert werden. Sie sind gekränkt, wenn Kollegen befördert werden, bloß weil er oder sie die richtigen Beziehungen hatte, so als sei das eine große Offenbarung! Sie versuchen sich selbst weiszumachen, daß sie damit die Ausnahme von der Regel anprangern. Sie weigern sich zu verstehen, daß überall und in allen Bereichen des Lebens Taktieren und Lobbybildung, eben Politik den Ausschlag gibt.

Dabei liegt es auf der Hand, daß an jedem Arbeitsplatz der Kontakt und der Austausch mit anderen Menschen die Basis bildet, und diese zwischenmenschlichen Beziehungen sind politisch.

Natürlich ist es trotzdem wichtig, gute Arbeit zu leisten; die meisten Leute mit Erfolg, Frauen eingeschlossen, verfügen über die solide Basis einer guten Ausbildung und vorzeigbare Leistungen. Aber Beziehungen sind ebenfalls wichtig.

Ironie des Schicksals, daß gerade wir Frauen, dazu erzogen, uns immer auf Beziehungen zu konzentrieren, im Berufsleben an dem Mythos festkleben, es käme auf Leistung an. Im Grunde ist Politik nichts anderes als die Kunst, durch Konsens und Kompromiß effektiv mit dem Gegenüber zu verhandeln. Des weiteren glaube ich, daß Macht aus der Fähigkeit entsteht, Menschen zu beeinflussen und Ereignisse zu gestalten, deshalb ist Macht nur durch politisches Handeln zu ereichen.

Frauen neigen dazu, Politik am Arbeitsplatz als etwas Negatives anzusehen, und oft wird sie auch tatsächlich auf negative Art praktiziert. Wir verwechseln die destruktive Machtpolitik vieler Leute mit dem, was wir selbst durch einen sinnvollen Umgang mit Macht erreichen könnten. Also waschen wir unsere Hände in

Unschuld und üben uns in vornehmer Zurückhaltung. Beziehungen bauen wir nur zu den Menschen auf, die wir als Freunde haben möchten. Aber dabei ignorieren oder vernachlässigen wir Politik am Arbeitsplatz als einen Faktor, der uns selbst gefährlich werden könnte, indem wir die Macht anderen überlassen.

Der innere Feind rät uns Zurückhaltung, wenn es eigentlich darum ginge, unsere Wünsche zu verwirklichen, statt dessen ersetzen wir konkrete Wünsche durch unerfüllbare Träume. Wie diese Frau in einem meiner Kurse für Karriere-Training, geschieden, Mutter zweier Kinder, mit Abitur, die zu früh geheiratet hatte und jetzt ihre Kinder allein erzieht. Als ich sie kennenlernte, verdiente Margo das Allernotwendigste als Putzfrau in Privathaushalten. Aber sie hatte einen Traum – sie wollte eine Reinigungsfirma mit Angestellten aufbauen.

Das war eindeutig ein Wunsch, der für Margo zu schaffen war. Sie hatte bereits einen erweiterungsfähigen Kundenstamm, zumal in ihrem Bereich immer Kräfte gesucht wurden und die Konkurrenz nicht groß war; sie wußte bloß nicht, wie sie es anstellen sollte. Der erste Schritt war für sie, an meinem dreiwöchigen Intensivkurs für Frauen teilzunehmen und jeden Tag gewissenhaft zu erscheinen. Dieser kostenlose, staatlich geförderte Kurs mit Kinderbetreuung und Mittagessen war für sie eine einmalige Chance.

Im Verlauf des Trainingsprogramms wurde deutlich, daß eine kleine Gruppe von Frauen, allen voran Margo, großes Interesse hatte, eine eigene kleine Firma zu gründen. Um diesem Bedürfnis gerecht zu werden, richteten wir einen weiteren, ebenfalls staatlich finanzierten Existenzgründungskurs für Frauen ein.

Am ersten Tag des Existenzgründungskurses und auch an den weiteren Tagen tauchte Margo nicht auf. Ein paar Wochen später, wir hatten eine Einzelberatung für ihre Firmengründung vereinbart, rief sie mich in letzter Minute an, um abzusagen.

Ohne ersichtlichen Grund hatte sie ihre Chance ungenutzt

verstreichen lassen – anscheinend hatte der innere Feind zugeschlagen: Geringes Selbstvertrauen, Angst vor dem Risiko, Ablehnung ihrer Möglichkeiten, Resignation. Diese ganzen Hindernisse wurden deutlich allein schon durch die Art, wie Margo über sich selbst sprach und sich ständig selbst abwertete.

Margo krebst auch heute noch am Existenzminimum herum, indem sie für andere Leute die Dreckarbeit macht. Die Ketten, mit denen sie durch eine Erziehung zur Unselbständigkeit gefesselt ist, sind anscheinend noch immer zu stark, um gesprengt zu werden, sogar wenn ihr eine helfende Hand geboten wird.

Und dann Sue, eine junge, alleinerziehende Mutter, die auf dem Land und von Sozialhilfe lebte. Ihr Traum war es, Automechanikerin zu werden und ihre Familie ohne Sozialhilfe ernähren zu können. Sie bewarb sich bei einer Berufsschule in einer fünfzig Kilometer entfernt gelegenen Stadt und wurde angenommen. Sie wurde von den Schulgebühren befreit und erhielt weiterhin Sozialhilfe. Ihre Mutter war bereit, sie zu unterstützen, sich während der Ausbildung um ihre Kinder zu kümmern und dafür zu ihr zu ziehen. Der Umzug war das einzige Hindernis, das ihr noch im Weg stand, und die Schule bot an, ihr bei der Wohnungssuche in der Stadt behilflich zu sein.

Sue sah sich die angebotenen Wohnungen an und befand, daß nichts Passendes für sie dabei war. So ging sie zurück in ihr Dorf und gab das ganze Projekt auf.

Irgendwann kommt der Punkt, wo wir aufhören müssen, uns wie Opfer zu verhalten.

Betty ist ein klassisches Beispiel dafür, wie eine Frau vor der Anforderung, die Verantwortung für ihr eigenes Leben zu tragen, kapituliert. Eine ambitionierte, begabte junge Frau mit guter Ausbildung, die davon geträumt hatte, eine eigene Firma zu gründen, und dann irgendwie von der Bahn geraten ist. Zuerst kam ein Kind, dann noch eins, dann ein drittes, viertes, fünftes und ein sechstes.

Obwohl ihre Freunde ihr davon abrieten, sich ausschließlich ihrer Familie zu widmen, gab sie alle ihre Träume auf. Das ist immer gefährlich, denn wer zuviel gibt, dem wird man noch mehr nehmen. Ihr Ehemann entwickelte sich, hatte Erfolg, eine Stelle, bei der er in der Welt herumkam. Betty erniedrigte sich selbst zum Dienstmädchen. Ihre Familie wuchs, und damit gleichzeitig ihre Enttäuschung.

Wir konnten zusehen, wie es immer schlimmer wurde. Wir versuchten, ihr zu helfen, aber niemand konnte ihr die Entscheidung über ihr Leben abnehmen. Betty geriet früh in eine tiefe Midlife-Krise, in der sie unter schweren Depressionen litt. Sie forderte von ihrem Mann, ihre unerfüllten Sehnsüchte zu stillen und die Leere in ihrem Inneren zu füllen. Es kam beinahe zur Scheidung.

Betty war schließlich derart in Lethargie verfallen, daß sie nicht mehr fähig war, ihre Lage zu verändern, obwohl sich verschiedene Möglichkeiten angeboten hatten. Sie wurde ermutigt, die Möglichkeit einer Firmengründung in der von ihr gewünschten Branche zu erkunden, an einem Existenzgründungsseminar teilzunehmen, sich mit Freunden zusammenzutun, die in einem ähnlichen Bereich arbeiten wollten. Sie tat nichts davon.

Geld war nie das Problem. Sie konnte sich bloß nicht dazu durchringen, es für ihre Zwecke zu verwenden. Sie ist bis heute noch keinen Schritt weiter gekommen, immer noch genauso frustriert, sie hat sich aber resigniert in ihr Schicksal gefügt, weil ihr Analytiker ihr geraten hat, ihre Situation zu akzeptieren. Wenn man sie fragt, zuckt Betty mit den Schultern und sagt: »So ist das halt, ich bin Mutter, sonst nichts.« Aber sie will nicht zugeben, daß Muttersein allein sie nicht ausfüllt, sondern daß es sie unglücklich gemacht hat, ihre eigenen Bedürfnisse und ihren Ehrgeiz zu verleugnen.

Junge Frauen verbergen oft trotz ihrer nach außen gekehrten Selbstsicherheit diesen selbstzerstörerischen Zug in ihrem Inneren. Wenn ich mit heranwachsenden Mädchen über eine um sich greifende Unsitte, nämlich noch während der Schulzeit schwanger zu werden, oder über AIDS rede, dann reagieren viele erstaunlich gleichgültig. Immer wieder bekomme ich als Antwort zu hören, daß sie deshalb nicht auf einem Kondom bestehen, weil es den Jungen nicht angenehm ist. Mädels, wacht endlich auf!

Meine Freundin, afro-amerikanische Schulleiterin an einer Schule, die hauptsächlich von Latinas- und Afro-Amerikanerinnen besucht wird, ist oft schier am Verzweifeln, weil es so schwierig ist, ihre Schülerinnen dazu anzuregen, über wirkliche berufliche Perspektiven nachzudenken.

»Wenn ich sie dazu anhalte, in der Schule möglichst viel zu lernen, damit sie später gute Ausbildungs- und Berufschancen haben, halten sie mir entgegen, ich sollte mir keine Sorgen machen, sie würden einfach einen reichen Mann heiraten.«

Na dann viel Glück!

Eine meiner ehemaligen Studentinnen, Michele, arbeitet mit Großstadtmädchen, jungen Frauen und schwangeren Teenagern in der AIDS-Vorsorge. Sie hat das selbst alles durchgemacht, ist selbst Afro-Amerikanerin und identifiziert sich stark mit dieser Gruppe. Obwohl sie die Mädchen verstehen kann, schlägt sie trotzdem oft die Hände über dem Kopf zusammen, weil die Mädchen so selbstzerstörerisch unvorsichtig mit Männern umgehen.

»Sie glauben immer noch, daß ein Typ, der sie liebt, alle ihre Probleme lösen würde. Es ist fast unmöglich, sie von diesem Irrglauben abzubringen!«

Auch eine College-Ausbildung macht da keinen großen Unterschied. Untersuchungen haben bewiesen, daß die meisten Mädchen eigentlich einen Abschluß in »Beziehungsarbeit« verdient hätten. Karriereplanung und Freundschaft mit anderen Frauen bleiben hinter der Suche nach »dem Richtigen« weit zurück. Die

Macht patriarchalischer Wertvorstellungen formt immer noch die Grundlage für weibliche Ansprüche und Leistungen.

Gleichzeitig ist unsere Bereitschaft groß, diese offensichtlichen Tatsachen zu leugnen. Während einem meiner letzten Workshops diskutierte eine Gruppe von Frauen die überragende Bedeutung eines Mannes für das Leben einer jungen Frau. Eine Studentin aus einem höheren Semester argumentierte engagiert dagegen.

Ich fand ihren Protest besonders auf dem Hintergrund ihrer eigenen Geschichte ausgesprochen interessant. Nach einem vierjährigen intensiven Studium im Fach Wirtschaftswissenschaften hatte sie mit einem Diplom in Betriebswirtschaft und einer Auszeichnung für besondere Leistungen abgeschlossen und stand im Ruf, eine sehr fähige, ehrgeizige junge Frau zu sein, aber sie hatte vor, unmittelbar nach dem Examen zu heiraten. Diese Hochzeit schloß ein, daß sie mit ihrem Mann in eine weit entfernte ländliche Gegend ziehen sollte, wo es, wie sie selbst zugab, für sie keine angemessenen Arbeitsmöglichkeiten gab. Sie wollte als Serviererin arbeiten und für ihren Auserwählten alles aufgeben, was ihr in den letzten Jahren wichtig gewesen war. Trotzdem war sie in der Diskussion allen Ernstes fähig zu behaupten, daß Frauen sich nicht von ihren Männern abhängig machen würden. Offensichtlich blendete sie die Verbindung zwischen ihrer eigenen Entscheidung und den Problemen, mit denen Frauen allgemein konfrontiert sind, aus.

Nicht selten bringt uns der innere Feind dazu, daß wir uns gegen andere Frauen wenden. Aus meiner Jugend erinnere ich mich an die alten italienischen Frauen, die über eine »schlechte« Frau aus ihrem ehemaligen Dorf in Italien herzogen, sie hätte ihre verdiente Strafe bekommen. Sie benutzten das italienische Wort für Prostituierte, um sie zu kennzeichnen, aber aus der Art, wie sie über sie sprachen, ging eigentlich klar hervor, daß sie keine wirkliche Prostituierte gewesen sein konnte.

Erst als ich älter wurde, begriff ich den wahren Sinn dieser Geschichte. Oberflächlich betrachtet war das Ganze eine klare Sache, aber die Schmerzen und das Leiden dieser Frau wurden mit keinem Wort erwähnt.

Anscheinend hatte der Ehemann meiner Tante eine Affäre mit einer verheirateten Frau aus dem Dorf. Als meine Tante davon erfuhr, war sie wild entschlossen, die Sache auf die eine oder andere Art zu beenden.

Eines Tages ging sie zu dem Haus dieser anderen Frau, angeblich, um mit ihr zu reden. Als die Frau irgendwann nicht hinsah (der Verlauf wurde nie ganz klar), holte meine Tante ein Seil aus ihrer Tasche und drehte es der Geliebten ihres Mannes um den Hals. Erst als sie dachte, die Frau sei tot, ließ sie los.

Die Geschichte schloß immer mit einem Dank an Gott, daß die Frau den Anschlag überlebt hatte. Nicht, weil man froh war, daß die arme Frau am Leben geblieben war, nein, den Tod hätte sie verdient gehabt, aber meiner Tante war es erspart geblieben, für ihre grausame Rache lebenslänglich ins Gefängnis zu kommen.

Ich weiß noch, daß ich sehr wütend wurde, als ich die Geschichte endlich verstanden hatte.

»Aber warum versuchte sie, die *Frau* umzubringen?« fragte ich meine Mutter.

Meine Mutter verstand meine Frage nicht. »Weil sie einer verheirateten Frau ihren Mann ausgespannt hatte! Dazu hatte sie kein Recht!«

»Aber warum hat meine Tante nicht versucht, ihren Mann umzubringen?« Ich bestand auf einer Antwort. »Immerhin war er es doch, der sie betrogen hat!«

Meine Mutter zuckte nur mit den Schultern, als wolle sie sagen:

»Was will man denn von einem Mann anderes erwarten?«

Es ärgerte mich, daß auch die Frauen mit zweierlei Maß maßen, selbst wenn ich das zu dem Zeitpunkt noch nicht ausdrücklich formulieren konnte. Inzwischen verstehe ich, warum wir diese Art, mit zweierlei Maß zu messen, als einen weiteren Feind verinnerlicht haben, der uns dazu bringt, zu anderen Frauen auf Distanz zu bleiben, statt uns mit ihnen zu verbünden.

Connies Geschichte

Ich habe es erlebt, wie der innere Feind einer Frau eine regelrecht tödliche Falle stellte. Die unabhängigste, selbstsicherste Frau, die mir je in meinem Leben begegnet war – jedenfalls glaubte ich das –, war eine Kollegin und gute Freundin von mir. Sie war Wirtschaftswissenschaftlerin, Professorin am College, hatte im Fach Philosophie ihren Doktor gemacht, arbeitete aktiv in der Lokalpolitik und in der Frauenbewegung mit: Connie war eine Persönlichkeit mit einer wunderbaren Ausstrahlung, immer optimistisch, gutgelaunt, lachend und immer von Freundinnen umringt, die sich in ihrer Gesellschaft außerordentlich wohlfühlten. Ich habe nie in meinem Leben einen Menschen getroffen, von der so viele sagten »Sie ist meine beste Freundin.«

Als Connies Leiche an den Strand gespült wurde, war es für uns alle ein schrecklicher Schlag. Sie hatte ihr Tagebuch ordentlich auf den Küchentisch gelegt und uns als letzte Eintragung ihren Entschluß, Selbstmord zu begehen, hinterlassen. Dann hatte sie ihre Taschen mit Steinen gefüllt, war auf den geliebten See hinausgerudert, an dem sie seit Jahren lebte, und war ins Wasser gesprungen.

Connies Tod hatte die wildesten Spekulationen zur Folge. Hatte das Medikament gegen ihr Asthma Depressionen ausgelöst? Hatte der Kauf ihres ersten Hauses und damit verbundene finanzielle Probleme sie in den Freitod getrieben? Hatte sie die bevorstehende Hochzeit ihres Freundes Roger, zu dem sie jahrelang ein sehr nahes Verhältnis gehabt hatte, aus der Bahn geworfen? Nichts schien wirklich plausibel.

Nachdem ich Connies Tagebuch einige Jahre später noch einmal gelesen hatte, verstand ich die Geschichte etwas besser. Ich möchte ihre geheimen Gedanken hier mitteilen, damit Frauen verstehen lernen, wie tiefgreifend wir konditioniert wurden und welcher durchschlagende Mangel an Selbstvertrauen daraus resultiert, der auch durch unsere Leistungen nicht unbedingt wettgemacht wird. Ich sehe darin die Geschichten der vielen Frauen, mit denen ich gearbeitet habe, in einer einzigen zusammengefaßt. Im wesentlichen geht es darum: Wie können wir uns in der Welt behaupten, wenn wir eigentlich von einem mangelnden Selbstwertgefühl und heimlich nagenden Zweifeln erfüllt sind, auch wenn wir an der Oberfläche vor Selbstbewußtsein strotzen? Wir alle leiden an diesem in unserem Inneren verborgenen Feind. Wie sollte es auch anders sein für uns Frauen, die wir in einer Kultur großgeworden sind, in der Frauen systematisch abgewertet werden?

Ein Thema durchzieht Connies Tagebuch von der ersten bis zur letzten Seite, es beherrscht ihre Gedanken, seit sie als Teenager ihre erste Liebe bei einem Autounfall verloren hat: Die Angst, von der sie geradezu besessen ist, allein zu sein. Beim ersten Lesen war ich überrascht, weil ich sie immer von Freundinnen umgeben erlebt hatte.

Connies »Abwärts-Spirale«, wie sie es selbst in ihrem Tagebuch ausgedrückt hatte, begann eine Woche vor ihrem Tod mit einem einschneidenden Ereignis.

»Es kommt mir vor, als habe ich mit dem Vertrag für den Kauf des Hauses am ersten April das emotionale Gerüst meines Lebens eingerissen.« Sie fährt fort, daß ihr der Kauf zuerst als eine Möglichkeit »mir ein schönes Zuhause zu sichern« erschienen sei, aber dann hatte sich das Blatt gewendet. »Jetzt nagen die Zweifel an mir, ich fühle mich wertlos, nutzlos, bin deprimiert. Zu Anfang hatte ich Angst, daß der Kauf meine finanziellen Kräfte übersteigen könnte, jetzt muß ich feststellen, daß er meine seelischen Kräfte übersteigt.«

Sie beginnt eine Liste von Fragen an ihre Persönlichkeit zu erstellen, was ihr Leben und ihre Arbeit wert sind – alle beantwortet sie negativ. Sie läßt ihre gesamten Erfolge in einem Meer der Irrationalität versinken.

Obwohl sie eine beliebte und hochgeschätzte Dozentin ist, meint Connie plötzlich, sie hätte ihren Studenten außer »abgenutzten oder halbgaren Ideen« nichts zu bieten.

Obwohl sie eine Freundin ist, über deren Unterstützung und Anregung sich alle ihre Freunde glücklich schätzen, quält sie die Vorstellung, »sie würde ihren Freunden kaum gerecht«. Sie glaubt sogar, einige könnten über ihren Tod »Erleichterung empfinden«.

Auch wenn ihre Kollegen sie immer als anregende, gescheite Gesprächspartnerin mit außerordentlichen analytischen Fähigkeiten geschätzt haben, betrachtet sie sich in ihrem Tagebuch als Hochstaplerin, die »ihren Doktor in Philosophie nur ihrem freundlichen Lächeln zu verdanken« hat.

Auch wenn sie ein Leben voller Aktivitäten und Engagement führt, fragt sie sich jetzt: »Womit verbringe ich eigentlich meine Zeit?«

Das Thema Einsamkeit zieht sich wie ein roter Faden durch ihre verzweifelte Selbstbefragung, und sie spinnt damit ein Netz, in dem sie sich schließlich hoffnungslos verfängt.

»Spiegelt sich meine Beschränktheit in der Tatsache wider, daß ich keinen Lebenspartner finde?«

»Jetzt bin ich 43 Jahre alt und stehe da mit einer Katze als einziger Gesellschaft.«

Offensichtlich machte Connie sich selbst verantwortlich für ihre Misere. »Was Männer angeht, habe ich den schlechtesten

Geschmack seit Maria Stuart, und das Schicksal der schottischen Königin läßt mich nichts Gutes ahnen.«

Und über ihr Haus schreibt sie: »Im Augenblick scheint es mir genau das Falsche für mich zu sein; eine überflüssige Last, und ich habe niemand, mit dem ich sie teilen könnte.«

Später ringt sie verzweifelt mit der Frage, »wie sie dem ein Ende bereiten kann«.

»Das Problem ist«, so fährt sie in ihrem zunehmend selbstquälerischen Gekritzel fort, »daß ich keine bedeutende Botschaft zu hinterlassen habe. Ich bin nur eine von diesen frustrierten alten Jungfern, die sich nicht zusammenreißen kann und im Selbstmitleid versinkt.«

Trotz ihrer herausragenden Leistungen, trotz ihres feministischen Engagements, reduziert Connie ihre Persönlichkeit auf ein typisches Klischee und kommt damit zu einem Ergebnis, das den Wert ihres Lebens als Frau an einem traditionellen Rollenbild mißt – nicht an ihren persönlichen Erfolgen, sondern an ihren Beziehungen, also an der Tatsache, daß sie keinen Mann gefunden hat. In Wirklichkeit quälte sie der gleiche innere Feind, der den meisten Frauen ein Schicksal aufzwingt, von dem sie sich nur mühsam freimachen können, außer daß sich in Connies Fall in einem Moment der Schwäche alle Aspekte dieses Phänomens wie Dämonen auf sie stürzten, um sie zu zerstören.

Yvonnes Geschichte

Eine junge Frau, die ich vor ein paar Jahren kennenlernte, kann als Musterbeispiel für die Auswirkung des inneren Feindes gelten, der uns ins Verderben stürzt, wenn wir nicht höllisch aufpassen. Yvonne begann ihre Karriere als Abteilungsleiterin. Obwohl ihr die praktische Managementerfahrung fehlte, hatte sie ausgezeichnete Referenzen vorzuweisen – das Abschlußzeugnis einer angesehenen Wirtschaftsschule, akademische Zeugnisse und ungewöhnlich viel Arbeitserfahrung als Wirtschaftsberaterin und Autorin.

Während des ersten Jahres in dieser Firma machte Yvonne viele Überstunden, arbeitete hart und übernahm freiwillig zusätzliche Aufgaben. Sie war der Überzeugung, daß ihre Stärke gerade in der Fähigkeit lag, sich auf ihre Arbeit zu konzentrieren, und sie war stolz darauf, daß sie sich der Kungelei unter Kollegen enthielt und ihre Aufgaben ohne die Hilfe anderer erledigte.

Am Ende dieses ersten Jahres erzählte mir Yvonne begeistert von dem, was sie erreicht hatte. Sie war sicher, ihr Chef würde nicht leicht eine Mitarbeiterin finden, die Ähnliches leisten konnte wie sie.

Nur kurze Zeit später gestand sie mir ihre Ernüchterung, weil sie keine Gehaltserhöhung bekommen hatte. Sie meinte, andere, die offensichtlich weniger arbeiteten und sich dafür mehr der firmeninternen Politik widmeten, waren sowohl mit Beförderung wie mit Gehaltserhöhung belohnt worden.

Mit der Zeit beklagte sie sich immer häufiger darüber, daß sie in ihrer Firma bei wichtigen Projekten nicht miteinbezogen wurde und ihre Sachkompetenz nicht genutzt wurde. Sie war verletzt und konnte sich nicht erklären, warum sich niemand um sie kümmerte und warum sie nicht angemessen bewertet wurde.

Die ersten Zweifel tauchten auf, ob diese Firma ihr einen für sie angemessenen Arbeitsplatz bieten konnte.

Inzwischen fing Yvonnes Mann an, von einem Kind zu sprechen, obwohl sich eigentlich beide darüber einig gewesen waren, daß Kinder für sie erst in Frage kämen, wenn sie stabile Karriereaussichten in ihrer Firma erreicht hätte. Weil sie ihm gern den Gefallen tun wollte, setzte sich die Idee, ein Kind zu bekommen, zunehmend in ihrer Vorstellung fest.

Ich war nicht erstaunt, als sie zwei Jahre nach ihrem Einstieg bei dieser Firma schwanger wurde.

»Ich gehe nur für kurze Zeit in Mutterschaftsurlaub«, versicherte sie mir. Ich vermute, daß sie sich selbst überzeugen wollte. »Außerdem werden endlich alle merken, wie sehr sie mich brauchen«, fügte sie hinzu. Yvonne bekam ihr Baby, und als es an der Zeit war, in die Firma zurückzukehren, bat sie um Verlängerung ihres unbezahlten Urlaubs. Sie widmete ihre gesamte Aufmerksamkeit dem Baby und der Hausarbeit. Jedes Zimmer des Hauses wurde mit wachsamem Blick geprüft und anschließend komplett neugestaltet.

Zuerst vermißte Yvonne die Abwechslungen ihres Berufs. Aber allmählich fand sie Gefallen an der Bequemlichkeit und Sicherheit ihres trauten Heimes und beschloß, Hausfrau zu werden. »Für mich ist es eine Erleichterung, daß ich vom Karrieredruck und Geldverdienen befreit bin, und wir können es uns ja leisten«, bekannte sie. Meinen Einwand, daß sie alles aufgab, wofür sie so hart gearbeitet hatte, ignorierte sie. »Es ist ein gutes Gefühl, wieder mit den elementaren Dingen des Lebens beschäftigt zu sein.«

Am Ende ihres vereinbarten Mutterschaftsurlaubs kündigte Yvonne ihre Stelle. Ich fand es bezeichnend, daß sie damit bis zum letzten Augenblick gewartet hatte.

Vor einem Jahr habe ich Yvonne wiedergetroffen. Nein, sie sei nicht in den Beruf zurückgekehrt. »Ich fürchte, ich werde es nicht mehr schaffen, eine interessante Stelle für mich zu finden«, sagte sie bedauernd.

Während unseres Gesprächs wurde mir manches klar. Yvonne war nicht mehr die optimistische Frau voller Lebensfreude. Durch die lange Unterforderung in ihren Fähigkeiten war auch ihr Selbstvertrauen verschwunden. Zu Hause langweilte sie sich längst, ihr fehlte die Herausforderung. Sie hatte das Gefühl, sie sei »völlig raus«. Zu allem Überfluß hatte auch ihre Ehe unter ihrer Unzufriedenheit gelitten; ihr Mann arbeitete auch weiterhin an interessanten Projekten, aber zu Hause hatten sie außer dem Kind wenig Gemeinsamkeiten, über die sie reden konnten.

Trotz ihrer Begabung, ihres Willens, etwas zu leisten, ihrer beruflichen Wünsche, befand Yvonne sich Jahre später in einem großen, schwarzen Loch, das mit Leere und Enttäuschung gefüllt war.

Was war bloß schiefgelaufen?

Sich selbst verstehen – die beste Hoffnung auf Veränderung

Das einzige, was Yvonne in ihrer Situation hätte helfen können, wäre gewesen, den Mechanismus in ihr selbst zu verstehen. Sokrates' Leitsatz »Erkenne dich selbst« enthält auch in der Gegenwart eine tiefe Weisheit. Kombiniert mit der Fähigkeit, die Mechanismen der Gesellschaft zu durchschauen, befähigt uns ein Verständnis unserer Selbst zu rationalen Entscheidungen, die unser Leben verbessern.

Erstens hegte Yvonne offensichtlich eine Reihe falscher Erwartungen an ihren Arbeitsplatz: Der Mythos von einer Leistungsgesellschaft (in der ich ausschließlich nach meinen Leistungen bewertet werde); der Mythos von Lohn für Leistung (für harte Arbeit werde ich angemessen bezahlt); der Mythos von der Firma als einer großen Familie (in der sich jeder um jede kümmert, wie es in einer guten Familie sein soll); der Mythos, unersetzlich zu sein (ohne mich ist mein Chef verloren).

Aufgrund dieser Mythen, gekoppelt an den naiven Glauben, daß firmeninterne Politik und Beziehungen keine Rolle spielen, geriet Yvonne in ihrer Firma in eine Art Isolation. Sie schloß andere aus ihren Projekten aus, um ihre Unabhängigkeit und ihre Leistungsfähigkeit unter Beweis zu stellen, aber nahm es gleichzeitig übel, wenn sie ihrerseits von den Projekten anderer ausgeschlossen wurde und deshalb zunehmend isolierter arbeitete. Sich von der Kungelei unter Kollegen fernzuhalten, hatte sie damit verwechselt, positive Beziehungen mit Kollegen aufzubauen, weil sie fürchtete, ihre Unabhängigkeit aufs Spiel zu setzen.

Ihre unrealistischen Erwartungen führten zu einer großen Enttäuschung über ihre Firma und ihre Arbeit. Sie machte es sich selbst unnötig schwer, aus ihren Fehlern zu lernen, und ebnete sich mit ihren falschen Erwartungen selbst den Weg, den Anforderungen ihres Arbeitsplatzes »zu entkommen«.

Der Cinderella-Komplex, ein weitverbreitetes Muster bei Frauen, erlaubte ihr, in einen Zustand der Abhängigkeit von ihrem Mann zurückzufallen und die Verantwortung für sich selbst abzugeben. Ihr Mann und sein Kinderwunsch wurden für sie zur »Rettung« aus einer Arbeitssituation, die ihr nicht mehr zusagte.

Ein klassischer Fall von Selbstschädigung, aber wie war es dazu gekommen?

Yvonne versagte darin, produktive Beziehungen zu ihren Kollegen aufzubauen. Obwohl sie enttäuscht war, daß sie keine Gehaltserhöhung bekommen hatte, war sie zu stolz, um mit ihrem Chef darüber zu sprechen. Statt dessen zog sie es vor, sich ihren privaten Freunden gegenüber zu beklagen.

Desillusioniert ergriff Yvonne die erste sich bietende Gelegenheit, der unangenehmen Situation zu entkommen, und wurde schwanger, statt sich in ihrer Firma eine Position aufzubauen, die sie ausfüllte. Damit hatte sie ihre eigene Lebensplanung an der Basis zerstört und alles aufgegeben, wovon sie sich vorher ein erfülltes Leben versprochen hatte. Durch ihre Kündigung hatte sie alle Chancen mit aufgegeben, ihre Fähigkeiten weiterzuentwickeln, beruflich auf dem laufenden zu bleiben. Durch ihren Rückfall in den Zustand der Passivität und Abhängigkeit hat Yvonne ihr Selbstvertrauen untergraben. Sie verzichtete auf Eigenverantwortung und ökonomische Unabhängigkeit. Ironischerweise gefährdete sie ihre langjährige Beziehung zu ihrem Ehemann gerade dadurch, daß sie seinen Wünschen nachgab und ihr berufliches und persönliches Wachstum in den Hintergrund stellte.

Was hätte Yvonnes Situation verändern können? Mit Sicherheit wäre es für sie ein erster Schritt zur Veränderung gewesen, wenn sie ihren inneren Feind erkannt hätte. Spätestens nachdem sie ihre ersten Enttäuschungen am Arbeitsplatz erlebt hatte, hätte sie ihre Lage und ihr Verhalten analysieren und ihre unrealistischen Vorstellungen über Bord werfen müssen. Wenn es ihr nicht gelungen wäre, in ihrer Firma eine bessere Position aufzubauen, wäre der Wechsel zu einer anderen Firma für sie weit besser gewesen, als angesichts der Schwierigkeiten des Berufslebens in die Mutterschaft zu fliehen.

Für uns Frauen ist es ganz wesentlich, unsere Konditionierungen zu verstehen, um selbst über unser Leben und unsere Berufslaufbahn bestimmen zu können. Aber dieses Verständnis ist eben nur der erste Schritt. Danach müssen wir handeln.

Der Prozeß kann damit beginnen, daß wir uns fragen, welche Einflüsse aus der Kindheit unser Denken heute bestimmen. Auf dieser Grundlage können wir herausfinden, welche anderen Bilder sich über Jahre hinweg als innere Feinde in uns festgesetzt haben.

Wenn wir erforscht haben, welche Kräfte unser Leben geformt haben, dann müssen wir die Verantwortung dafür übernehmen, diese selbstschädigenden Tendenzen in uns außer Kraft zu setzen. Von diesem Augenblick an kann uns nur das konkrete Handeln auf der Basis unseres gewonnenen Wissens befreien. Das bedeutet, konditionierte oder gewohnte Handlungsmuster abzulegen und durch neue, selbstgewählte Handlungen, die unseren Bedürfnissen und den realen Gegebenheiten unseres Lebens entsprechen, zu ersetzen.

Im Märchen küßt das »nette Mädchen« den Frosch und verwandelt ihn so in einen Prinzen. Im wirklichen Leben müssen wir selbst uns verwandeln. Wir und nur wir verfügen über die Fähigkeit, falsche Erwartungen abzulegen, unseren inneren Feind zu überwinden und unsere selbstschädigenden Tendenzen außer Kraft zu setzen. Nur indem wir uns unserer Stärke bewußt werden und sie dazu benutzen, von Opfern zu authentisch handelnden Menschen zu werden, können wir unsere Lebendigkeit und Selbständigkeit sichern.

Küssende Märchenprinzen haben endgültig ausgedient.

3 Die Kluft in der Kommunikation zwischen den Geschlechtern

Unterschiedliche Voraussetzungen – verschiedene Sprachen

Ich bin als kleines Kind in einem italienischen Ghetto in den Vereinigten Staaten aufgewachsen, wo die Sprache meiner Umgebung sich ganz anders anhörte als die Wörter im Radio. Alle Erwachsenen sprachen Italienisch, und mir war diese Sprache vertrauter als die englischen Laute im Radio. *Sie* hörten sich komisch an, und wir drehten am Knopf und ließen den Strich im Leuchtfeld so weit wandern, bis wir einen italienischen Sender erwischt hatten.

Die italienische Sprache war ein Teil meiner Identität. Als ich in die Schule kam, wurde mit einem Schlag alles anders. Plötzlich hatte ich das Gefühl, nicht länger Italienerin sein zu sollen. Es war nicht leicht, mit diesem Gefühl zurechtzukommen.

Meine Sprache machte mich zur Außenseiterin, ich gehörte nicht mehr dazu. In dieser Zeit war der Ausdruck »Schmelztiegel« gängig – Amerika war ein einziger Schmelztiegel –, wenn man in *ihrem* Topf eingeschmolzen werden wollte.

Meine ältere Schwester hatte, wie so oft, die Hauptlast zu tragen. Als meine Mutter sie an ihrem ersten Schultag in die Schule begleitete, sprach sie ausschließlich Italienisch. Später hörten wir oft die Geschichte von diesem schrecklichen ersten Tag in einer feindlichen Welt, in der niemand mit ihr kommunizieren konnte. Auch während der folgenden Wochen wurde es kaum besser. Immer wenn Marie Antoinette zu sprechen versuchte, wurde sie vom Lehrer angeschnauzt: »Sprich gefälligst Englisch!«

Mein Vater hatte es etwas leichter gehabt. Er war als kleines Kind nach Amerika gekommen, hatte schnell Englisch gelernt und beherrschte es perfekt, obwohl auch für ihn Italienisch immer die Sprache seiner Wahl blieb. Dagegen war meine Mutter im Alter von achtundzwanzig Jahren als Braut ins Land gekommen, und Englisch fiel ihr sehr schwer.

Meine Mutter sprach oft über ihre Kämpfe mit der neuen Sprache. Weil sie unbedingt die amerikanische Staatsbürgerschaft bekommen wollte, besuchte sie eine billige Sprachschule, bei der die Kurse in kleinen Erwachsenengruppen bei einer der Teilnehmerinnen zu Hause von einem Lehrer abgehalten wurden, den die Einwanderungsbehörde bestellt hatte.

Die Gruppe meiner Mutter bestand aus Frauen, die sich mit ihren Kindern im Schlepptau in der Wohnung meiner Mutter trafen. Die Kinder waren für meine Mutter ein ständiger Anlaß zum Streit, weil sie dafür sorgen mußte, daß sie in ihrer Wohnung nichts kaputtmachten. Die Mütter dagegen ließen ihnen freien Lauf und konzentrierten sich auf den Unterricht, während meine Mutter auch noch für Erfrischungen sorgte (wie es sich für eine gute italienische Gastgeberin gehörte), die Kinder beaufsichtigte und nebenher versuchte, soviel wie möglich vom Unterricht aufzuschnappen.

Der schriftliche Sprachtest für die Einbürgerung ist meiner Mutter lebhaft in Erinnerung geblieben. Sie rang verzweifelt mit den Fragen, und ab und zu kam ihr der Lehrer zu Hilfe, der in dem großen Saal der Stadtverwaltung von einem Prüfling zum nächsten spazierte.

»Wer war der erste Präsident der Vereinigten Staaten?«

»Wer wird der Nachfolger des Präsidenten, wenn dieser stirbt?«

Meine Mutter schaffte den Test und schwor einen Treueeid auf ihre neue Heimat in der Fremde.

Ausgestattet mit immer noch spärlichen Sprachkenntnissen, wenig sinnvollem Wissen über die Geschichte des Landes, aber mit den Papieren einer amerikanischen Staatsbürgerin, war sie bereit, im kulturellen Schmelztiegel aufzugehen. Leider mußte sie feststellen, daß die Vereinigten Staaten im Gegenzug für die Bereitschaft, ihre eigene Kultur als Italienerin aufzugeben, nicht ohne weiteres die versprochenen Rechte gewährten. Den neuen Bürgern wurden von den alteingesessenen Bürgern Amerikas so viele Hindernisse in den Weg gelegt, daß von Chancengleichheit »im Land der unbegrenzten Möglichkeiten« kaum die Rede sein konnte.

Erst Jahrzehnte später fielen mir die Parallelen zwischen der Situation von Fremden, die Staatsbürgerschaft beantragen, und von Frauen, die Zugang zu männlichen Privilegien suchen, auf. Wenn ein Land einem Menschen die Bürgerrechte *gewährt*, bedeutet das etwas ganz anderes, als sie schon von Geburt an zu besitzen. *Ihnen* wird immer in Erinnerung bleiben, daß sie *dir* etwas gewährt haben, auf das du *eigentlich* kein Recht hast. In Wirklichkeit bleibt der Empfänger immer mit dem Stigma des Außenseiters behaftet, und sei es dadurch, daß man ihm nach Jahrzehnten noch den Akzent der Fremde anhört.

Das Leben wurzelt auf sehr elementare Art in der Sprache. Sprache bringt die innere und äußere Orientierung eines Individuums oder eines Volkes zum Ausdruck. Und weil Frauen und Männer auf Grund unterschiedlicher Sozialisation grundlegend verschiedene Orientierungen im Leben haben, sprechen sie verschiedene Sprachen, die eine Verständigung häufig schwer machen.

Hören oder Verstehen

Wie bei den meisten Frauen war meine Kindheit von der ewig wiederholten Aufforderung begleitet: »Sei ein nettes Mädchen!« Meine Mutter sagte es. Die Nachbarn sagten es. Wenn sich Besuch verabschiedete, sagten sie zu mir: »Sei ein nettes Mädchen, Rosie!« Verwandte strichen mir über den Kopf oder gaben mir einen Groschen und sagten: »Nun sei ein nettes Mädchen.« Es klang so nett, alle stellten es als ein wunderbares Ideal dar, dem nachzustreben sich lohnte.

Gleichzeitig hörte ich, daß erwachsene Frauen als »Mädchen« bezeichnet wurden, aber damals verstand ich noch nicht, welche Unverschämtheit in dieser Bezeichnung lag. Ich hörte auch die Ausdrücke »Puppe« und »Weiber«, die für Frauen gebraucht wurden, aber ich verstand sie nicht und konnte auf diese Beleidigungen nicht reagieren. Mich nannten die Leute »Herzchen« oder »Süße« oder auch »Püppchen«, aber damals glaubte ich noch, das wären Komplimente.

Mit Hilfe der Frauenbewegung wurde mir in den frühen siebziger Jahren langsam aber sicher der wahre Inhalt dieser Ausdrücke bewußt. Ich fing an, hinter den Worten auch ihre Absicht zu hören, und ich begriff, daß ich in vielen Situationen »ausgeschlossen« blieb, auch wenn ich anscheinend »mittendrin« war.

In der akademischen Welt, einer männlichen Bastion, die erst vor kurzem von Frauen unterwandert wurde, begriff ich zum ersten Mal die Geringschätzung, die Frauen in der Männerwelt oft entgegenschlägt. Ich erinnere mich, daß ich auf Sitzungen sprach, und niemand darauf reagierte, als hätte man mich nicht gehört. Ich nahm an, mein Argument sei nicht relevant oder zu läppisch, um eine Antwort zu verdienen. Ein paar Minuten später brachte dann ein Mann ein im wesentlichen mit meinem identisches Argument. Plötzlich wurde es zum Gegenstand der Diskussion, als ob sein Gewicht erst durch den Mund dieses Mannes bewiesen war.

Plötzlich hörte ich auch diese ganzen *männlichen* Wörter und Sätze, in denen Frauen sprachlich unsichtbar gemacht werden, mit einem anderen Bewußtsein: Der Arzt, der Dichter, der Künstler, der Arbeiter, der Handwerker – die weibliche Form wird immer von der männlichen abgeleitet (im Deutschen konserviert die Endung *in* die jahrtausendealte Abhängigkeit der Frau vom Mann) und ist sprachlicher Ausdruck einer Weltsicht, in der das Männliche als Norm und das Weibliche als Ableitung verstanden wird.

Durch meine Heirat wurde ich zu *Frau Joseph Agonito.* Als Vorsitzende verschiedener Ausschüsse und später als Geschäftsfrau wurde ich regelmäßig als Herr Agonito angeschrieben, weil es anscheinend undenkbar war, daß eine Frau wichtige Funktionen übernimmt oder eine Firma führt. So war ich also entweder das Anhängsel eines Mannes oder wurde sprachlich zum Verschwinden gebracht, oder mein Geschlecht wurde gegen das in gewissen Bereichen »gängigere Modell« ausgetauscht. Andererseits gab man sich alle Mühe, meine Verschiedenheit von den Männern ausdrücklich zu betonen, wenn ich als *weiblicher Philosoph* (Im Englischen sind Berufsbezeichnungen häufig geschlechtsneutral. Anm. d. Übers.in), als *Emanze*, als *Karrierefrau* sowieso und womöglich sogar als *Mannweib* bezeichnet wurde, oder sonst sprachlich als *Hausfrau* auftrat.

Wenn ich als einzige Frau unter Männern an einer Sitzung teilnahm, gab es immer irgendeinen, der »versehentlich« einen »Herrenwitz« machte oder fluchte, so daß ich durch die Entschuldigung aus der Männergemeinschaft ausgesondert wurde:

»Entschuldige, Rosemary, ich vergaß die Anwesenheit einer Dame.«

Ich ging mit »den Jungs« essen, und wenn sich das Gespräch technischen Details zuwendete, dann lehnte sich unweigerlich einer der Männer zu mir hinüber und sagte: »Wahrscheinlich langweilen wir dich mit unseren Männergesprächen, du Arme!«

Wenn ich bei einer wichtigen Sitzung den Raum betrat, wurde meine Anwesenheit regelmäßig als schmückendes Beiwerk bagatellisiert, indem einer der Männer bemerkte:

»Tolles Kleid hast du an! Du siehst fantastisch aus!«

Nie würden sie einen dieser Kommentare einem Mann gegenüber abgeben. Aber wir Frauen werden von Männern ständig und auf anscheinend zuvorkommende Art darauf hingewiesen, daß wir anders sind als sie. Wenn sich eine Gruppe von Frauen unterhält, dann halten sie ein *Schwätzchen*, während Männer natürlich immer *diskutieren*. Wenn Frauen eine Auseinandersetzung haben, dann gelten sie als *zänkisch* und womöglich *keifen* sie auch noch, Männer dagegen tragen unter den gleichen Umständen eine Meinungsverschiedenheit aus. Wenn eine Managerin ihre Arbeit macht, gilt sie als *herrschsüchtig* und wird als *Karriereweib* beschimpft; wenn ein Manager seine Arbeit macht, gilt er als *willensstark* und *durchsetzungsfähig*.

Neben der allgemeinen sprachlichen Verniedlichung und Negierung von Frauen gibt es einige herausragende Ereignisse, die mir die sprachliche Schieflage zwischen Frauen und Männern vor Augen geführt haben. Als ich meinen Job als Universitätsdozentin aufgab, um mich als Unternehmensberaterin speziell für Frauen selbständig zu machen, informierte ich mich über verschiedene Versicherungen, für meine Firma, Berufsunfähigkeit, Haftpflicht und ähnliches. Ein Versicherungsverteter fing das Gespräch damit an, daß er mich nach meinem Namen und meiner Adresse fragte. Ich wohnte damals in der Broad Road. »Broad Road«, wiederholte er. »B-R-O-A-D? Wie in *woman*?« (Im Amerikanischen ist »broad« ein abwertender Ausdruck für eine Frau und bedeutet etwa »Weib« oder auch »Flittchen«. Anm. d. Übers.in) Überflüssig zu sagen, daß ich mit ihm keinen Vertrag abgeschlossen habe.

Ein anderes Mal nahm ich an einer Fortbildung für Geschäftsfrauen teil, als die Frau auf dem Podium ihren Vortrag mit den Worten abschloß: »Meine Damen, ich nehme an, Sie werden sich jetzt ihre Nasen pudern wollen, deshalb beende ich meine Ausführungen hiermit.« Leider sind auch Frauen nicht frei davon, sich gegenseitig sprachlich zu Schaufensterpuppen zu reduzieren – da wir gegen sprachlichen Sexismus nicht immun sind (und auch nicht gegen andere Formen von Sexismus).

Ich konnte nicht umhin, ein paar Wochen später bei einem Vortrag festzustellen, daß der Redner vor einem überwiegend männlichen Auditorium mit einem eher angemessenen Kommentar abschloß: »Ich möchte hiermit schließen, weil ich weiß, daß Sie alle sehr beschäftigt sind.«

Auch Verhaltensbotschaften machen die Unterschiede zwischen Frauen und Männern deutlich und betonen auf anscheinend harmlose Art die Unterlegenheit der Frauen. Ich wollte einmal einem Mann, der hinter mir ging, die Tür aufhalten. Ich war vorgegangen, und er ging direkt hinter mir; aber er wollte sich unter keinen Umständen von mir die Tür aufhalten lassen, statt dessen zog er es vor, mich beiseite und von der Tür wegzudrängen.

Ich wollte nicht aufgeben, weil es mir unsinnig erschien, ihm jetzt den Vortritt zu lassen, obwohl ich als erste an der Tür gewesen war. Andererseits hätte ich ihm die Tür vor der Nase zufallen lassen müssen, wenn ich weitergegangen wäre. Für mich war es eine einfache Geste der Höflichkeit, der Person nach mir die Tür aufzuhalten, aber dieser Mann wollte es nicht zulassen. Sein Gesicht und seine Haltung nahmen einen beinah feindseligen Ausdruck an. Unter keinen Umständen würde er es zulassen, daß eine Frau ihm die Tür aufhielt.

Wir wechselten kein einziges Wort, statt dessen führten wir in Vorwärts- und Rückwärtsbewegungen pantomimisch die Konfrontation von zwei Rollenmustern vor. Schließlich wurde es mir zu dumm, ich ging durch die Tür, die sich vor seiner ausgestreckten Hand schloß. Offensichtlich hatte ich ihn in seiner männlichen Ehre gekränkt, jedenfalls glaubte er das.

Ich erzählte einer Freundin von diesem Erlebnis, und sie meinte, der Mann hätte nur versucht, den Kavalier zu spielen. Den Kavalier? Vielleicht. Aber was bedeutet es, wenn diese Rolle ausschließlich Männern Frauen gegenüber vorbehalten bleibt, und Gegenseitigkeit ausgeschlossen ist? Das Ideal des Kavaliers zielt auf weibliche Schwäche, Hilflosigkeit, Zerbrechlichkeit und betont damit gleichzeitig männliche Überlegenheit und Stärke. Ich kann es nur schwer als Kompliment oder Privileg betrachten, als Angehörige des »schwachen Geschlechts« zu gelten.

Auch als ich mir der sexistischen Tendenzen in der Sprache und im Verhalten anderer (und meiner selbst) schon bewußt geworden war, gelang es mir deshalb noch lange nicht, die tieferen Unterschiede in der weiblich-männlichen Verständigung zu begreifen, und ich war weit davon entfernt zu erkennen, welche Auswirkungen das Problem auf meine Entscheidungsfähigkeit und mein Selbstgefühl hat.

Die Weltsicht und die Art, Ereignisse zu interpretieren und zu bewerten, weisen bei Frauen und Männern gravierende Unterschiede auf. Meistens sind wir uns dessen nicht bewußt. Woher auch? Obwohl wir seit unserer Kindheit daraufhin programmiert wurden, uns anders als Männer zu empfinden, die Welt anders zu verstehen und zu bewerten, gilt die männliche Perspektive allgemein als Norm.

Wir sind der felsenfesten Überzeugung, daß Frauen und Männer die gleiche Sprache sprechen und sich auf einer Wellenlänge bewegen, weil es nur eine einzige akzeptable Sprache gibt. Dabei lassen wir unsere eigene Weltsicht völlig außer acht. Wir haben das Gefühl, ausgeschlossen zu sein, oder wir denken, daß mit uns etwas nicht stimmt, wenn wir die Dinge anders wahrnehmen. Zu oft verhalten wir uns aus diesem Grund wie »nette Mädchen«

und nehmen das, was man uns als »Gleichheit und Gerechtigkeit für alle« verkauft, für bare Münze, unserem Unbehagen zum Trotz.

Über ganze dreiundzwanzig Jahre meiner universitären Ausbildung und Lehrtätigkeit verhielt ich mich wie ein »nettes Mädchen«, machte meine Prüfungen und tat, was das System von mir forderte. Meine Enttäuschung darüber, daß es scheinbar keine Frauen gab, die geschichtlich Bedeutsames geleistet hatten, mündete nie in kritischen Fragen: Gab es *wirklich* keine Frauen, die historische Leistungen vollbracht hatten, oder wurden ihre Beiträge von männlicher Seite übersehen oder vernachlässigt?

Als ich Kunst studierte, wo nie eine Künstlerin Erwähnung fand, kam ich nicht auf die Idee, die einzig sinnvolle Frage zu stellen: »Gab es *wirklich* keine Künstlerinnen, oder ist die Kunst von Frauen einfach ignoriert worden?«

Als ich die Biographien der »Großen Männer« der Geschichte studierte, zu denen zum Beispiel Napoleon und Julius Caesar gezählt werden, dachte ich nicht daran, dieses Konzept von »Größe« zu hinterfragen, und ich erkannte auch nicht, daß ihm ein männliches Wertesystem zugrundeliegt. Nie fragte ich, ob Napoleon, der Europa in einen fünfzehn Jahre währenden Unfrieden gestürzt hatte, in dem viele zu Krüppeln wurden, in dem geraubt, vergewaltigt, gemordet wurde, es wirklich verdiente, »groß« genannt zu werden.

Napoleon wird zu den »Großen Männern« gezählt, weil er immer wieder als Sieger aus schrecklichen Kriegen hervorgegangen ist, und weil er – in einem männlichen Wertesystem – an der Spitze einer Hierarchie stand, in der man nicht nach den Auswirkungen seiner Handlungen auf andere beurteilt wird.

Als ich mich in meinem Philosophiestudium mit dem »Vater der modernen Wissenschaft«, Francis Bacon, beschäftigte, akzeptierte ich sein Wissenschaftsverständnis, ohne darüber nachzudenken, als Tatsachenbeschreibung. Daß er damit auf die Herrschaft des Menschen (des Mannes?) über die Natur zielte, daß er die Anmaßung propagierte, es sei die Aufgabe des Menschen, die Natur zu vervollkommnen, daß er einfach davon ausging, die Natur sei zum Nutzen des Menschen geschaffen – keine dieser merkwürdigen Selbstverständlichkeiten kam mir damals fragwürdig vor. Ich kam nie auf die Idee, die sinnvolle Frage zu stellen, warum angesichts der Schäden, die der Mensch durch seine Herrschaft über die Natur angerichtet hatte, diese Herrschaft als Verdienst gelten sollte.

Ich begriff nicht, daß diesem Ansatz eine ausgesprochen männliche Perspektive zugrunde lag, in der Wettkampf, Sieg und Vorherrschaft als positive Werte angesehen werden. Diese Perspektive ist auch heute noch wirksam, nicht nur in den Wissenschaften (die oft genug militärischen Zwecken dienen), sondern auch in Politik und Industrie.

Im Geschichtsunterricht kam es mir nie in den Sinn, daß unsere Einteilung in Perioden – Prähistorie, Antike, Mittelalter, Renaisssance, Aufklärung – willkürlich ist und auf einer Perspektive beruht, die keinen objektiven Kriterien entspricht.

Die Renaissance (wörtlich »eine Periode der Wiedergeburt«) bedeutete für die Hälfte der Bewohner Europas nicht Wiedergeburt oder Blütezeit, sondern eine schreckliche Beschränkung ihrer Möglichkeiten – nämlich für die Frauen. In dieser Zeit fand ein vergessener Holocaust statt, der Massenmord durch die Inquisition an angeblichen Hexen, die nichts anderes getan hatten, als Forschung zu betreiben und ihr Wissen anzuwenden, wie es den Männern selbstverständlich erlaubt war. In Wirklichkeit ist der »Renaissance-Mensch« mit seinen vielen Möglichkeiten ein »Renaissance-Mann« – während die Frauen ihr Leben auf die berühmten drei »K«, Kinder, Küche, Kirche, einschränken mußten.

Wenn die »Geschichte« wirklich die Geschichte aller Menschen, einschließlich der Frauen, die zu allen Zeiten die halbe Bevölkerung ausmachen, widerspiegeln würde, dann wäre das Forschungsinteresse der Historiker vielleicht weniger auf Macht, Gesetz und Krieg ausgerichtet gewesen als auf die sozialen Aspekte und das Alltagsleben der Menschen.

Demokratie ist ein weiteres Konzept, das einer männlichen Blickrichtung entspricht. Im antiken Griechenland bot die »Wiege der Demokratie« nur wenigen Menschen Freiheit. Nur eine kleine männliche Minderheit kam in den Genuß der demokratischen Rechte und Privilegien, die überwiegende Mehrheit im antiken Athen, nämlich Frauen und Sklaven, galten nicht als Bürger, hatten keine Rechte und lebten in einem außerordentlich beschränkten Handlungsrahmen. Natürlich erwähnte keiner meiner Lehrer die Frauen, als im Unterricht die griechische Antike besprochen wurde. Und ich stellte keinem meiner Lehrer die Frage: »Wie kann man von einem demokratischen Athen sprechen, wo angeblich das Volk regierte und keine Erbmonarchie existierte, wenn die Hälfte der Bevölkerung aufgrund ihrer Anatomie von der Teilhabe an der Regierung prinzipiell ausgeschlossen war?«

Die Historiker segelten unter der Fahne der »Objektivität« und blendeten auf diese Weise viele Tatsachen erfolgreich aus, so daß ihnen solche Diskrepanzen auf der Reise durch die Jahrhunderte nie zu Bewußtsein kamen. Vielleicht haben sie sie auch einfach akzeptiert. Das Gesetz ist, was der Richter sagt.

Als ich mich mit der Gründung der »großen amerikanischen Demokratie« befaßte, kam es mir nicht in den Sinn, daß dieses System den Namen »Demokratie« – als Regierung des Volkes durch das Volk und für das Volk – eigentlich nicht verdiente. Nie hat einer meiner Lehrer darauf hingewiesen, was mir heute so offensichtlich erscheint, daß die Vereinigten Staaten eine Oligarchie darstellten – die Regierung einer privilegierten Minderheit durch eine privilegierte Minderheit für eine privilegierte Minderheit –, in der Frauen kein Mitspracherecht hatten und auch keine

Möglichkeit, die Vorteile des Systems für sich einzufordern (von der farbigen Bevölkerung und den Ureinwohnern einmal ganz abgesehen).

Wenn »normale« Leute (Frauen eingeschlossen) in diesem System zu Wohlstand kamen, dann nicht durch die Hilfe des Systems, sondern ihm zum Trotz. Und trotz einiger harterkämpfter Möglichkeiten und einem beginnenden Wandel gilt eigentlich immer noch, daß eine männliche Anatomie und persönlicher Wohlstand die Eintrittskarte für die aktive Teilnahme an der Politik darstellen. Wie die Schafe in der Herde folgen wir dem Präsidenten, und die meisten Amerikanerinnen glauben immer noch, daß sie in einer vorbildlichen Demokratie leben.

Auch als Antwort auf Matthew Arnolds Forderung, wir sollten alle »das Beste, das in der Welt gesagt und gedacht wurde« lesen, hätte ich wieder diese eine sinnvolle Frage stellen sollen: Warum wird selbstverständlich davon ausgegangen, daß nur Männer einer bestimmten Rasse das Beste sagen und denken? Und warum schätzen wir die Gedanken von Frauen so gering?

Dreiundzwanzig Jahre verbrachte ich in diesem Bildungssystem, und die ganze Zeit über verhielt ich mich, als läge mein Denken vierundzwanzig Stunden täglich im Tiefschlaf. Inzwischen bringt es mich auf die Palme, daß ich mich von einem ausschließlich männlich orientierten Blickwinkel habe vereinnahmen lassen.

Natürlich hat nicht nur das Bildungssystem versagt, wenn die Ausrichtung, Bedeutung und der Stellenwert unserer Sprach- und Denkgewohnheiten verkannt oder falsch eingeschätzt werden, vieles ist im wesentlichen in unseren gesamten Lebensgewohnheiten verankert. Das Wort *Schönheit* kann als Musterbeispiel für diese Verzerrung unserer Perspektiven gelten. Welche Bedeutung das Wort im Lauf der Zeit angenommen hat und wie es auf Frauen bezogen wird, springt uns von den Titelseiten der Zeitschriften an, flimmert über den Bildschirm, stolziert durch die Hollywood-Filme und wird uns zusammen mit einer Unmenge von Produkten verkauft.

Das Ideal weiblicher Schönheit steht zu den echten Frauen aus Fleisch und Blut in keinem Verhältnis. Die Bedingungen sind eng umrissen und so künstlich, daß sie nur von einer kleinen Handvoll Frauen erfüllt werden, aber auch die verkörpern dieses Ideal weiblicher Schönheit nicht als lebendige Wesen – sie werden erst durch die Produkte der Mode- und Kosmetik-Industrie zu Barbie-Puppen umgemodelt. Auf der anderen Seite tyrannisiert dieses Schönheitsideal die überwiegende Mehrheit der Frauen, die wegen ihres Alters, ihrer Rasse, ihrer Physiognomie, Gesundheit, oder weil sie sich dagegen wehren, den Anforderungen nicht entsprechen.

Daß dieses falsche Ideal nichts anderes als männliche Phantasien spiegelt, scheint dabei keine Rolle zu spielen. Es gilt als normal, natürlich, objektiv. Auch ich hatte dieses Ideal verinnerlicht, als ich meine Zeit im Modeausschuß verbrachte und bei der Wahl der Miss Young Amerika kandidierte.

Und dann gibt es ein weiteres Wort, das als Schimpfwort benutzt, verteufelt oder verniedlicht, aber meistens einfach ignoriert wird: *Feminismus.* Man hat uns als Emanzen hingestellt, und die Geschichts- und Sozialkundebücher an den Schulen reduzieren den Feminismus auf einen kleinen Haufen von Fanatikerinnen, die »damals« das Wahlrecht für Frauen erkämpft haben. Die Massenmedien wollen uns glauben machen, wir lebten schon in einer »post-feministischen« Periode, und die Frauenbewegung habe sich längst in Luft aufgelöst. Und selbst Frauen sagen von sich, daß sie keine Feministinnen, sondern irgend etwas anderes seien, und spulen dann zum Beweis eine lange Litanei von Beispielen ab, die eigentlich eher das Gegenteil beweisen. Aber Feministin zu sein gehört nicht mehr zum guten Ton.

Es scheint darauf hinauszulaufen, daß Feministinnen keine »netten Mädchen« sein wollen. Wir wehren uns gegen das, was

»nette Mädchen« widerspruchslos über sich ergehen lassen. Wir besitzen die Frechheit, uns selbst als gleichwertige, menschliche Wesen zu betrachten, mit den gleichen Rechten ausgestattet wie Männer, und wir bestehen darauf, nicht unterdrückt und diskriminiert zu werden. Kurz gesagt, wir verhalten uns nicht so, wie es von Frauen erwartet wird. Und vielen Leuten, Männern wie Frauen, gefällt das nicht.

Was ist eigentlich eine Feministin? Eine Feministin ist eine Frau, die Wesen und Wirkung der Unterdrückung und Diskriminierung verstanden hat und daran arbeitet, die Verhältnisse zu ändern. Frauen und Männer sind daran beteiligt, alte und junge Menschen, Menschen verschiedener Herkunft und Hautfarbe.

Feminismus ist eine stolze, bewundernswürdige Errungenschaft. Als Frau habe ich festgestellt, daß wir Frauen alle Rechte dem Feminismus verdanken: das Recht auf eigenen Besitz; das Recht, unseren Verdienst selbst zu behalten und zu verwalten; das Wahlrecht; das Recht auf unsere Kinder; das Recht auf öffentliche Rede; das Verfassungsrecht auf Gleichheit und Gleichberechtigung; das Recht, öffentliche Ämter zu bekleiden; das Recht auf Scheidung; das Recht, Mißhandlungen in der Ehe vor Gericht zu bringen; das Recht auf Geburtenkontrolle durch Verhütung und Abtreibung.

Und ich weiß auch, daß diese Rechte abgeschafft werden könnten, wenn sie von Feministinnen nicht immer wieder eingeklagt werden. Ich weiß auch, daß wir alle andere Rechte nur durch gemeinsame feministische Bemühungen erkämpfen können: das Recht auf gleiche Bezahlung; das Recht, tatsächlich an die Spitze der Politik, der Kirche oder großer Konzerne zu kommen; das Recht auf echte Gleichheit vor dem Gesetz in allen Ländern; das Recht, uns ohne Angst vor Gewalt und Vergewaltigung jederzeit in der Öffentlichkeit bewegen zu können.

Wie wir die Kluft in der Kommunikation zwischen den Geschlechtern überbrücken können

Es sind eher die kleinen Alltäglichkeiten als die großen Verletzungen der Frauenrechte, die auf uns Frauen lasten. Am Arbeitsplatz können uns besonders die kleinen Frechheiten und der versteckte Sexismus in den Wahnsinn treiben. Sie kommen in der Wortwahl genauso wie in Körperbotschaften zum Ausdruck; in einem männlichen Verhalten, das von einem Bewußtsein der Macht geprägt ist und uns Frauen das Rückgrat brechen will.

Immer wieder die gleichen Berichte aus dem Arbeitsalltag von Frauen:

- Welche Frau sieht sich nicht ständig von Männern unterbrochen, die meinen, was sie zu sagen haben sei wichtiger?
- Welche Frau wäre nicht schon als »kleine ...« verniedlicht worden?
- Welche Frau wäre noch nie verdächtigt worden, etwas auf dem Weg durch die Betten ihrer Vorgesetzten erreicht zu haben?
- Welche Frau hätte es noch nie erlebt, daß ein Mann den Arm um ihre Schulter oder Taille legt, ohne sich darum zu kümmern, ob ihr das recht ist?
- Welche Frau hätte noch nicht die lüsternen Blicke von Kollegen und Vorgesetzten auf ihrer Brust, ihrem ganzen Körper gefühlt?
- Welche Frau hätte es noch nie erlebt, daß sie bevormundet, nicht ernstgenommen, mit Herablassung behandelt oder mit verächtlichen Kommentaren bedacht wurde?

- Welche Frau wüßte nicht ganz genau, daß man ihr weniger aufmerksam zuhört als ihren männlichen Kollegen?
- Welche Mutter hätte noch nie das Stirnrunzeln männlicher Kollegen gesehen, wenn sie freinimmt, um ein krankes Kind zu pflegen, während sich Männer ohne weiteres freinehmen, um ihre Hobbys zu pflegen?
- Welche Frau hätte noch nie gehört, daß man sie mit Wörtern für Tiere, Spielzeuge etc. bezeichnet und sie »Puppe«, »dumme Kuh«, »Häschen«, »Süße« etc. nennt?
- Welche Frau hätte noch nie erlebt, daß sie in einer männlich dominierten Gruppe ausgesondert oder ausgegrenzt würde oder daß man ihr eine Sonderbehandlung »angedeihen« ließe?
- Welche Frau wüßte nicht, daß Männer ihre Leistungen herunterzuspielen oder sofort zu übertrumpfen versuchen? »Sie haben das gemacht? Dann muß ich Ihnen gleich erzählen, was *ich* gemacht habe!«

All diese Unverschämtheiten fallen wie dunkle Schatten auf das weibliche Selbstwertgefühl, während sich die Männer selbst im besten Licht sehen und als angeblich überlegene Spezies glänzen können. Das, was uns verbal, durch Körpersprache und männliche Verhaltensmuster an Botschaften vermittelt wird, kommt in der Quintessenz immer auf das gleiche heraus – wir sind *anders*, und anders hat in diesem Fall einen eindeutig negativen Beigeschmack.

Aber wir empfangen nicht nur die Botschaft, anders zu sein, auch die Kommunikationsmuster selbst sind bei Frauen und Männern deutlich anders. Männliche Kommunikation spiegelt typischerweise das Bedürfnis nach Überlegenheit, Konkurrenz und Sieg wider sowie eine Leistungsorientierung, die den Sprecher als dominant, aktiv, kontrollierend ausweist. Demgegenüber spiegelt weibliche Kommunikation eher das Bedürfnis wider, akzeptiert und gemocht zu werden, so daß Frauen in ihrem Kommunikationsverhalten oft als kompromißbereit oder gehorsam eingeschätzt werden, wenn sie auf die Bedürfnisse ihres Gegenübers eingehen.

Das alles kann uns nicht überraschen, wenn wir es im Licht der geschlechtsspezifischen Sozialisation betrachten. Die Psychologie hat schon lange festgestellt, daß Frauen dahingehend erzogen werden, ihre Motivationen auf andere auszurichten und darauf, gemocht und akzeptiert zu werden – vor allem von Männern. Diese dagegen werden darauf konditioniert, ihre Motivationen aus der Konkurrenz zu beziehen und jeden Kampf gewinnen zu wollen.

Dementsprechend ist das passive oder reaktive Verhalten (das uns zu »netten Mädchen« macht) Bestandteil des den Frauen anerzogenen Bedürfnisses nach Akzeptanz, während dominantes, kontrollierendes, aktives Verhalten (das Männer zu »Machos« macht) eine Folge männlicher Konkurrenz-Bedürfnisse ist.

Eine weitere Folge ist, daß sich Frauen zu sehr und Männer zu wenig um die Bedürfnisse anderer kümmern. Männern ist es anscheinend oft ziemlich gleichgültig, welche Auswirkungen ihr Verhalten auf andere hat – wenn sie nur als Sieger aus der Situation hervorgehen. Krieg kann als klassisches Beispiel für die extremen Auswüchse dieser Geisteshaltung gelten.

Wie werden eigentlich die Unterschiede zwischen weiblichem und männlichem Kommunikationsverhalten bewertet? Die meisten Leute tendieren dahin, den weiblichen Kommunikationsstil als bedeutungsschwach, gedankenlos, trivial und nebensächlich wahrzunehmen, während sie den männlichen Kommunikationsstil eher als stark, rational, bedeutend und zielgerichtet einschätzen.

Natürlich beschreiben diese beiden Vorstellungen die polarisierten Gegensätze, mit passivem auf der einen und aggressivem Verhalten auf der anderen Seite. Diese Polarität hat immer eine zerstörerische Tendenz; weibliche Passivität schadet den Frauen, männliche Aggression schadet anderen, aber auch dem Aggressor selbst. Deshalb will ich nicht erreichen, daß Frauen sich genauso wie Männer verhalten, aber die tradierten Kommunikationsmuster für Frauen müssen wir dringend überwinden.

Die Antwort auf die Frage nach dem Wie liegt in einem Verhalten, das auf einem ausgewogenen Verhältnis zwischen Selbstrespekt und dem Respekt für andere basiert. Frauen *und* Männer müssen sich um ein sinnvolles Kommunikationsverhalten bemühen.

Passives Kommunikationsverhalten signalisiert: »Ich nehme mich selbst weniger wichtig als dich. Was du denkst, empfindest, willst, ist mir wichtiger, als was ich selbst denke, empfinde, will.« Solches Verhalten bereitet den Boden für Abhängigkeit und Ausnutzung.

Auf der anderen Seite erklärt aggressives Kommunikationsverhalten: »Ich bin wichtiger als du. Was ich denke, empfinde, will, spielt eine größere Rolle als das, was du denkst, empfindest, willst.« Aggression ermöglicht es, andere auszubeuten, zu unterdrücken, zu kontrollieren und sich durchzusetzen.

Dazwischen liegt die Möglichkeit einer selbstbewußten Kommunikation und eines Verhaltens, das gegenseitige Akzeptanz und Respekt vermittelt: »Alle am Gespräch Beteiligten sind wichtig, wir nehmen uns gegenseitig in unserem Denken, Empfinden und Wollen ernst.«

Selbstbewußtsein ist die entscheidende Voraussetzung für Gegenseitigkeit, Respekt, Selbstkontrolle und gleiche Rechte. Ein gesundes Selbstbewußtsein ist unvereinbar mit einem Verhalten, bei dem wir uns von anderen dominieren lassen oder selbst andere dominieren. In einer Atmosphäre der Gleichberechtigung entsteht statt dessen die Möglichkeit, meiner eigenen Individualität Geltung zu verschaffen und andere in ihrer Individualität wahrzunehmen.

Insofern eine offene und ehrliche Kommunikation selbstbewußter Individuen in Anspruch nimmt, daß wir von anderen respektiert werden, ohne dafür um Entschuldigung zu bitten, sind wir in der Lage, unser Gegenüber genauso zu respektieren. Dafür muß man nicht der gleichen Meinung sein, man muß sich noch nicht einmal sympathisch sein, es reicht aus, sich gegenseitig zu respektieren.

Die Befreiung des »netten Mädchens«

Obwohl die Idee eines weiblichen Selbstbewußtseins nicht ganz neu ist, ist der Weg dorthin noch unendlich lang, doch wir müssen ihn gehen, damit selbstbewußtes Auftreten wenigstens annäherungsweise zur Norm wird. Überall wo ich hinkomme treffe ich auf Frauen, die meine Erfahrung mit einer frauenfeindlichen Welt teilen – in Variationen, die von tagtäglicher Belästigung bis hin zu haarsträubenden Erlebnissen reichen.

Wenn ich dann nachfrage, wie sie ihrerseits darauf reagiert haben, finde ich kaum eine Frau, die von einer selbstbewußten Reaktion berichtet. In der Regel entspricht die Reaktion dem Muster »sei ein nettes Mädchen«, und in der Regel machen Frauen den Versuch, das Geschehene einfach zu übergehen (»Ich wollte seine Gefühle nicht verletzen« oder »Ich wußte nicht, was ich tun sollte«), oder sie äußern die Andeutung eines Protests (die meistens nicht verstanden oder einfach ignoriert wird). Manchmal erzählen mir Frauen von einer heftigen, aggressiven Reaktion, und ich bin immer ganz glücklich, wenn ich von den wenigen Ausnahmen einer selbstbewußten, effektiven Reaktion höre.

Dabei ist gerade für Frauen ein stabiles Selbstbewußtsein eine unabdingbare Voraussetzung, um im Kampf um Veränderungen nicht unterzugehen. Hier liegt der Schlüssel zu einem Verhalten, das uns nicht zu Opfern werden läßt, ohne daß wir deshalb im

Gegenzug die aggressive Tendenz männlichen Verhaltens übernehmen müssen. Wenn ich in all den Jahren eins gelernt habe, dann ist es, daß ich zu meiner eigenen Unterdrückung beitrage, wenn ich mich wie ein »nettes Mädchen« verhalte. Passive Reaktionen auf die ewigen männlichen Herrschaftsansprüche, die in Gesten und Worten und Verhaltensmustern zum Ausdruck kommen, tragen nur immer wieder dazu bei, daß dieses Mißverhältnis von männlicher Dominanz über weibliche Unterlegenheit in der Interaktion zwischen Frauen und Männern erhalten bleibt. Frauen signalisieren auf diesem Weg, daß sie solches Verhalten von Männern akzeptieren, daß sie nichts dagegen unternehmen werden und daß die Männer in gewohnter Manier weitermachen können.

Anfangs wird uns der Übergang vom passiven zum selbstbewußten Verhalten noch fremd vorkommen und schwerfallen. Kein Wunder. Die meisten von uns haben sich über Jahre an ihre passive Rolle gewöhnt. Und es wird uns auch nicht leichtgemacht; im allgemeinen wird selbstbewußtes Verhalten von Frauen mit Aggressivität gleichgesetzt, weil man von uns erwartet, daß wir uns wie »nette Mädchen« benehmen. Wenn wir uns wie erwachsene Frauen, die sich ihrer Fähigkeiten bewußt sind, verhalten, wird das von anderen als extremes Verhalten empfunden. Natürlich trifft das nicht zu, und wir sollten es nicht zulassen, daß unser Selbstvertrauen durch negative Reaktionen auf positives Verhalten erschüttert wird.

Wenn wir dieses anfängliche Unbehagen überwunden haben, dann kann uns die Selbstbefreiung aus der Rolle des »netten Mädchens« buchstäblich Flügel verleihen. Und obwohl Männer, manchmal auch Frauen, am Anfang vielleicht negativ reagiert haben, werden sie auf lange Sicht anfangen, uns zu respektieren.

Die Befreiung vom »netten Mädchen« in uns verändert nicht nur unser Verhalten, sondern auch unsere Haltung. Wir merken, daß wir selbst die Lage beherrschen, statt uns von anderen beherrschen zu lassen. Wir können uns durchsetzen. Das wirkt Wunder für unser Selbstwertgefühl!

Aber wird eine selbstbewußte Haltung auch immer die erwartete Wirkung auf unsere Unterdrücker haben? Nein, nicht immer, aber ich habe festgestellt, daß verändertes Verhalten eine große Chance in sich trägt, auch unsere Umgebung zu verändern, schon weil es nicht ganz einfach ist, ungerechtfertigte Herrschaftsansprüche einer selbstbewußten Frau gegenüber geltend zu machen. Und ganz sicher führt das Muster des »netten Mädchens« zu überhaupt keiner Veränderung.

Wie können wir unser neues Selbstbewußtsein in den bekannten Situationen am Arbeitsplatz anwenden? Meine Strategie heißt:

Die Befreiung des »netten Mädchens«

1. Ich muß mir ganz genau darüber klar werden, gegen welche verbalen Botschaften, welche Körpersprache und gegen welches Verhalten ich mich wende.
2. Ich rufe mir ins Gedächtnis, daß vieles davon auf Gewohnheit beruht, deshalb gebe ich meinem Gegenüber im Zweifelsfall Zeit und die Möglichkeit, sich zu verändern.
3. Ich verbiete mir selbst, den Erwartungen nachzugeben und die nachgiebige, anpassungsbereite, unterlegene Rolle zu spielen, indem ich mir immer wieder sage: Das »nette Mädchen« war ich lange genug – jetzt stehe ich meine Frau!
4. Dann beginne ich einen offenen, ehrlichen Dialog, bei dem ich nicht vergesse, daß mein Ziel darin besteht, respektvoll und ebenbürtig behandelt zu werden, nicht, mein Gegenüber niederzumachen.

Im einzelnen kann diese Strategie in ganz unterschiedlichen Verhaltensweisen zum Ausdruck kommen. Ich will zur Verdeutlichung einige Beispiele geben:

Wenn eine selbstbewußte Frau unterbrochen wird, hört sie deshalb nicht auf zu sprechen. Sie behauptet ihr Rederecht und fährt fort, bis sie ihren Gedanken dargestellt hat, oder sie sagt dem, der sie unterbrochen hat, ganz klar: »Ich war noch nicht fertig« und spricht dann weiter.

Wenn jemand eine selbstbewußte Frau mit einer Verkleinerungsform bezeichnet, erklärt sie ihm: »Wahrscheinlich haben Sie sich nichts dabei gedacht, aber wer eine erwachsene Frau als *Mädchen* anspricht, bringt damit zum Ausdruck, daß er sie eigentlich bevormundet.«

Wenn ein Mann andeutet, sie hätte etwas nur durch Sexualität erreicht, dann wird eine selbstbewußte Frau ihn darauf ansprechen, indem sie sagt: »Ich nehme nicht an, daß Sie andeuten wollten, ich hätte für den Vertragsabschluß meinen Körper eingesetzt. Sicher haben Sie selbst schon gemerkt, daß ich gut informiert und kompetent bin und außerdem über geschäftliche Erfahrung verfüge.«

Wenn ein Mann eine Frau in den Arm nimmt oder ihr den Arm um die Schulter/Taille legt, und es gefällt ihr nicht, dann reagiert eine selbstbewußte Frau, indem sie ihm ganz sachlich mitteilt: »Von meinen Kollegen umarmt zu werden ist mir unangenehm. Ich nehme an, das werden Sie verstehen.« Sie wird weder lächeln noch innerlich vor Wut kochend den Mund halten.

Wenn eine selbstbewußte Frau sieht, wie ein Mann auf ihre Brust starrt, dann geht sie nicht schweigend darüber hinweg, sondern gibt ihm einen Wink mit dem Zaunpfahl: »Habe ich einen Fleck auf der Bluse?« Oder sie macht ihn direkt darauf aufmerksam, daß er sie anstarrt und ihr das nicht gefällt.

Wenn eine Frau etwas zu sagen hat, und man überhört sie einfach, dann besteht sie darauf, gehört zu werden, indem sie ihr

Statement mit entsprechend lauter Stimme noch einmal wiederholt: »Vielleicht ist Ihnen mein Argument noch nicht ganz klargeworden. Was ich meine, ist ...« Und dann fordert sie einen der Anwesenden persönlich auf, dazu Stellung zu nehmen.

Wenn eine selbstbewußte Mutter schräg angesehen wird, weil sie früher von der Arbeit nach Hause gehen muß, um ein krankes Kind zu pflegen, dann teilt sie ihrem Chef mit: »Ich muß zwei Stunden früher nach Hause gehen, weil meine Tochter im Kindergarten krank geworden ist. Das paßt mir zwar nicht, aber viele meiner männlichen Kollegen gehen früher, weil sie ihre Hobbys pflegen, und ich denke, Sie werden mit mir übereinstimmen, daß ein krankes Kind zu pflegen ebenso wichtig ist.«

Wenn man eine selbstbewußte Frau mit Ausdrücken für Spielzeuge, Tiere, Süßigkeiten belegt, sagt sie einfach: »Ich ziehe es vor, bei meinem Namen genannt zu werden.«

Körpersprache ist ein enorm wichtiger Aspekt in der kommunikativen Schieflage zwischen Frauen und Männern, weil eigentlich ein Großteil der Kommunikation überhaupt auf dem Wege nonverbaler Zeichen geschieht und auch die verbale Kommunikation davon begleitet ist. Das unterwürfige, verständnisvolle Verhalten, das uns als »netten Mädchen« anerzogen wurde, hat auf unsere Körpersprache ebenso wie auf unser verbales Verhalten weitreichende Einflüsse gehabt, nur daß wir uns unserer Körpersprache oft noch weniger bewußt sind.

Zum Beispiel beanspruchen Frauen weniger Platz für sich, aber nicht etwa, weil sie kleiner wären. Besonders am Arbeitsplatz scheint das der Fall zu sein, weniger zu Hause, wo wir uns wahrscheinlich wohler fühlen. Es ist, als wollten wir unbewußt schrumpfen, indem wir unsere Beine übereinanderschlagen (für »nette Mädchen« gehört sich das so), den Blick senken, mit dicht nebeneinander gestellten Füßen stehen, die Arme ohne zu gestikulieren dicht an die Seite gepreßt halten oder wie zum Schutz vor der Brust verschränken, den Kopf leicht gesenkt oder schräg halten, oder indem wir uns irgendwo anlehnen, wenn wir stehen müssen, als ob unsere Kraft nicht ausreichen würde, unser Gewicht zu halten.

Selten machen wir uns so breit wie Männer. Sie stehen breitbeinig, die Hände in die Hüfte gestützt, die sprichwörtlichen Ellbogen nach außen gekehrt, gestikulieren beim Reden oder klimpern beim Zuhören in ihren Hosentaschen mit dem Kleingeld herum. Oder sie sitzen mit gespreizten Beinen und beanspruchen außerdem noch Platz für ihre Arme, den Blick starr geradeaus gerichtet. Oder sie zweckentfremden die Möbel. Um es sich bequem zu machen, legen sie die Füße auf den Tisch, drehen Stühle um und setzen sich rittlings darauf, oder sie setzen sich im Gespräch mit jovialer Geste auf die Kante unseres Schreibtisches, so daß sie nicht stehen müssen, aber trotzdem auf uns herabblicken können.

Die Unterschiede zwischen diesen körpersprachlichen Signalen liegen auf der Hand. Eine Frau, die auf ihrem Platz zusammenschrumpft, vermittelt die Botschaft: Ich bin unsicher, ohnmächtig, defensiv, schwach. Ich bin nicht sicher, ob ich hier überhaupt einen Platz für mich beanspruchen darf (oder nicht besser doch bei Heim und Herd geblieben wäre). Ein Mann, der sich breitmacht, vermittelt die Botschaft: Ich herrsche, ich bin mächtig, ich bin sicher, ich kann mich bewegen, wo und wie es mir paßt. Ich gehöre hierhin, ich bin im Recht.

Es gibt keinen anderen Grund für diese unterschiedlichen Signale als die Konditionierung auf unsere geschlechtsspezifischen Rollenmuster. Es ist ein weiteres Mittel, mit dem die tradierte Botschaft transportiert wird, daß wir die Rolle des »netten Mädchens« verkörpern und uns auf keinen Fall zu einer Frauenbewegung zusammenschließen sollen, sondern auf dem untergeordneten Platz bleiben, den man (Mann) uns zugewiesen hat.

Berufstätige Frauen müssen besonders darauf achten, welche nonverbalen Signale sie neben ihren verbalen Botschaften durch ihre Körpersprache weitergeben. Gleichberechtigung am Arbeitsplatz oder überall sonst können wir kaum erreichen, wenn wir uns weiter verständnisvoll, unterwürfig, ohnmächtig als »nette Mädchen« den männlichen Erwartungen anpassen. Die Wirkung ist die gleiche – ob wir die Anpassungsleistung wissentlich oder unwissentlich vollbringen.

Es ist ganz entscheidend, daß wir uns selbst, andere Frauen und außerdem auch Männer dazu erziehen, sexistische Sprach- und Verhaltensmuster abzulegen. Wir können von den Männern unserer Umgebung keine Veränderung erwarten, wenn wir selbst in unserer alten, anerzogenen, sexistischen Rollenfestschreibung verhaftet bleiben. Sich selbst zu verändern ist der erste Schritt auf dem Weg zu einer veränderten Welt.

Das Positive betonen

Gleichzeitig gibt es ja wirklich eine ganze Menge, was Frauen können und tun, das keineswegs geändert werden müßte, sondern das wir weiter ausbauen sollten. Als Frauen haben wir der Gesellschaft mit unseren Werten und Perspektiven viel anzubieten. Bei genauerer Betrachtung hat sich zum Beispiel das, was sich als »Neuer Führungsstil im Management« allmählich etabliert, viel von den Perspektiven und Herangehensweisen abgeguckt, die für Frauen schon längst gültig sind. Trotzdem wird dieser Stil nicht als »weiblich« apostrophiert, und unsere Gesellschaft ist ignorant genug, um das, was Männern als neuer Stil positiv angerechnet wird, bei Frauen weiterhin als »schwach« oder »wirkungslos« zu bezeichnen.

Gleichzeitig gibt es keinerlei wissenschaftlich fundierte Hinweise darauf, daß die Verhaltensunterschiede von Frauen und Männern auf biologische Ursachen zurückzuführen wären. Ich selbst glaube eher, daß in diesen grundlegenden Unterschieden zwischen den Werten und Sichtweisen von Frauen und Männern unsere auf andere Menschen zentrierte Erziehung und unsere Erfahrungen als Frauen (einschließlich der Unterdrückung und Ausnutzung, die wir selbst erleben) zum Ausdruck kommen.

Aber ungeachtet der Gründe für solche Unterschiede müssen wir als Frauen aufhören, das männliche Verhalten als die Norm zu betrachten, der wir uns anzupassen haben. Der Versuch, sich wie ein Mann zu verhalten, ist genauso wie das Verhalten des »netten Mädchens« eine Anpassung an die männliche Norm. Dagegen plädiere ich dafür zu erkennen, inwieweit sich unser Verhalten positiv von der männlichen Norm abhebt, und diese Unterschiede in uns selbst und bei anderen Frauen zu begrüßen und zu fördern. Besonders im Berufsleben, wo rasante ökonomische Veränderungen neue Ideen und Ansätze nötig machen, können wir davon nur profitieren.

Wie gesagt, die Unterschiede zwischen weiblichem und männlichem Verhalten wurzeln in den uns als Frauen oder Männern anerzogenen Motivationen – dem Bedürfnis nach Verbundenheit mit anderen Menschen beziehungsweise dem Bedürfnis nach Konkurrenz. Verallgemeinernd könnte man sagen, daß Frauen »Beziehungsgespräche« führen, womit ich meine, daß Frauen auf eine Art kommunizieren, die darauf zielt, Verbundenheit und Übereinstimmung zwischen Menschen aufzubauen. Männer dagegen, das habe ich häufig beobachten können, führen Gespräche in der Regel in Form von »Berichten«, wobei der Sprecher seine Stellung in der Gruppe zu verbessern sucht, indem er von seinen Leistungen berichtet. Des weiteren kann man auch in Gesprächen beobachten, daß Frauen die Beteiligten als voneinander abhängig und – positiv ausgedrückt – aufeinander bezogen sehen, während Männer großen Wert auf Unabhängigkeit und Individualität legen. Dementsprechend tun Frauen alles, um die Gruppe zu stärken, während Männer alles tun, um sich selbst zu stärken.

Frauen neigen dazu, Grenzziehungen zwischen »oben« und

»unten« abschaffen zu wollen und Differenzen zu minimieren, weil sie sich in einer hierarchisch geordneten Gruppe auch dann nur selten wohl fühlen, wenn sie »oben« stehen. Sie haben häufig ein starkes Bedürfnis nach egalitären Strukturen gerade da, wo Männer hierarchische Strukturen mit den entsprechenden Statussymbolen begrüßen, weil sie sich darin (als die Überlegenen) beweisen können.

Die Folgen für Frauen, denen eine Neigung zu einem kontextuellen, holistischen Denken nachgesagt wird, sollten nicht unterschätzt werden – sie berücksichtigen in individuellen Entscheidungen und Handlungen die Auswirkungen auf die Gesamtsituation, während wir von Männern eher gewöhnt sind, daß sie Entscheidungen hauptsächlich im Hinblick auf den (persönlichen, jedenfalls unmittelbaren) Nutzen fällen.

In Diskussionen und Kontroversen zeigen Frauen eine höhere Toleranz gegenüber Standpunkten, die auf den ersten Blick unvereinbar zu sein scheinen, und berücksichtigen dabei auch die tatsächliche Komplexität des Lebens. Mit einer solchen Haltung treffen sie bei Männern, die eher in polaren Gegensätzen zu denken gewohnt sind, nur selten auf offene Ohren. Und während Männer ihrerseits Halt bei Abstraktionen und kategorialen Systemen suchen (und glauben, daß bestimmte Ideen die Wahrheit in sich tragen), greifen Frauen in der gleichen Frage häufig auf persönliche Erfahrungen und Beispiele zurück, um zu einem Ergebnis zu kommen (»Ideen müssen sich erst in der Realität bewahrheiten«).

Diese ganzen »weiblichen« Betrachtungs- und Herangehensweisen bilden eine ausgezeichnete Basis für Teamwork, Zusammenarbeit, effektives Management und fördern den Sinn für eine Moral, bei der alle gleichermaßen wertvoll sind. Sie öffnen Möglichkeiten für ein kreatives Denken, bei dem die Dinge von verschiedenen Seiten und unter Einbeziehung ihres Kontexts betrachtet werden, mit dem Blick auf langfristige Lösungen und

Erfolge. Sie bilden eine positive Basis für die Bewältigung der Probleme, die im einundzwanzigsten Jahrhundert auf die Gesellschaft zukommen.

Ich habe die wunderbare Geschichte einer Frau gelesen, die in einem männlich dominierten, multinationalen Konsortium zur Betriebsleiterin aufgestiegen war. Sie hatte diese für Frauen seltene Position erreicht, weil sie neue Ideen eingebracht, arbeitnehmerorientierte Ansätze entwickelt hatte, eine holistische Perspektive in konkrete Handlungen umsetzen konnte und in allen Bereichen auf langfristige Ziele hinarbeitete.

Ihr Management-Stil war so einzigartig und schwungvoll, daß sie selbst *und* ihre Leistungen berühmt waren. Sie hatte keine Angst vor Risiken, ließ sich auf neuartige Konzepte ein, setzte andere Arbeitsabläufe durch. Sie schaffte den männlich-autoritären Stil ab, bei dem, am Schreibtisch geplant, Befehle von oben nach unten weitergeleitet und ausgeführt werden müssen; statt dessen stand sie immer im unmittelbaren Kontakt mit ihren Leuten, behandelte sie mit Achtung und wertschätzte ihren Beitrag. Es zahlte sich aus – für sie und ihre Firma.

Man hat den Frauen jahrhundertelang erzählt, daß der männliche Ansatz der einzig richtige sei. Jetzt wird es endlich Zeit, daß wir behaupten und beweisen, daß es andere Ansätze gibt, die sinnvoll und nützlich sind – die unseren nämlich. Wir Frauen brauchen uns nicht zu genieren, neue Sichtweisen in unsere Arbeitsmethoden einfließen zu lassen, wir können damit einen wichtigen Beitrag zur Lösung schwieriger Probleme leisten.

Auf diesem Weg können wir beweisen, welchen Wert unser Beitrag in einer ökonomischen Situation hat, die nach Veränderung schreit. Statt uns im ewigen Glauben, daß mit uns etwas nicht stimmt, auf Biegen und Brechen dem männlichen Modell anzupassen, können wir einen einzigartigen Beitrag leisten, wenn wir unsere Stärken besser nutzen. Uns selbst und den anderen erweisen wir damit einen großen Dienst.

Ich denke oft an die Analogie zwischen meiner eigenen Kindheit als Italienerin in den Vereinigten Staaten und als Frau in einer männlichen Welt, und ich weiß, letzteres ist unendlich viel schwieriger. Ich als Frau benutze die gleichen Wörter wie die Männer in meiner Umgebung. Ich verstehe die Wörter, wie sie im Wörterbuch erklärt werden, genauso wie die Männer. Ich habe Zugang zu den meisten Orten, an denen Männer sich aufhalten. Ich mache Geschäfte in der gleichen Geschäftswelt, in der Männer Geschäfte machen. Ich bin verheiratet mit einem Mann. Aber es ist nicht das gleiche, genauso wie es nicht das gleiche ist, ob man in eine Gemeinschaft eingebürgert wurde oder hineingeboren ist.

Niemand befiehlt mir, »männlich« zu sprechen, wie der Lehrer uns italienischen Kindern befahl, Englisch zu sprechen. Niemand stellt sich hin und sagt: »Die *männliche* ist die richtige Perspektive.« Was Leute *sagen*, ist: »So wird's gemacht. Und nicht anders.« Und ich weiß genau, was sie damit meinen.

Als Frau kann ich »mittendrin« und trotzdem ausgeschlossen sein. Das muß sich ändern.

4 Verhalten verändern – bei anderen und bei sich selbst

Auf der Suche nach einem Modell, das funktioniert

Irgendwann fiel mir auf, daß es meine eigene Mutter war, die in ihrem Leben beispielhaft die erstaunlichsten persönlichen Veränderungen vollbracht hat. Als junge Frau verließ sie ein winziges, mittelalterliches Dorf in den Bergen Süditaliens, überquerte den Atlantik und landete im Amerika des zwanzigsten Jahrhunderts, um ein neues Leben an der Seite eines fremden Mannes zu beginnen.

Die erste Frau meines Vaters war gestorben, und wie die meisten italienischen Einwanderer jener Zeit fuhr er zurück nach Italien, um eine Frau zu finden. Nur eine waschechte Italienerin war ihm gut genug. Obwohl er damals schon fünfzig war, fiel sein Auge auf die junge Filomena Albanese.

Filomena ihrerseits hatte mit achtundzwanzig Jahren ein Alter erreicht, das ihre Heiratschancen allmählich dahinschwinden ließ. Nicht daß sie selbst niemanden im Auge gehabt hätte. Als ich ein Kind war, tauchte im Gespräch gelegentlich ein geheimnisumwitterter Freund aus Guardiagreggia auf. Später erfuhr ich, daß Filomenas Eltern die Verbindung zwischen ihr und ihrem Liebsten zerstört hatten. Zwei Hindernisse standen der Verbindung im Wege – seine uneheliche Geburt und seine Armut. Eine Frau allein, die ein Kind bekam und großzog, wie seine Mutter, galt als Skandal – eine Verheiratung mit dieser Sippe war ausgeschlossen.

Und was seine Armut anging, muß er wirklich außerordentlich arm gewesen sein, weil sowieso alle im Dorf arm waren.

Das Leben war schwer in Filomenas Dorf. Die Steinhäuser waren in den Berg hineingebaut, im Sommer litt man an der erdrückenden Hitze, im Winter gefror die Milch. Ein offener Herd war die einzige Heizung des Hauses, das Holz zum Kochen mußte mühsam zusammengesammelt werden.

Besonders schwer hatten es die Frauen. Vor Tagesanbruch standen sie auf, holten das Wasser vom Dorfbrunnen, kochten über dem Feuer ein spärliches Frühstück, wuschen die Kleider im öffentlichen Waschhaus, arbeiteten auf den Feldern, sorgten für Kinder und Alte, ebenso für die Tiere, stellten sämtliche Nahrungsmittel selbst her, und außerdem mußten alle Kleidungsstücke selbst gefertigt werden. Nicht selten waren die Frauen außerdem schwanger mit dem nächsten Kind.

Auch Filomenas Leben war schwer. Ihre achtköpfige Familie lebte in einem kleinen Haus mit drei Räumen, der nackte Fels war der Fußboden. Jeden Morgen stand sie in aller Herrgottsfrühe auf, um die Schafe zu hüten und Holz zu sammeln. Brot, Käse, Kartoffeln standen jeden Tag auf dem Speisezettel, Fleisch gab es nur zu Kindstaufen und ähnlichen Anlässen.

Aber was Filomena an ihrer Kindheit am meisten bedauerte, war, daß sie die Schule schon in der dritten Klasse verlassen mußte. Sie liebte die Schule. Die Lebensbedingungen in ihrem Dorf, aber auch ein verständnisloser Lehrer hatten dazu beigetragen. In der dritten Klasse war jeden Morgen, etwa eine Stunde nach Unterrichtsbeginn, ihre Großmutter erschienen und hatte sie zum Arbeiten mit nach Hause genommen. Ihre Familie hielt es für besser, daß Filomena wenigstens ein bißchen lernte, deshalb ging es einige Tage so hin und her.

Der Lehrer sah die Sache allerdings mit ganz anderen Augen: »Entweder du kommst den ganzen Tag zur Schule oder du hütest die Schafe.« Damit war ihre Schulzeit beendet.

Es ist nicht schwer zu verstehen, warum Mutter meinen Vater heiratete. Er war ein gestandener Mann, der in ihrem Dorf auftrat wie ein persönlicher Abgesandter aus dem Land der unbegrenzten Möglichkeiten, und eine arme Italienerin mußte darin die Chance ihres Lebens erblicken. Mutter gibt bereitwillig zu, ihn wegen der Aussicht auf ein besseres Leben geheiratet zu haben. Und er heiratete sie, weil er eine neue Frau brauchte.

Die Veränderungen, die das Leben meiner Mutter durch diesen Schritt erfuhr, sind für mich immer wieder beeindruckend. Nie war sie weiter gereist als auf dem Rücken eines Esels in die nächste Kleinstadt. Ihr ganzes Leben hatte sie in diesem völlig isolierten Dorf in den Bergen verbracht, dessen Geschichte sich in den Chroniken bis ins dreizehnte Jahrhundert zurückverfolgen läßt – und dessen Strukturen und Lebensgewohnheiten sich seitdem nur unwesentlich verändert haben dürften. In den achtundzwanzig Jahren ihres Lebens war sie nie von ihrer Familie getrennt. Sie verfügte über eine minimale Schulbildung, und sie heiratete meinen Vater drei Wochen nachdem sie ihn zum ersten Mal gesehen hatte.

Meine Mutter wußte schon vorher, daß eine Tochter aus der ersten Ehe meines Vaters eine erbitterte Gegnerin dieser Verbindung war. Einerseits wegen der Machenschaften dieser Tochter, andererseits um für die Einwanderung meiner Mutter alles Nötige vorzubereiten, fuhr mein Vater kurz nach der Hochzeit zurück nach Amerika. Deshalb mußte meine Mutter sechs Monate später die endlos lange Überfahrt auf dem Zwischendeck, sterbenselend vor Seekrankheit, allein überstehen. Eine Reise ins Unbekannte.

Im Mai 1933 ging Filomena Albanese Giambattista in Amerika an Land. Sie hatte ihr erstes Leben hinter sich gelassen und war bereit, in einer fremden Welt umgeben von Fremden ein neues Leben anzufangen. Dieser Schritt forderte ihr eine enorme Anpassungsleistung ab.

Ich frage mich oft, wie meine Mutter das geschafft hat. Zweifellos nahm sie ihr neues Leben in Amerika an und veränderte sich, aber in vielem blieb sie doch, was sie immer gewesen war: eine großzügige, erdverbundene, gläubige, unermüdlich fleißige, entschlossene Italienerin mit großem Familiensinn. Und in ihrem Leben hat sie Einfluß auf viele Menschen gehabt, weil sie bestimmte Dinge von ihnen erwartete.

Das erscheint mir noch immer als Schlüssel zu einer erfolgreichen Verhaltensänderung. Wir lernen, uns in neuen Situationen angemessen zu verhalten (oder alte Situationen neu zu bewerten), indem wir uns gezielt darauf einstellen. Damit meine ich, daß wir unser Verhalten einer Situation und ihren Erfordernissen anpassen, ohne unsere eigene Identität aufzugeben; aber *gleichzeitig* beeinflussen wir andere, damit sie ihr Verhalten ebenfalls verändern.

Ganz einfach gesagt: Ich komme dir auf halbem Wege entgegen, ich erwarte aber gleichzeitig von dir, daß du mir auf halbem Weg entgegenkommst. Im Idealfall entwickeln sich so bei allen Beteiligten gleichzeitig neue Verhaltensmuster, weil die alten Muster nicht mehr greifen.

Anpassung funktioniert als gegenseitige Anpassung aneinander immer am besten, auch wenn die Hauptlast stets den Neuen aufgebürdet wird, da die Umgebung auf ihren Gewohnheitsrechten besteht. Meine Mutter mußte sich anpassen, weil sie in die Vereinigten Staaten kam; die Vereinigten Staaten mußten sich anpassen, weil mit ihr noch viele andere kamen. Nichts konnte beim alten bleiben, und beide Parteien mußten zu gegenseitigem Respekt finden. Im Fall, daß eine der beteiligten Parteien die Anpassung verweigert, sind Elend, Schmerz und Ungerechtigkeit die Folgen.

Ich denke, daß dieses einfache Modell der gezielten Anpassung viel zur Verständigung zwischen der Frauenbewegung und den sozialen Strukturen, die ihr Widerstand entgegenbringen, beitragen kann. Weil keine Seite sich der anderen fügen will oder kann, müssen beide Seiten sich gezielt anpassen. Aus diesem Versuch gegenseitiger Anpassung entwickeln sich neue Strukturen, Ansätze und Verhaltensweisen.

Das Problem mit dem Verhaltensmuster des »netten Mädchens« besteht nämlich gerade in seiner Einseitigkeit: Gegenseitigkeit und wechselseitiger Austausch fehlen, denn mit diesem Muster geht zwingend einher, daß es immer die Frauen sind, die sich männlichen Herrschaftsansprüchen anzupassen haben. Deshalb sind sie es, die Elend, Schmerz und Ungerechtigkeit zu ertragen haben.

Das Interessante an der Geschichte meiner Mutter ist, daß sie die Fähigeit entwickelt hat, sich ihr ganzes Leben lang den Erfordernissen neuer Situationen anzupassen. Als mein Vater viele Jahre später starb, veränderte meine Mutter wiederum ganz radikal ihr Leben, weil sie sich vor völlig veränderte Umstände gestellt sah.

Diese zweite Transformation war für uns alle ein erstaunliches Erlebnis. Ihr Verhalten veränderte sich von Unterwürfigkeit zu Unabhängigkeit, weil der Patriarch aus ihrem Leben verschwunden war. Zuerst verkaufte meine Mutter das alte Drei-Familien-Haus, in dem sie immerhin fünfundreißig Jahre ihres Lebens gewohnt hatte. Sie kaufte ein kleineres Haus und übernahm selbst die Verwaltung ihres Geldes. Sie fing an, den Großteil ihrer Zeit mit ihren verwitweten Freundinnen zu verbringen und nahm an den Reisen ihrer Kirchengemeinde teil. Sie fuhr selbst mit dem Auto überall hin, und sie fing an, allein zu reisen.

Obwohl sie immer schreckliche Angst vor Flugzeugen gehabt hatte, ging sie an Bord einer dieser fürchterlichen Maschinen und flog nach Boston, um ihre Tochter, die Ärztin, zu besuchen. Sie reiste nach Toronto und machte Urlaub bei ihrer Schwester und ihrem Bruder. Sie fuhr nach Washington, um ein paar Tage mit ihrem Neffen zu verbringen. Sie flog dreimal nach Italien, um ihre Schwestern zu besuchen, die zu Hause im Dorf geblieben waren, und reiste durch das Land ihrer Geburt, das sie als Kind nie kennengelernt hatte.

Und jedesmal, wenn sie in ein Flugzeug steigt, fragt sie sich: »Aber *was* hält das Ding in der Luft?«

Die richtigen Entscheidungen treffen

Natürlich spielen unsere Entscheidungen eine entscheidende Rolle in unserer Veränderung – oder ihrem Ausbleiben. Meine Mutter entschied sich für ihre Freiheit, statt sich in das Heer der schwarzgekleideten Trauervögel einzureihen, wie es so viele italienische Witwen tun.

Entscheidungen sind die Grundlage des Lebens. Es gibt keinen Augenblick, in dem wir nicht Entscheidungen treffen – und sich nicht zu entscheiden, ist auch eine Art der Entscheidung. Die Summe unserer Entscheidungen bestimmt, wer wir sind. Das bedeutet gleichzeitig, daß der Druck, sich richtig zu entscheiden, nicht leicht zu ertragen ist. Auf unserem Weg treffen wir alle einmal Entscheidungen, die sich später als falsch oder für uns schädlich erweisen. Manchmal können wir sie rückgängig machen, aber meistens haben wir ein Leben lang daran zu tragen.

Meine willensstarke jüngere Schwester hat ihr Soll an falschen Entscheidungen erfüllt, wie viele von uns. Zwei wichtige Entscheidungen haben ihr Leben besonders geprägt, und die zweite hat sie ihr Glück gekostet. Um ihrem tyrannischen Vater und vielleicht auch ihren beiden zu erfolgreichen Schwestern zu entkommen, verließ sie die Schule und lief von zu Hause weg. Aus dieser Entscheidung ergaben sich Konsequenzen und eine ganze Serie von Ereignissen, an denen sie zwölf Jahre schwer zu tragen hatte – Heirat mit siebzehn, drei Kinder, einen Ehemann, der psychisch schwer gestört und arbeitsunfähig war.

Weil sie dieses Leben irgendwann satt hatte, ließ sie sich scheiden und baute sich unter schwierigsten Bedingungen ein neues Leben auf. Erst nach einer glücklichen zweiten Heirat und einem weiteren Kind lernte sie, sich selbst zu akzeptieren und Selbstbewußtsein zu entwickeln. Alle mochten die liebe gute Mary Angela. Auf seltsame Art wurde sie diejenige, die unsere Familie zusammenhielt.

Marys zweite Entscheidung, die sie ebenfalls fahrlässig in ihren Jugendjahren traf, stellte sich schließlich als fatal heraus: Sie hatte angefangen zu rauchen. Diese Entscheidung und die Unfähigkeit, damit wieder aufzuhören, brachte ihr mit vierzig eine Lungenkrebserkrankung ein, mit allen nachfolgenden Schrecken: Entfernung einer halben Lunge, Beatmung durch eine künstliche Lunge im Krankenhaus, zerstörerische Bestrahlungen, schmerzhafte Rekonvaleszenz.

Diese Erfahrung hat mich dazu gebracht, das Rauchen als ein Frauenthema zu begreifen. Der Zigarettenrauch legt sich über das Leben einer Frau wie ein ewiger Nebel, in dem alles andere zu verschwinden droht. Die Tabakindustrie richtet ihre Werbung gezielt an heranwachsende Frauen, besonders an jene mit geringer Schulbildung. Man gaukelt jungen Frauen das Bild eines unbeschwerten Lebens voll falschen Glanzes vor, in dem sie sexy und begehrenswert sind. Und weil ihnen schon als Mädchen eingetrichtert wurde, daß darin das höchste Glück auf Erden besteht, fallen sie auf diese Lüge herein. Einige Zigarettenmarken versprechen in ihrer Werbung Freiheit und Abenteuer schlechthin. Rauchen erscheint als die Befreiung der Frau, weil sie männliche Freiheit verspricht. Um das zu erkennen, brauchen wir uns nur die Kinoreklame vorzustellen. Wenn Frauen erst in die Falle der Tabakindustrie gegangen sind, fällt es ihnen anscheinend viel schwerer, sich davon zu befreien, als Männern.

Egal, woran eine Frau arbeitet oder welche Ziele sie erreicht hat, die Zigaretten fressen ihre Zeit und ihre Lebensenergie, der Rauch verschleiert ihren Blick und droht sie früher oder später von der Welt abzuschneiden. Mädchen und Frauen sollten sich immer wieder die Geschichten der Frauen ins Gedächtnis rufen, die der tödlichsten aller Drogen zum Opfer gefallen sind – dem Tabak.

Ich erinnere mich nur zu gut an die Qualen, die meine Schwester durchzustehen hatte. Ein paar Tage nachdem man ihre halbe Lunge entfernt hatte, blieb ihr Herz stehen. Sie wurde reanimiert, aber die Ärzte gaben ihr nicht mehr als ein paar Stunden. Durch eine kolossale Willensanstrengung gelang es meiner Schwester, zu überleben. Sie gab das Rauchen auf – leider zu spät.

Obwohl sie die negativsten Prognosen überlebte, war von dem, was ihr Leben ausgemacht hatte, nicht mehr viel übrig. Die nächsten fünf Jahre verbrachte sie in Krankenhäusern und Arztpraxen, und über ihr und ihrer Familie hing ein Damoklesschwert. Schließlich mußte sie als Folge der Strahlenbehandlung eine Herzoperation über sich ergehen lassen. Wieder war sie klinisch tot, wurde reanimiert, wurde an die Herz-Lungen-Maschine angeschlossen. Und Mary überlebte auch diese Tortur, konnte in ihre Familie zurückkehren, um acht Jahre später, im Alter von neunundvierzig Jahren, wieder mit der Diagnose »Lungenkrebs« konfrontiert zu sein. Für einen solchen Horror ist nie der richtige Zeitpunkt, aber Mary nahm alle Kraft zusammen, um ihrem Schicksal die Stirn zu bieten. Sie hatte sich in Abendkursen einen Zugang zur interessanten Welt der Computertechnik erarbeitet und bereitete sich auf das Wagnis vor, ins Berufsleben einzutreten.

Statt dessen landete sie im Krankenhaus, an der verhaßten Herz-Lungen-Maschine. Für ihre Familie war der Schreck fast größer als für sie selbst. Sie lag da, konnte nicht mehr sprechen, bereitete sich auf ihren Tod vor und gab uns schriftlich Anweisungen für ihre eigene Beerdigung. Währenddessen sprach meine andere Schwester, die Ärztin, mit ihren Kollegen, damit alles für sie getan wurde. Ihr Mann und ihre Kinder litten mit ihr – wie wir alle.

In diesen Wochen im Krankenhaus starb meine Schwester zum dritten Mal, während ich ihre Hand hielt, und zum dritten Mal wurde sie reanimiert. Ich zog sie damit auf, daß sie wie eine Katze mit sieben Leben sei, aber gleichzeitig wußten wir beide, daß es die Hölle war. Sie unterschrieb eine Erklärung, daß sie nicht mehr reanimiert werden wollte, und der Lungenkrebs brachte sie nach langen, qualvollen Wochen schließlich um.

Entscheidungen haben Folgen, auch wenn wir sie nicht immer absehen können. Vielleicht weigern wir Frauen uns, über die langfristigen Folgen unserer Entscheidungen nachzudenken, weil wir mit dem Mythos des ewigen Glücks an der Seite des Märchenprinzen gefüttert wurden. Oder es ist einfach unsere naive Arroganz, die uns glauben läßt, *uns* könne so etwas natürlich nicht passieren (»sterben tun immer die anderen«). In Wirklichkeit müssen wir feststellen, daß ewiges Glück ein hohler Mythos ist, und daß auch uns schlimme Dinge zustoßen – meistens als Folge unserer eigenen Entscheidungen.

Wie bei meiner Mutter und bei meiner Schwester gab es auch in meinem eigenen Leben Entscheidungen und Veränderungen. Wenn ich daran zurückdenke, dann war die schwierigste Veränderung die, eine Frau zu werden, die sich selbst treu bleibt. Aber mein *wahres* Selbst zu entdecken ist eine Herausforderung, die nie aufhört, weil sich immer alles ändert. Ich selbst befinde mich immer im Fluß und in einem inneren Wachstum.

Es ist sehr schwer, hinter der Karikatur des »netten Mädchens« und den vielen, vielen Schichten anerzogenen Verhaltens mein *wahres* Selbst zu entdecken. Aber tatsächlich ist mein *wahres* Selbst (zu jedem beliebigen Zeitpunkt) die Summe aller Möglichkeiten, die ich wahrgenommen habe – wie ein Samenkorn, das sich unter den richtigen Bedingungen zu einer einzigartigen, wunderbaren Pflanze entwickelt.

Die entscheidendsten Veränderungen meines Lebens vollzog ich, als ich den Feminismus für mich entdeckte. Seitdem bin ich ein anderer Mensch. Plötzlich fiel es mir wie Schuppen von den Augen, und ich sah die Welt in einem völlig anderen Licht.

Eine Welle der Erkenntnis trug mich, als ich mich Anfang der siebziger Jahre für das neue Fach »Frauenstudien« engagierte. Die Forschungen der Wissenschaftler*innen* deckten *unsere* Geschichte auf – sowohl die lange versteckt gehaltenen Leistungen als auch die Berichte über die Unterdrückung der Frauen. Ich analysierte alles, von den Märchen meiner Kindheit bis hin zu der offenen und verdeckten Frauenfeindlichkeit unserer Alltagskultur, vom unbefriedigenden Leben als Hausfrauen bis zur Diskriminierung von Frauen im Berufsleben.

Was für eine ungeheuerliche Offenbarung! Eine Offenbarung, die bisher viel zu wenigen Frauen und Männern zuteil geworden ist, weil Frauenstudien bis heute noch nicht in die Lehrpläne aufgenommen wurden, und wo es sie gibt – nämlich hauptsächlich in universitärem Rahmen – werden sie mit Achselzucken als Orchideenfach abgetan. Schlimmer noch, vielerorts haben sich die Frauenstudien mit anderen Fächern arrangiert und bei dem Versuch, vom Mainstream akzeptiert zu werden, ihren ursprünglich politischen Anspruch eingebüßt. Die Legitimierung durch die Universitätsleitungen wird bezahlt mit dem Irrglauben, Bildung könne unpolitisch sein. Erziehung bestätigt entweder die bestehenden Verhältnisse oder stellt sie in Frage. Beides ist politisch, und der Glaube an eine reine Objektivität ist unsinnig und macht uns blind für die Vielfalt der Welt. Der Wert jeder Erziehung bemißt sich danach, ob es ihr gelingt, die Unterschiede zwischen verschiedenen Standpunkten zu vermitteln.

Tiefgreifende Veränderungen spielten sich in meinem Bewußtsein ab. Ich fing an, mein eigenes Unbehagen angesichts der Werte zu verstehen, die meine Erziehung mir vermittelt hatte. Ich erkannte, daß ich in meiner Begabung und meinem Ehrgeiz durch innere und äußere Mechanismen unterdrückt wurde. Ich fing an, meine Ehe in einem neuen Licht zu sehen. Ich bemerkte zum ersten Mal, daß ich unbewußt einem Drehbuch folgte, in dem die Kultur, in der ich lebte, meine Rolle festgeschrieben hatte. Ich erkannte die Einschränkungen und Unterdrückungsmechanismen, die in die traditionellen Familienstrukturen eingebaut sind. Ich fing an, meine italienisch geprägte Herkunft zu hinterfragen, ihre Stärken und Schwächen wahrzunehmen, meine Mutter und meinen Vater mit anderen Augen zu betrachten.

Ich stellte die Religion, besonders den Katholizismus, in Frage, die einen großen Einfluß auf meine Kindheit gehabt hatte. Ich setzte mich von der kirchlichen Tradition ab, die Frauen als Wesen zweiter Klasse behandelte. Ich las das Neue Testament, diesmal um etwas über das Frauenbild von Jesus Christus zu erfahren. Ich durfte feststellen, daß er im Verhältnis zu seiner Zeit, und vor allem zu dem, was nach ihm kam, geradezu revolutionäre Ansichten hatte, so daß seine Meinungen und sein Verhalten Frauen gegenüber seine Jünger nicht selten schockierten. Mit den Auffassungen der Kirche stimmte dies in keinster Weise überein – irgend etwas mußte schiefgelaufen sein.

Ich fing an, alles, wirklich alles mit kritischem Blick zu prüfen: Fernsehen, Kinofilme, Werbung, Musik, Zeitschriften, Zeitungen ... Ich fing an zu verstehen, wie Frauen konditioniert werden, wie man sie zu unterwürfigen, passiven, nur auf ihr Aussehen bedachten »netten Mädchen« macht, die sich den männlichen Vorstellungen willfährig anpassen. Und es gefiel mir überhaupt nicht, was ich plötzlich alles sah.

Die Veränderung meines Bewußtseins machte natürlich nicht bei meinen Gedanken halt, allmählich veränderten sich auch meine Entscheidungen und mein Verhalten. Joe und ich mußten uns über die Frage auseinandersetzen, welche Rollen wir beide in dem patriarchalischen Drehbuch unserer Ehe gespielt hatten. Entweder waren wir gemeinsam in der Lage, ein neues Konzept zu entwerfen, in dem Veränderungen Platz hatten, oder unsere

Partnerschaft würde zerbrechen. Das war nicht leicht, wie sich herausstellte, aber es gelang uns. Wir lernten miteinander, kämpften miteinander, und wir wuchsen zusammen.

Wir machten den Versuch, unsere beiden Kinder feministisch zu erziehen. Eine Zeitlang sah es so aus, als könnte es gelingen, aber in vieler Hinsicht machten Gruppendruck und populäre Kultur das Rennen. Entgegen aller Annahmen ist der Einfluß der Eltern nur ein kleiner Teil dessen, was Kinder formt.

Ich mußte mir überlegen, wie ich mich zu der Kirche, der ich angehörte, verhalten wollte, in der Frauen wie in der finstersten Vergangenheit als Menschen zweiter Klasse behandelt wurden. Kirche stellte sich für mich als Institution dar, die den Zweck einer Frau allein im Fortbestand der Menschheit sah und die sich weigerte, das universelle Verbot von Scheidung, Verhütung und Schwangerschaftsabbruch aufzuheben. Das päpstliche Diktum war immer noch, daß der Arbeitsplatz einer Frau ihre Familie sei. Außerdem propagierte die Kirche nach wie vor einen spirituellen Gott, dessen Bild an eine männliche Anatomie gekoppelt war, und sie verbot Frauen, Priester zu werden.

Ich trat aus.

Am College, wo ich lehrte, bildete sich eine Gruppe, die dafür kämpfte, Frauenstudien als Fach zu etablieren. Als wir es endlich geschafft hatten, wurde ich Leiterin dieses Fachbereichs und gab einige Kurse, während ich gleichzeitig über Frauenthemen schrieb und Vorträge hielt. Ich half bei der Gründung von Frauengruppen, nahm selbst an einer teil, und ich arbeitete mit jungen Frauen. Schließlich beschloß ich, Feminismus endgültig zu meinem beruflichen Schwerpunkt zu machen und auch mein Geld in diesem Bereich zu verdienen. Mir war klargeworden, daß dies eine wichtige Arbeit ist (wie andere Bereiche auch, in denen Leute für ihre Arbeit bezahlt werden). Gleichzeitig hatte ich erkannt, daß es einem typisch weiblichen Rollenmuster entspricht, freiwillig unbezahlte, gesellschaftliche Arbeit zu leisten, und daß dadurch der Frauenbewegung irgendwann die Luft ausgehen mußte. Aber was wir nötig hatten, war eine langfristige Perspektive.

»Daß wir uns richtig verstehen, meine Herren!«

Währenddessen mußte ich mich weiterhin mit einer Welt herumschlagen, die im großen und ganzen auf patriarchalischen Strukturen aufbaut. Aber im ganzen Land regte sich in allen Lebensbereichen der Protest gegen die Diskriminierung der Frauen. Der gemeinsame Protest erschütterte die Gesellschaft, und das Modell einer Entscheidungsfindung ›auf der Basis des gemeinsamen Konsens‹ wurde zu einer Herausforderung männlich autoritärer Systeme.

Trotzdem hatten damals nur wenige von uns konkrete Vorstellungen, wie alltägliche Situationen, besonders am Arbeitsplatz, anders gestaltet werden konnten. Ich fand kaum Antworten auf Fragen wie: »Was kann ich tun, wenn ...?« »Wie kann ich mich von meinen selbstschädigenden Verhaltensmustern befreien?« »Wie kann ich im Wust der alltäglichen Kleinigkeiten vom »netten Mädchen« zur selbstbewußten Frau werden?« Deshalb suchte ich mir als Einzelkämpferin meinen Weg durch die vielen Alltagssituationen, wie so viele andere Frauen auch. Und ich machte viele Fehler.

Weil meine Mutter es mit ihrer minimalen Schulbildung in einer völlig fremden Umgebung geschafft hatte, sich zu verändern, war ich davon überzeugt, daß ich es auch schaffen würde. Im Lauf der Jahre entwickelte ich eigene Techniken, auf der Basis des Modells der gegenseitigen Anpassung, das ich von ihr gelernt hatte. Es bildete zusammen mit meinen selbstbewußten Kommunikationsformen die Grundlage, um mich Tag für Tag erfolgreich mit einer sexistischen Welt auseinandersetzen zu können.

Schließlich konnte ich meine Strategie formulieren, die mir geholfen hatte, mich von der Rolle des »netten Mädchens« zu befreien, besonders in beruflichen Zusammenhängen. Die Frauen, denen ich meine Strategie erklärte, haben ihrerseits ebenfalls gute Erfahrungen damit gemacht. Meine Strategie steht unter dem Motto: »Daß wir uns richtig verstehen, meine Herren!« – weil ich mich unmißverständlich gegen Unterdrückungsversuche wehre und gleichzeitig allen, die mich zu unterdrücken versuchen, die Möglichkeit gebe, ihr Verhalten zu ändern. Damit kann ich eine Einigung erreichen, ohne es auf eine knallharte Konfrontation ankommen zu lassen, die mich womöglich mehr Kraft kostet als meinen Gegner.

Natürlich will ich den knallharten Konfrontationen nicht um jeden Preis aus dem Weg gehen. Aber ich spare mir meine Kräfte für die Fälle auf, wo sie sich nicht vermeiden lassen, weil mein Gegenüber keinen Schritt von seinen eingefahrenen Verhaltensweisen abweicht oder weil die Situation einfach zu krass ist.

Diese Strategie hat mir in den vergangenen Jahren in vielen Situationen geholfen, Veränderungen in meinem Sinne zu bewirken oder mich durchzusetzen. Und zwar sowohl bei alltäglichem Ärger als auch bei wirklich schwierigen Problemen. Zum Beispiel habe ich wie viele andere Frauen auch erlebt, daß ich bei Besprechungen einen Gedanken oder konkreten Vorschlag eingebracht hatte, den meine männlichen Kollegen keiner Antwort würdig fanden. Sie übergingen meinen Beitrag, als hätte ich überhaupt nie etwas gesagt. Und kurze Zeit später mußte ich den gleichen Vorschlag von einem Mann wiederholt vernehmen, der dafür bejubelt oder wenigstens beachtet wurde.

Meistens sind sich die »Herren der Schöpfung« dessen nicht bewußt; ihr Wahrnehmungsfilter blendet Frauen einfach aus. Trotzdem ist das natürlich ein ernstzunehmendes Problem, weil

Meine Strategie steht unter dem Motto »Daß wir uns richtig verstehen, meine Herren!« und funktioniert so:

1. Wenn es sich vermeiden läßt, versuche ich das Problem nicht als frauenspezifisches Problem darzustellen. (Das wäre gleichbedeutend damit, jemand als Sexisten zu bezeichnen, was ihn in die Defensive drängt. Aber wer sich verteidigen muß, hat nur sich selbst, nicht das Problem und die Situation im Blick. Ich *zeige* ihnen lieber, *wie* ihr Verhalten sexistisch ist, ohne es explizit zu sagen.) Statt dessen thematisiere ich mein Anliegen im Rahmen meiner Arbeitsinteressen.
2. Ich ermögliche meinem Gegenüber, sein Gesicht zu wahren. Dies bedeutet für mich, daß ich meine Erkenntnis zugrundelege, daß Klischees und geschlechtsspezifische Erwartungen häufig unbewußt sind, ich lasse so einem anderen die Möglichkeit der Bewußtwerdung. (Ich wünsche mir, daß auch ich diese Chance bekomme, wenn ich z. B. unwissentlich rassistische Gedanken äußere. Nobody is perfect – ich selbst am wenigsten.)
3. Ich betone immer die Vorteile, die die Person oder Organisation aus meiner Arbeit zieht. (Meistens hören die Leute besser zu und können auch Kritik leichter akzeptieren, wenn ihnen bewußt ist, daß ich ihnen nützlich bin.)
4. Schließlich übernehme ich die Kontrolle und drehe den Spieß um. (Wenn ich die Situation offen lasse, kann sie sich leicht zu meinen Ungunsten entwickeln, weil ich meinem Gegenüber zu viel Handlungsspielraum gebe.)

auf diese Weise Frauen »unsichtbar« gemacht werden und die betreffenden Männer der Notwendigkeit enthoben sind, uns und unsere Ideen ernstzunehmen.

Trotzdem duldete ich es als junge Frau, derart übergangen zu werden. Inzwischen bestehe ich darauf, »daß wir uns richtig verstehen, meine Herren!«

Jedesmal wenn meine eigenen Ideen in männlicher Verpackung wieder auftauchen, nachdem sie vorher ignoriert wurden, melde ich mich zu Wort und sage z. B.: »Ich bin froh, daß X meine Idee unterstützt.« (Gesicht wahren lassen.) »Er kann sicher ausgezeichnet beurteilen, wie nützlich mein Vorschlag für die Firma ist.« (Vorteile betonen.) »Um meinen Vorschlag noch einmal ausführlicher darzustellen ...« (Kontrolle über die Situation übernehmen, um mich durchsetzen zu können.)

Auf diesem Weg kann ich meine Ziele erreichen, ohne dafür andere in die Enge treiben zu müssen oder unnötig Druck auszuüben. Immerhin sind das ja Verhaltensweisen, die wir an Männern häufig kritisieren. Und schlechtes Verhalten nachzuahmen kann nicht unser Ziel sein, wenn wir Veränderungen erreichen wollen. Das wichtigste ist aber, daß ich für mich und meine Sache einstehe und meine Ansprüche wahrnehme.

Martha, eine Frau aus einem meiner Seminare, hatte diese Strategie in einer Gehaltsverhandlung angewendet, nachdem sie festgestellt hatte, daß ihr männlicher Kollege, den sie selbst eingearbeitet hatte und der jetzt mit der gleichen Aufgabenbeschreibung arbeitete wie sie, jährlich 5500 $ mehr als sie verdiente. (Das ist keine Seltenheit, und der Unterschied beläuft sich auf bis zu sechstelligen Summen.) Beide haben einen Magister-Abschluß von renommierten Schulen vorzuweisen, und sie hatte außerdem einige Jahre mehr Berufserfahrung als er.

Also meldete sich Martha für ein Gespräch mit ihrem Chef an und legte ihm ihr Problem vor. Die Verhandlung verlief ungefähr so:

»Ich bin darauf aufmerksam geworden, daß George im Jahr 5500 $ mehr verdient als ich, obwohl wir auf der gleichen Management-Ebene arbeiten und unsere Aufgabenbeschreibung gleich ist. Das wundert mich, zumal wir den gleichen Abschluß vorweisen können und ich immerhin einige Jahre mehr Berufserfahrung habe. Ich nehme an, daß George in der Gehaltsverhandlung seine Interessen besser vertreten hat.« (Gesicht wahren lassen.) »Aber ich denke, Sie wissen genau, welche Leistungen ich in der Firma gebracht habe, zuletzt ... Ich habe eine kleine Liste gemacht, die ich Ihnen gern hierlasse.« (Vorteile betonen.) »Wenn das nächste Mal über Gehaltserhöhungen diskutiert wird, werden Sie diesen Unterschied bestimmt ausgleichen wollen.« (Situation in den Griff bekommen.)

Ihr Chef hatte genau verstanden, worauf es ankam, und das Resultat für Martha war eine deutliche Gehaltserhöhung. Zweifellos hatte ihr Chef die Alternativen erwogen, einschließlich einer möglichen Klage vor dem Arbeitsgericht (die unter diesen Umständen auch vor einem deutschen Arbeitsgericht mit Aussicht auf Erfolg geführt werden könnte. Anm. d. Üb.in). Sie hatte ihm die Möglichkeit gegeben, sein Gesicht zu wahren, und ihm gleichzeitig zu verstehen gegeben, daß auch sie die Alternativen erwogen hatte. Es hätte ihr nichts eingebracht, wenn sie innerlich vor Wut kochend geschwiegen hätte; eine aggressive Forderung hätte ihren Chef in die Enge getrieben, und er hätte es womöglich auf ein schmerzhaftes und teures Gerichtsverfahren ankommen lassen. Martha hatte erkannt, daß sie in Gehaltsverhandlungen selbst nicht genug gefordert hatte und daß sie dem Mythos, gute Arbeit werde auch automatisch entsprechend belohnt, aufgesessen war. Das Entscheidende für sie war, daß sie sich nicht wie ein »nettes Mädchen« mit der ungerechten Bezahlung abgefunden hatte.

Eine meiner Freundinnen, die in der Verkaufsabteilung einer großen Firma arbeitet, erzählte mir, wie sie wochenlang auf ihre erste wichtige Präsentation vor dem höheren Management und ihren Kollegen hingearbeitet hatte. Während der Präsentation gab es einen Kollegen, der ständig stichelte und eine ganze Serie von Fragen auf sie abfeuerte, die ganz offensichtlich nur dazu dienen sollten, sie zu verwirren. Monica hatte schon miterlebt, wie er sich anderen Frauen gegenüber ähnlich verhalten hatte, und sie alle hatten den Verdacht, daß er Probleme mit selbstbewußten Frauen hatte. Zum Glück konnte sie unter dem Motto »Daß wir uns hier richtig verstehen, meine Herren!« kontern:

»Tony, Ihre Fragen bringen mich auf neue Aspekte, mit denen ich mich sicher beschäftigen werde.« (Gesicht wahren lassen.) »Trotzdem möchte ich hier noch einmal die Vorteile meiner Arbeitsweise betonen. Erstens ... Zweitens ... Drittens ...« (Eigene Vorteile betonen.)

Dann blickte sie entschlossen in die Runde und sagte: »Ich hätte gern die Meinung derer gehört, die bisher geschwiegen haben. Brian, worin sehen Sie die Vorteile meines Vorschlags?« (Kontrolle über die Situation übernehmen.)

Tonys Fragen hatten nur den einen Zweck, sie zu verwirren. Weil sie sich nicht wie erwartet aus dem Konzept bringen ließ, sondern ihm statt dessen professionell und entschlossen begegnet war, hatte Monica den Respekt der anderen für sich gewonnen. Wenn sie sich auf seine Provokationen eingelassen hätte, wäre das für alle anwesenden Männer eine Bestätigung ihres Vorurteils gewesen, daß Frauen gefühlsbetont reagieren und sich in schwierigen Situationen nicht zu behaupten wissen.

Auch andere Frauen sind gut damit gefahren, wenn sie mit den Männern an ihrem Arbeitsplatz eine Verständigung erreicht hatten, indem sie ihnen signalisierten, daß sie nicht alles mit sich machen ließen.

Als Sekretärin in einem Großbüro war Anita für alle Angelegenheiten dreier Handelsvertreter zuständig. Als ein neuer Vertreter in das Team kam, hatte Anita Schwierigkeiten mit ihm, weil er ihr ständig in letzter Minute noch »sehr eilige« Aufträge gab.

Auf ihre Mitteilung, daß auch die Aufträge seiner Kollegen eilig seien, entgegnete er, seine Sachen wären so wichtig, daß er unmöglich warten könnte.

Sie versuchte, ihm die Lage indirekt zu erklären, indem sie einfach weiter ihrem Arbeitsplan folgte und alle Arbeiten in der Reihenfolge des Eingangs erledigte. Als er seine Unterlagen abholen wollte, geriet er in Wut: »Wahrscheinlich bist du einfach zu langsam für den Job«, beschuldigte er sie.

Auf Dauer geriet sie durch Mikes Gewohnheiten so stark unter Druck, daß sie kaum die Zeit fand, die Arbeit für die beiden anderen Vertreter rechtzeitig zu erledigen, ganz zu schweigen von der seelischen Belastung, die seine unverschämten Forderungen für sie bedeuteten. Allmählich begriff sie, daß sie selbst durch ihre Passivität dazu beitrug, daß er sie so ausnutzen konnte, und sie suchte meinen Rat.

Beim nächsten Mal sagte Anita entschlossen.

»Mike, ich finde, wir müssen einmal miteinander reden. Daß wir uns richtig verstehen, ich mache meine Arbeit gern, aber wenn ich immer in letzter Minute noch zusätzliche Sachen übernehmen soll und deshalb meine anderen Termine nicht einhalten kann, hat keiner von uns etwas davon. Ich weiß, wieviel ihr alle drei zu tun habt, und ich bin sicher, du setzt alles daran, daß deine Kunden zufrieden sind.« (Gesicht wahren lassen.) »Ich denke, es ist ein Problem der Zeiteinteilung, das wir am besten lösen, wenn ihr euch alle drei zusammen mit mir absprecht, damit ich alles fristgerecht erledigen kann. Dann mache ich auch weniger Fehler, und wenn du mir deine Aufträge rechtzeitig gegeben hast, bekommst du die Sachen auch rechtzeitig von mir zurück. Wenn wir es so hinkriegen, dann schaffe ich ausnahmsweise auch ganz eilige Sachen zwischendurch.« (Vorteile) »Ich habe die anderen beiden um ein Arbeitstreffen gebeten, damit wir gemeinsam einen fairen Zeitplan erarbeiten können. Ruth und Fred sind einverstanden. Was wäre für dich ein guter Termin, damit wir uns treffen können?« (Kontrolle über die Situation übernehmen, um eigene Interessen durchzusetzen.)

Unglücklicherweise sind es meistens Frauen in solchen Berufen, Sekretärinnen, Krankenschwestern, Verkäuferinnen, Serviererinnen, die die Hauptlast männlichen Kontrollverhaltens zu tragen haben. Wenn wir es stillschweigend ertragen, daß andere meinen, über unsere Zeit und Arbeitsweise bestimmen zu können, dann signalisieren wir damit, daß wir als Untergebene einverstanden sind, uns derart schikanieren zu lassen. Wenn wir uns nur unseren Freunden gegenüber beklagen, statt zu handeln, steigt die allgemeine Frustration auf ein Maß, das den Spaß an der Arbeit erheblich einschränkt.

Eine andere Beschwerde, die ich immer wieder von Frauen höre, ist, daß sie nicht die gleichen Weiterbildungsmöglichkeiten bekommen wie Männer, und daß ihnen auch keine wichtigen Aufgaben anvertraut werden, an denen sie sich bewähren und Erfahrungen sammeln könnten. Eine Managerin aus meinem Bekanntenkreis war enttäuscht, weil man sie nicht für die Teilnahme an einer hochinteressanten Veranstaltung, bei der für sie selbst und ihre Abteilung wichtige Themen behandelt werden sollten, vorgesehen hatte. Barbara hatte das Gefühl, bei diesem und ähnlichen Anlässen übergangen worden zu sein. Ihr war klar, daß ihre beruflichen Fähigkeiten leiden würden, wenn sich diese Tendenz fortsetzen würde. Wir sprachen darüber, und sie entschied sich, ein Gespräch in eigener Sache zu führen:

»Daß wir uns richtig verstehen, Fred, ich weiß auch, daß die Mittel knapp sind und Sie wahrscheinlich nicht so viele Kollegen nach Atlanta schicken konnten, wie Sie vielleicht gewollt hätten.« (Gesicht wahren lassen) »Aber diese Veranstaltung wäre gerade für meinen Bereich außerordentlich wichtig gewesen, weil sie sich auf den großen Auftrag XY und auf eine ganze Reihe meiner anderen Schwerpunkte bezieht. Die Abteilung und damit die Firma könnte großen Gewinn daraus ziehen, wenn ...« (Vorteile betonen) »Ich würde es gern sehen, wenn Sie sich für meine Teilnahme an Weiterbildungsveranstaltungen entscheiden würden.« (Die Kontrolle über die Situation übernehmen und Forderungen stellen.)

Fred erklärte ihr, weshalb es ihm nicht möglich gewesen sei, sie nach Atlanta zu schicken.

»Dann freue ich mich darauf, beim nächsten Kongreß mit dabei zu sein«, antwortete sie entschlossen.

Es ist wenig wahrscheinlich, daß Barbara in Zukunft von ihrem Chef genauso übergangen wird wie in der Zeit, als sie stillschweigend ihre Arbeit tat und bescheiden auf eine Chance wartete. Jetzt war sie entschlossen, für ihre eigenen Interessen einzutreten, und ihre Entschlossenheit würde ihm in Erinnerung bleiben.

Eine Bauarbeiterin erzählte mir von einer außerordentlich schwierigen Situation, in die sie geraten war, nachdem man sie nicht zur Vorarbeiterin befördert hatte, obwohl sie dafür mehr als qualifiziert war, und sie daraufhin ihren Chef angesprochen hatte.

»Mädchen, auf dem Bau arbeiten gestandene Männer, die sich von einer Frau nichts sagen lassen«, hielt ihr Chef ihr entgegen. »Sowieso ist der Bau eigentlich nichts für Frauen, und du kannst ja gehen, wenn dir das nicht paßt.«

Happy war überhaupt nicht mehr happy, sondern todunglücklich und schockiert, weil er ihr seine Meinung so unverblümt ins Gesicht gesagt hatte.

»Begreift der Kerl denn nicht, daß er gegen das Antidiskriminierungsgesetz verstößt?« (In den Vereinigten Staaten ist durch dieses Gesetzt die Gleichberechtigung am Arbeitsplatz rechtlich festgeschrieben. Anm. d. Üb.in)

Mich konnte das Verhalten ihres Chefs nicht überraschen. In dieser Hinsicht scheinen sich Männer wirklich unverwundbar zu fühlen. Denn wie viele Frauen machen in solchen Situationen tatsächlich den Mund auf? Im Normalfall erleben Männer Frauen, in denen sie »nette Mädchen« sehen können und die sie unwidersprochen ausnutzen.

Außerdem gibt es eine latente, allgemeine Frauenfeindlichkeit, die meistens unter der Oberfläche verborgen bleibt und nur manchmal ihren häßlichen Kopf sehen läßt. Viele Männer sind kaum fähig, ihren Ärger über die Anwesenheit von Frauen am Arbeitsplatz im Zaum zu halten, besonders wenn sie sich in ihrer Vormachtstellung angegriffen fühlen. Deshalb werden kompetente Frauen von vielen Männern leider immer noch als Bedrohung empfunden.

Happy erzählte ihr Problem im Rahmen eines meiner Seminare, und die Frauen in der Gruppe sprachen darüber, wie sie an ihrer Stelle gehandelt hätten. Wir schlugen ihr vor, ein zweites Mal zu ihrem Chef zu gehen, weil sie auf seinen offen diskriminierenden Kommentar noch nicht reagiert hatte. Den Affront zu schlucken hätte ihr für immer die Möglichkeit genommen, in dieser Firma befördert zu werden.

Happys Reaktion – oder eben Nicht-Reaktion – ist weitverbreitet unter Frauen. Manchmal sind wir sprachlos vor Staunen über eine bodenlose Unverschämtheit, aber später bedauern wir, geschwiegen zu haben. Oder wir reagieren unangemessen, und hinterher fallen uns hundert Sachen ein, die wir hätten sagen sollen. In allen Fällen ist es ganz in Ordnung – sogar wünschenswert –, später wieder auf den Betreffenden zuzugehen und ihm unsere Meinung zu sagen: »Ich habe noch einmal über die Sache gestern nachgedacht, und was ich noch sagen wollte, ist ... »

Ein Vorschlag für ein zweites Gespräch zwischen Happy und ihrem Chef sah vor, daß sie erklären sollte:

« Ich kann natürlich verstehen, wie schwer es ist, etwas ganz Neues zu versuchen. Und die Männer auf der Baustelle müßten sich vielleicht erstmal daran gewöhnen, eine Frau als Vorarbeiterin zu haben.« (Gesicht wahren lassen.) »Aber die Zahlen sprechen für sich, und in Zukunft werden zwei Drittel aller Berufstätigen Frauen sein, deshalb wird es auch immer mehr Frauen in führenden Positionen geben. Außerdem ist Diskriminierung aufgrund des Geschlechts vom Gesetz verboten. Wenn die Firma Frauen auf dem Bau beschäftigt, ist es nur von Vorteil, daß sich Frauen und Männer miteinander arrangieren. (Vorteil betonen. Indirekt tut sie das auch, indem sie signalisiert, daß es rechtliche Schritte gibt, auf die sie dann verzichten könnte.)

»Ich bin bereit, meinen Teil dazu beizutragen, und ich erwarte von den Männern das gleiche. Ich finde, wir sollten in einer kleinen Gruppe, in der alle Beteiligten vertreten sind, darüber sprechen, welche Probleme es gibt und was wir dagegen tun könnten. Damit wir uns richtig verstehen, ich gehe davon aus, daß ich beim nächsten Mal befördert werde, meine Qualifikation dafür habe ich längst bewiesen.« (Die Situation in den Griff bekommen).

Wenn ich mit anderen Frauen über diese Beispiele diskutiere, behaupten manche, sie würden etwas Derartiges nie tun. Und sie beten mir eine ganze Litanei von Gründen vor: Ihr Chef würde sich ärgern; könnte verletzt sein; sie würden nie den Mut dazu aufbringen; sie haben Angst, nicht die richtigen Worte zu finden; und so weiter. Egal, wie die Entschuldigung im einzelnen lautet, eigentlich geht es allen darum, das »nette Mädchen« bleiben zu können. Dann frage ich nach Begründungen, warum sie es vielleicht trotzdem tun sollten, und die Liste ist viel länger: Ich fühle mich schrecklich, wenn ich meine Interessen nicht vertrete; mein Selbstwertgefühl leidet darunter; ich verhalte mich dem Kollegen oder Chef gegenüber feindselig, statt mich offen auseinanderzusetzen; meine Arbeitsfähigkeit leidet; ich nehme meine Frustrationen mit nach Hause; ich weiß, daß ich nicht respektiert werde, wenn ich passiv bleibe; ich fühle mich schwach, weil ich ein Verhalten, das mir nicht gefällt, toleriere; ich werde nicht ernstgenommen; ich lasse mich ausnutzen; ich bestärke Männer in ihren Klischees über das »schwache« Geschlecht; ich gebe ein gutes Beispiel für männliche Vorurteile ab, Frauen seien passiv und unentschlossen ...

Im allgemeinen können Frauen feststellen, daß sie ernstgenommen werden, wenn sie versuchen, Probleme am Arbeitsplatz durch ein Gespräch zu lösen. Damit geben wir denen, die uns unterdrücken, die Möglichkeit, ihr Verhalten zu ändern – und das ist schließlich unser wichtigstes Ziel. Wenn wir uns so verhalten, werden wir mit großer Wahrscheinlichkeit erleben, daß wir weniger dem Unmut und den Racheakten unserer Vorgesetzten und Kollegen ausgesetzt sind, die uns sonst manchmal bis vor das Arbeitsgericht geführt hätten. Und das ist ein nicht zu unterschätzender Beitrag zur Abschaffung des »netten Mädchens«.

Trotzdem haben Frauen natürlich das Recht, Unterstützung von offizieller Seite zu erwarten, wenn wir es vorziehen, Arbeitsstreitigkeiten nicht unter vier Augen beizulegen. Es gibt nämlich Verhaltensweisen, besonders wenn sie als »Gewohnheitsrecht« gelten oder schlicht unzumutbar sind (sexuelle Belästigung gehört dazu), gegen die wir uns besser mit Hilfe Dritter zur Wehr setzen können. Wir sollten aber realistische Vorstellungen davon haben, was in diesem Fall auf uns zukommen kann.

Haben wir immer Erfolg, wenn wir ein Gespräch suchen, um zu einer Verständigung mit den Männern zu kommen, deren Verhalten uns geärgert hat? Selbstverständlich nicht, aber – von nichts kommt nichts.

Wenn ein selbstbewußtes Auftreten allein nicht zum Erfolg führt, müssen wir im nächsten Schritt »härtere« Maßnahmen ergreifen. Das bedeutet nicht mehr und nicht weniger, als im »Dialog« noch entschlossener aufzutreten und unserem Gegner klarzumachen, welche Konsequenzen sein Verhalten nach sich ziehen wird. An diesem Punkt können wir z. B. damit drohen, eine Rechtsanwältin einzuschalten oder den offiziellen Beschwerdeweg zu gehen etc. Aber unter keinen Umständen sollten wir leere Drohungen aussprechen, die wir nicht in die Tat umzusetzen gewillt sind.

Wer nach einer Beratung mit einer Frauenbeauftragten oder Rechtsanwältin tatsächlich erwägt, vor das Arbeitsgericht zu gehen, sollte daran denken, daß Gedächtnisprotokolle mit genauen Zeit- und Namensangaben nützlich sind, genauso wie die Einbeziehung von Vertrauten als ZeugInnen eine sinnvolle Ergänzung ist.

Sich der Kritik stellen

Viele Frauen haben am Arbeitsplatz besondere Schwierigkeiten mit Kritik.

Vor kurzem sprach ich mit einer Frau, die sich durch Kritik völlig aus der Bahn werfen ließ. Sie war eine kompetente Chefsekretärin, die das gesamte Firmenbüro zur allgemeinen Zufriedenheit geleitet hatte, bis ihr unmittelbarer Vorgesetzter die Firma verließ. Ihr neuer Chef bekrittelte sie in allem und jedem und war mit Arbeitsabläufen, die sich jahrelang bewährt hatten, unzufrieden. Es dauerte nicht lang, bis die Situation eskalierte.

Eines Tages arbeitete Isabel mit zwei weiteren Sekretärinnen im Büro, als ihr Chef in den Raum platzte und sie anschrie: »Was bilden Sie sich eigentlich ein? Daß sie hier für's Nichtstun bezahlt werden, oder wie?« Worauf eine Standpauke über einen Vorgang folgte, von dem sie nicht die leiseste Ahnung hatte. Bevor sie antworten konnte, hatte er schon die Tür hinter sich zugeknallt, und sie stand völlig überrumpelt und blamiert vor ihren Mitarbeiterinnen da.

Zwei Tage später bezeichnete ihr Chef ihr Vorgehen in einer anderen Sache als »so dumm, wie es nur ein Vollidiot zustandebringen könnte«. Vor lauter Verzweiflung fing Isabel an zu weinen. Ihr Chef wurde daraufhin noch ärgerlicher und schrie ihr ins Gesicht, sie hätte nicht das Zeug für eine leitende Position.

Ununterbrochen stand sie im Kreuzfeuer seiner Kritik und fühlte sich seinen Launen immer hilfloser ausgeliefert. Trotzdem spielte sie weiter das »nette Mädchen« und wehrte sich nicht gegen die Unverschämtheiten ihres Chefs. Dieser Streß setzte ihr so zu, daß sie zu Hause oft in Tränen ausbrach.

Isabel erklärte im Kreis befreundeter Kollegen, daß ihr Chef mit einem Mann nie so umspringen würde wie mit ihr. Ihre Freunde stimmten ihr zu. Mit den Männern der Firma ging der neue Chef ausgesprochen respektvoll um.

Weniger als vier Monate, nachdem der neue Vorgesetzte angefangen hatte, kündigte Isabel ihre Stelle, an der sie mehr als fünf Jahre erfolgreich gearbeitet hatte. Er hatte sie »Schlampe« genannt, als er ihren Umgang mit einem der Firmenkunden kritisiert hatte. Bei dem Kündigungsgespräch im Personalbüro gab sie »persönliche Gründe« für ihre Kündigung an, um zu vermeiden, daß die Angelegenheit womöglich in ihrem Zeugnis erwähnt würde.

Die ständige Kritik hatte Isabel so zermürbt, daß sie sich der Kritik weder gestellt noch eine Auseinandersetzung über die Kritikpunkte angefangen hatte, statt dessen war sie das »nette Mädchen« geblieben und hatte alles über sich ergehen lassen.

Kritik anzunehmen fällt den meisten Menschen schwer. Aber Frauen, denen das Wohlwollen ihrer Umgebung besonders wichtig ist, dringt der Stachel der Kritik immer tiefer in die Seele, und sie neigen dazu, Kritik persönlich zu nehmen. Die »netten Mädchen« wollen immer gemocht werden, und ihre Umgebung soll sie so bedingungslos akzeptieren wie später der ersehnte Märchenprinz.

Wenn wir mit Kritik nicht angemessen umgehen, kann es leicht passieren, daß unser eigenes Selbstbewußtsein am meisten darunter leidet, was sich negativ auf die Qualität unserer Arbeit auswirkt und uns unproduktiv macht. Schon die Angst vor Kritik wirkt sich negativ aus, weil wir uns vorsichtiger ausdrücken und unser Verhalten auf alle denkbaren Einwände anderer abstimmen. Deshalb unterlassen wir manches, das wir besser getan hätten.

In unserer anerzogenen Sucht nach dem Wohlwollen anderer geht uns die Erkenntnis einer ganz elementaren Wahrheit häufig ab: Wir können es nicht allen recht machen – genauso wie wir selbst auch an anderen etwas auszusetzen haben. Deshalb ist Kritik, die wir selbst an anderen üben und die an uns geübt wird, einfach ein Teil des Lebens. Trotzdem gibt es natürlich Grenzen, innerhalb derer wir Kritik akzeptieren oder von uns weisen sollten, wenn sie nicht konstruktiv, sondern ungerechtfertigt oder destruktiv ist.

Wenn die Kritik den Tatsachen entspricht und wir sie zumindest teilweise als berechtigt ansehen, dann müssen wir sie akzeptieren. Dagegen müssen wir unberechtigte, nicht auf Tatsachen basierende Kritik als unzutreffend von uns weisen. Im Grunde gibt es vier Varianten der Reaktion auf Kritik, die alle darauf basieren, ob wir die Kritik als zutreffend oder unzutreffend bewerten und wie sie vorgebracht wird.

Meine Strategie dazu steht unter den Motto: »Ich kann damit umgehen.«

1. Ich nehme Kritik an, wenn sie zutrifft. Dabei versuche ich, nicht in die Defensive zu gehen, Entschuldigungen vorzubringen oder mich selbst abzuwerten, sondern die einzelnen Kritikpunkte anzusprechen.
2. Ich nehme unzutreffende Kritik nicht an, sondern schildere die Situation so, wie ich sie sehe.
3. Ich grenze mich ab, wenn Kritik aggressiv geäußert wird. Ich mache meinem Gegenüber deutlich, daß ich eine inhaltliche Auseinandersetzung unterstütze, mich aber nicht beschimpfen lasse.
4. Ich vertage meine Reaktion, wenn ich noch über die Sache nachdenken möchte. Ich nehme mir die Freiheit, später auf einen Punkt zurückzukommen, bei dem ich meine Meinung geändert habe.

Wir alle haben es schon erlebt, wenn jemand schlecht auf Kritik reagiert. Wie ein begossener Pudel dazustehen, sich in umständlichen Entschuldigungen zu ergehen, sich nach dem Motto »Angriff ist die beste Verteidigung« aggressiv zur Wehr zu setzen, unzutreffende Kritik persönlich zu nehmen, aus zutreffender Kritik nicht zu lernen – das alles sind schlechte Reaktionen auf Kritik, mit denen wir unser eigenes Selbstbewußtsein unterminieren.

Jane zum Beispiel war es nicht gelungen, auf die Kritik ihres Chefs angemessen zu reagieren, obwohl sie sie als berechtigt akzeptiert hatte. Ihr Freund hatte sie plötzlich verlassen, und sie war ziemlich durcheinander und gedanklich nur noch mit dieser Trennung beschäftigt. Die Folge war, daß sie sich auf den Bericht, an dem sie gerade arbeitete, nicht genug konzentriert hatte. Ihr Vorgesetzter rief sie zu sich, nachdem er den Bericht gelesen hatte, und erklärte ihr, er sei mangelhaft und unter ihrem sonstigen Niveau. »Sie haben die Unterlagen nicht gründlich genug ausgewertet; so kann ich nichts damit anfangen.«

Diese Kritik brachte sie so in Verwirrung, daß sie ihre persönlichen Probleme darstellte, aber gleichzeitig ihr Versagen überbetonte. Damit hatte sie statt des mangelhaften Berichts sich selbst zum Gegenstand der Kritik erhoben. Und mit Sicherheit hat dieses Gespräch dazu geführt, daß sie sich noch schlechter fühlte.

Besser hätte sie so reagieren können: »Sie haben recht, der Bericht ist keine meiner Glanzleistungen. Ich werde ihn bis Freitag überarbeiten.« Damit hätte sie dreierlei erreicht, nämlich erstens seine Kritik sachlich akzeptiert, ihre sonstigen Leistungen betont und einen Weg aufgezeigt, um den Mangel auszugleichen.

Viel zu oft fühlen wir uns verletzt, wenn wir kritisiert werden, und übersehen dabei, die Kritik als berechtigt oder unberechtigt zu überdenken. In solchen Situationen können wir nur selten angemessen reagieren, wir lassen die Kritik schweigend über uns ergehen wie das kleine Mädchen, wenn es von der Mutter gescholten wird, oder wir verteidigen uns aggressiv oder begehen den Fehler, uns selbst noch unnötig schlechtzumachen.

Ähnlich erging es einer Frau in einer Sitzung, an der ich als von der Firma bestellte Supervisorin teilnahm. Eine junge Frau, Ava, fühlte sich bloßgestellt, weil der Vorsitzende sie bat, ihre Einschätzung über bestimmte Daten abzugeben. Ava war auf diese Frage nicht vorbereitet, aber die abgefragten Daten gehörten zu einem Bericht, den sie bereits fertiggestellt haben sollte.

Ava geriet sichtlich in Verlegenheit und mußte zugeben, daß sie von den Daten keine Ahnung hatte, weil sie den Bericht noch nicht geschrieben hatte.

Der Vorsitzende hielt ihr entgegen, daß sie die Arbeit erledigt haben sollte. »Wir brauchen die Informationen jetzt, nicht wenn es Ihnen paßt!«

Ava schwieg, unfähig oder nicht willens zu reagieren.

»Was hätte ich ihm sagen sollen?« fragte sie mich später.

Wie wäre es mit: »Sie haben recht, Matt. Das ist sonst gar nicht meine Art, daß ich mit meiner Arbeit in Verzug gerate. Morgen früh haben Sie die Daten.«

Mit dieser Antwort hätte sie seine berechtigte Kritik akzeptiert, sich selbst wegen ihrer sonstigen Leistungen in ein gutes Licht gerückt und eine Lösung des Problems vorgeschlagen. In schuldbewußtes Schweigen zu versinken bedeutet in jedem Fall, einen schlechten Eindruck zu hinterlassen.

Nicht jede Kritik ist berechtigt. Kritik, mit der wir nicht einverstanden sind, trifft uns besonders hart, weil sie uns ungerecht und oft aus der Luft gegriffen vorkommt. Das einfachste Mittel gegen ungerechtfertigte Kritik ist, sie zurückzuweisen und die Sache aus eigener Sicht darzustellen. Das klingt schwerer, als es im Einzelfall ist.

Drucia, eine engagierte Abteilungsleiterin, war erstaunt über die Reaktion ihres Vorgesetzten auf einen Wortwechsel mit ihr. Er hatte sie, wie schon häufiger, gebeten, am selben Abend Überstunden zu machen. Weil sie ihren Job liebte, war sie häufig zu Überstunden bereit, aber gerade an diesem Abend hatte sie sich zusammen mit ihrer Familie etwas vorgenommen. Deshalb schlug sie die Bitte ihres Chefs ab. »Leider kann ich heute abend unmöglich länger bleiben.«

Harold war verärgert und griff sie an: »Sie haben für die Firma anscheinend nicht viel übrig.«

Obwohl dieser Vorwurf sie überraschte, blieb Drucia ganz ruhig und entgegnete: »Sie wissen selbst, daß das so nicht stimmt, Harold. Ich habe allein in diesem Monat schon neunmal Überstunden gemacht. Damit habe ich mein Verantwortungsbewußtsein für die Firma wohl unter Beweis gestellt.«

Drucias Reaktion war sehr wirkungsvoll, weil sie einerseits klargestellt hatte, daß die Kritik unzutreffend war, und außerdem zusammen mit ihrer Sicht der Dinge ihre eigenen Vorzüge für die Firma betont hatte. Sie wurde weder defensiv noch aggressiv, noch war sie der Versuchung erlegen, ihre familiären Gründe anzugeben. Ihre Gründe waren ihre eigene Sache und unwichtig für diese Auseinandersetzung. Wenn sie ihre Familie angeführt hätte, wäre damit zu Unrecht das alte Klischee bestätigt worden, daß bei Frauen Familie vor der Arbeit kommt.

Die schlimmste Art von Kritik enthält eine aggressive oder beleidigende Ausdrucksweise, wie es Isabel geschah. Obwohl grundsätzlich jeder Opfer einer solchen Behandlung werden kann, sind es doch hauptsächlich Frauen, die Kritik mit Beleidigungen verbunden zu hören bekommen. Vielleicht ist das eine Folge der Vorstellung, Frauen seien schwächer und verletzlicher als Männer, oder Männer tolerieren eine solche Behandlung seltener. Jedenfalls zeigt es, daß Männern mehr Respekt entgegengebracht wird als Frauen. Natürlich gilt auch hier, daß das Dulden von unerwünschtem Verhalten einen Teil des »netten Mädchens« ausmacht.

Unabhängig von den möglichen Gründen sollten wir beleidigende Kritik nie unwidersprochen stehen lassen. Es ist wichtig, anderen unmißverständlich zu verstehen zu geben, daß wir zwar berechtigte Kritik anhören, uns aber trotzdem nicht alles gefallen lassen. Hier steht unsere Würde auf dem Spiel, von anderen Dingen ganz abgesehen. Wir sollten selbstbewußt Grenzen setzen, nicht aggressiv werden.

Ich habe erlebt, wie Frauen durch beleidigende Kritik am Boden zerstört waren oder in Tränen ausbrachen, genauso wie andere Frauen ihrerseits mit einem Schwall von Beleidigungen geantwortet haben. Beides ist wenig effektiv und wird einen schlechten Nachgeschmack hinterlassen, weil wir die Situation nicht geklärt haben. Dafür wird uns eine selbstbewußte Reaktion helfen, die Situation in den Griff zu bekommen.

Mabel, die nach einigen Jahren Familienpause wieder eine Stelle hatte, erzählte mir, wie gut sie sich fühlte, wenn sie beleidigende Kritik von sich wies. Mabel wurde von einem reichlich ungeduldigen Kollegen in ein kompliziertes Software-System eingewiesen. Natürlich machte Mabel ein paar Fehler, bevor sie das System wirklich beherrschte.

Irgendwann riß ihrem Kollegen der Geduldsfaden, er zählte alle ihre Fehler auf und beendete seine Aufzählung mit dem Kommentar: »Ach, du bist einfach zu dumm!«

Obwohl sie wütend war, blieb Mabel ruhig und nahm ihre eigenen Interessen wahr, indem sie ihre Sicht der Dinge klarstellte: »Ich lasse mich nicht als dumm beschimpfen. Was mir fehlt, ist Erfahrung, nicht Intelligenz.« Sie blickte ihm in die Augen und erklärte mit fester Stimme: »Ich möchte nicht noch einmal so beleidigt werden.« Die Chancen stehen gut, daß er dies tatsächlich nicht wieder tut. Meistens trifft es die, die Beleidigungen erdulden.

Auch Annie schaffte es, mit Kritik gut zurechtzukommen. Ihr Chef schmiß ihr einen Brief auf den Schreibtisch, weil er einen

Tippfehler entdeckt hatte. Obwohl sich Annie selten vertippt, ließ er seine Wut an ihr aus.

»Dieser Brief ist unter aller Sau. Was machen Sie eigentlich in Ihrer Arbeitszeit? Sie werden für ordentliche Arbeit bezahlt! Nicht dafür, meine kostbare Zeit mit Ihren Fehlern zu verschwenden!«

Annie atmete tief durch und antwortete: »Wie alle anderen auch mache ich manchmal einen Fehler. Ich werde ihn sofort korrigieren. Ansonsten dulde ich es nicht, wenn Sie mich beschimpfen. Sollte es in Zukunft Probleme geben, bitte ich Sie, mich auf andere Art und Weise darauf aufmerksam zu machen.«

Einige Minuten später entschuldigte sich ihr Chef für seinen Ausbruch.

Manchmal passiert es, daß wir wegen Nichtigkeiten kritisiert werden. Auch wenn wir in solchen Fällen vielleicht nicht von einer beleidigenden Kritik sprechen würden, ist sie doch ein Zeichen von Unsensibilität. Eine meiner Freundinnen beklagte sich über eine Mitarbeiterin aus einer anderen Abteilung, sie hieß Becky, die ständig über das Aussehen anderer lästerte. Diese Kommentare waren ganz bestimmt keine wohlmeinenden Tips, sondern eher abwertend gemeint.

Als sie gerade ein neues Kostüm trug, trafen sich Jean und Becky auf dem Flur.

Becky sagte mit dem Brustton der Überzeugung: »Ich hasse diese Farbe, das sieht doch aus wie zermantschte Bananen.«

Jean sah die Frau ganz gelassen an und erwiderte: »Sicher sind Farben eine Frage des Geschmacks. Und diese ist tatsächlich eine meiner Lieblingsfarben, die ich ausgesprochen gern trage.«

Mit dieser knappen Antwort hatte Jean Beckys unhöfliche Kritik pariert und gleichzeitig ihrem Recht auf einen eigenen Geschmack Nachdruck verliehen.

Wenn wir überraschend kritisiert werden und uns deshalb nicht sofort eine passende Antwort einfällt, was nicht selten vorkommt, dann kann es nie schaden, die Reaktion zu verschieben. Wir könnten dann zum Beispiel sagen:

»Deine Kritik überrascht mich, ich werde mir die Sache durch den Kopf gehen lassen und dir später antworten.«

Aber wohlgemerkt, aufgeschoben ist nicht aufgehoben, wir sollten unbedingt auf die Sache zurückkommen.

Wie wir der Unterdrückung entkommen

Es sind die vielen Kleinigkeiten des Lebens, die den Unterschied zwischen Veränderung und Stagnation machen, und von denen es abhängt, ob wir unser Leben im Griff haben, oder ob uns andere im Griff haben. Aber gerade wenn wir uns selbst behaupten wollen, ist es unerläßlich, anderen auf halbem Wege entgegenzukommen und ihnen zu erklären, welches Verhalten uns gegenüber wir von ihnen erwarten. So können wir selbstbewußte Entscheidungen treffen, schwierige Situationen meistern und mit Kritik angemessen umgehen.

Wenn es mir nicht gelingt, mit den alltäglichen Situationen umzugehen, in denen ich abwertend behandelt werde, weil ich das »nette Mädchen« spiele, dann kann ich mich nicht besonders gut fühlen. Und wahrscheinlich komme ich dann auch nur selten in den Genuß, von anderen respektiert zu werden, was für Frauen ohnehin schwer ist. Über die Frage von Selbstwertgefühl und Respekt hinaus passiert es nur allzu leicht, daß man mir auch noch die Butter vom Brot nimmt, wenn ich meine eigenen Ansprüche nicht wahrnehme. Diesen Preis zahlen Frauen nicht nur im übertragenen Sinn, sondern auch in den Kategorien von Mark und Pfennig.

Um den kleinen Beleidigungen, dem täglichen Mißbrauch, den haarsträubenden Übergriffen entkommen zu können, muß ich mir Strategien zurechtlegen, die immer darauf basieren, daß ich meine eigenen Interessen vertrete, daß ich die Rolle des »netten Mädchens« als Zumutung von mir weise, daß ich den Tätern ganz deutlich zeige, was sie mit mir nicht machen können. Je mehr ich mir selbst dieser Zusammenhänge bewußt geworden bin, desto mehr habe ich gleichzeitig begriffen, daß meine Empörung über versteckten Sexismus und die Ungerechtigkeit der Institutionen und Strukturen zu keiner Veränderung führt. Ich muß meine Empörung in *konkretes Handeln* umsetzen. Deshalb ist für mich zum entscheidenden Thema geworden, wie ich die Strukturen verändern kann, während ich gleichzeitig nicht umhin kann, in eben diesen Strukturen zu funktionieren, weil ich mein Geld verdienen will, ohne mich verrückt machen zu lassen.

Es gab eine Zeit, in der ich von mir selbst und von anderen Frauen viel mehr gefordert habe, weil mir die Veränderung der Welt viel, viel zu langsam ging. Es gibt immer noch ein paar radikale Feministinnen, die andere Frauen kritisieren, weil sie »ein Stück vom Kuchen abhaben wollen« und sich deshalb in einem korrupten System selbst korrumpieren. Ich glaube auch, daß unser großes Ziel sein sollte, zusammen einen »neuen Kuchen zu backen«. Aber von den Frauen, die sich Tag für Tag mit einer sexistischen Welt auseinandersetzen, um darin zu überleben und einen kleinen Teil zu gestalten, von diesen Frauen revolutionäres Engagement zu fordern, würde nur wieder bedeuten, Frauen zu Märtyrerinnen zu machen. Strukturen, die in Tausenden von Jahren gewachsen sind, lassen sich nicht in ein paar Tagen verändern. Und viele Menschen haben ein Interesse am Erhalt des Status Quo – oder zumindest glauben sie das.

Wie Filomena Giambattista, die sich kopfüber in eine neue Welt gestürzt hat, um das beste daraus zu machen, oder wie unsere feministischen Vormütter, die sich auf bestimmte Problemfelder konzentriert haben, ist es auch für jede von uns das beste, wenn sie ihre eigenen Probleme auf's Korn nimmt, weil sowieso niemand alle Probleme lösen kann. Viel wahrscheinlicher gelingt es uns, in unserer kleinen Ecke der Welt Probleme zu lösen oder wenigstens anzugehen. Leider beschäftigen sich zu viele Frauen – und Männer – hauptsächlich mit allgemeinen Problemen. Unser Bedürfnis nach Veränderung wirkt wie ein Teleskop, durch das wir das übergroße Problem aus der Ferne betrachten und dabei die Probleme unseres täglichen Lebens übersehen. Dabei wäre es für die meisten von uns durchaus möglich, unsere persönliche Lage erheblich zu verbessern, während alle allgemeinen Probleme zu lösen unendlich viel schwieriger, wenn nicht unmöglich ist.

Ich finde diese Verschiebung von persönlichen auf globale Probleme bei vielen meiner feministischen Freundinnen, besonders bei den verheirateten. Wir arbeiten in Frauengruppen mit, spenden Geld für Frauenprojekte, reiben uns auf, damit Frauenrechte ins Grundgesetz aufgenommen werden, und gehen auf die Straße, wenn unsere Rechte bedroht sind. Alles das ist gut und notwendig. Aber in unserem Privatleben beugen wir uns den tradierten Rollenmustern. Wir fordern von unseren Männern und Kindern, daß sie ein paar Aufgaben übernehmen, aber wir selbst tragen natürlich noch immer die Hauptlast im Haushalt, akzeptieren selbstverständlich, daß wir für die Erziehung der Kinder zuständig sind, wir hetzen von unseren schlechtbezahlten Halbtagsjobs nach Hause, um unseren Ehemännern den Rücken für ihre Karriere freizuhalten, wir stellen uns ewig zur Verfügung, wenn es um die Bedürfnisse anderer geht, wir sind für die Beziehungarbeit zuständig, und eigentlich tun wir genau das, was unsere Mütter auch getan haben.

Gleichzeitig versichern wir unseren Töchtern, daß ihnen die Welt offensteht. Nur daß sie – und ihre Brüder – zu Hause das genaue Gegenteil davon erleben.

Eine meiner Freundinnen wollte ganz entschieden keine Kinder und glaubte, ihr Mann sei damit einverstanden. Ruby arbeitete beruflich an einer befriedigenden Karriere und war in verschiedenen Frauengruppen aktiv. Dann kam ihr Mann auf die Idee, doch ein Kind zu wollen, und obwohl sie selbst diesen Wunsch nicht hatte, wollte sie ihn nicht vor den Kopf stoßen. Schließlich gab sie nach, und das Kind kam. Für sie bedeutete das eine große Umstellung, weil sie eine halbe Stelle annahm und sich um das Kind kümmerte.

Für Rubys Mann ging das Leben einfach weiter wie bisher, und nicht lange danach kam es ihm in den Sinn, daß ein Kind nicht genug sei. Er wollte ein zweites, sie zögerte und gab dann nach, während gleichzeitig ihre Karriere in immer weitere Ferne rückte.

Nach der Geburt des zweiten Kindes und nachdem er sich ausgesprochen merkwürdig verhalten hatte, trennte sich ihr Mann von ihr und ließ Ruby mit den beiden Kindern, die er hatte haben wollen, allein zurück. Er hatte eine andere Frau kennengelernt. Am Boden zerstört, mußte Ruby ihr Leben mühsam wieder aufbauen.

Vielleicht liegt es an meinem Alter, vielleicht gebe ich mich auch mit zu wenig zufrieden, aber heute ist meine Auffassung, daß wir die Welt schneller verändern können, wenn wir alle in unserem eigenen Leben damit anfangen. Das Gesamtbild liegt nicht in weiter Ferne, sondern wie ein Puzzle direkt vor unserer Nase, die Strukturen, die wir wünschen, bekommt es nur, wenn wir die einzelnen Puzzleteilchen entsprechend gestalten.

Veränderung kommt einzig und allein von denen, die sie wünschen – und selbst darauf bestehen, daß sie in ihrem eigenen Leben stattfindet.

5 Macht

Die Macht des Geldes

Ein paar Lektionen über Macht habe ich schon in meiner Kindheit gelernt. Die erste war, daß mein Vater sie hatte und meine Mutter nicht. Und wir drei Schwestern hatten natürlich überhaupt keine Macht.

Teilweise war die Machtlosigkeit meiner Mutter kulturell bedingt, aber die Hauptursache, das begriff ich später, war Geld. Mein Vater verdiente das Geld, nicht viel, aber er hatte mehr als meine Mutter, die nichts verdiente. Für sie war das gleichbedeutend damit, ihm auf Gedeih und Verderb ausgeliefert zu sein. Es hat erstaunlich lange gedauert, bis ich in diesem Phänomen das entscheidende Argument gegen die traditionelle Hausfrauenrolle erkannte.

Daß wir damals nicht viel Geld hatten, ist in meiner Erinnerung aus einem merkwürdigen Grund mit einer altmodischen Sorte halbmondförmiger Kekse verknüpft. Immer wenn meine Mutter ein bißchen von ihrem knapp bemessenen Haushaltsgeld übrig hatte, was nicht nicht allzuoft vorkam, erstand sie im Tante-Emma-Laden an der Ecke diese Kekse. Die seltene Köstlichkeit stand verführerisch in einer großen Dose auf der Ladentheke, und die Halbmonde waren zusätzlich noch mit Cellophan umhüllt, durch das man die Schokoladen- und Vanilleglasur sehen konnte.

Meine Mutter kaufte nie so viele, daß für jede von uns ein

ganzer Halbmond dagewesen wäre, in unseren Verhältnissen hätte das schon an Verschwendung gegrenzt. Deshalb wurden sie halbiert, und ich hatte nie das Gefühl, genug davon zu bekommen; Luxus war in meiner Vorstellung damals, so viele Halbmonde essen zu dürfen, wie ich konnte.

Mit wenig Geld aufzuwachsen bedeutete außerdem, daß wir uns nicht viele Unternehmungen leisten konnten. Ich erinnere mich noch allzugut an die heißen Ferientage im Sommer, wenn meine Freundin und ich auf der Veranda saßen und den vorbeifahrenden Autos nachsahen.

»Was sollen wir heute machen, Rosie?«

»Ich weiß nicht. Was schlägst du vor, Jeanette?«

Wir taten so, als hätten wir verschiedene Möglichkeiten, aus denen wir nur zu wählen brauchten, aber in Wirklichkeit konnten wir nichts tun, außer mit den Beinen zu baumeln und uns unterhalten. Das Geld reichte nicht einmal für's Schwimmbad. Ich prahlte, wenn ich erst groß wäre, würde ich in den Ferien immer auf Reisen gehen.

Mit fünfzehn hatte ich meinen ersten Job in einem großen Warenhaus, wo ich Bonbons verkaufte: Ich werde dieses Gefühl von Macht, das ich verspürte, als ich meinen ersten Wochenlohn in Händen hielt, nie vergessen. Ich arbeitete stundenweise und verdiente weniger als einen Dollar in der Stunde. Das brachte wahrhaftig keine großen Summen ein, aber es war mein eigenes Geld, und ich war stolz darauf.

Geld zu haben hieß, Dinge unternehmen und Dinge kaufen zu können. Aber den Großteil meines Verdienstes hortete ich auf einem Sparbuch, dessen stolze Besitzerin ich seit der ersten Klasse war. Damals wurden Kinder zum Sparen angehalten. Wir hatten unsere Sparbücher über die Schule eröffnet, und einmal in der Woche, am Spartag, brachten wir unser gespartes Kleingeld mit in die Schule, um es einschreiben zu lassen. Ich liebte es, die Additionen in meinem kleinen roten Sparbuch nachzurechnen.

Heute muß ich über meinen verrückten Eifer lächeln. Einerseits war mir ziemlich klar, war Geld bedeutete – Macht, Freiheit, Möglichkeiten. Ich sparte wie eine Irre, um mich aus der Armut zu befreien. Sogar in einem Jahr, als ich nicht mehr als 21,30 $ gespart hatte, war ich doch der festen Überzeugung, dieses Geld sei gleichbedeutend mit einem Fahrschein in die Freiheit. Aber der andere Teil meines Selbst bummelte völlig sorglos in die Zukunft und verschwendete keinen Gedanken daran, daß ich irgendwann eigenes Geld verdienen mußte und deshalb Karrierepläne hätte schmieden sollen. Nie zog ich die Verbindungslinie zwischen Machtlosigkeit und finanzieller Abhängigkeit, wie sie im Mythos vom zukünftigen Märchenprinzen oder ganz konkret in der Situation meiner Mutter enthalten war. Ich kann mich nicht erinnern, daß ich mit meinen Freundinnen über mögliche Berufsperspektiven gesprochen hätte, oder darüber, wie wir es schaffen wollten, unseren eigenen Unterhalt zu verdienen. Noch im College und in der Highschool waren Jungen unser einziges Thema. Wir alle unterlagen einem kollektiven Bann.

Als ich im Hauptstudium war, hatte ich immer noch die kindische Unbedarftheit zu denken: »Ich weiß noch nicht, was ich mal werden will, wenn ich groß bin.« Nie stellte ich ernsthafte Überlegungen über meine berufliche Zukunft an, ich ließ mich einfach treiben. Und heute treffe ich immer noch Frauen, die mir erklären: »Ich weiß nicht, was ich mit meinem Leben *machen* will.« Keine frischgebackenen Schulabgängerinnen, sondern Frauen von dreißig, vierzig, fünfzig. Nicht zu wissen, was man mit seinem Leben machen will, ist eines der deutlichsten Zeichen von Machtlosigkeit.

Als Ende der sechziger Jahre die Frauenbewegung begann, sah es so aus, als würde sich an diesen Abhängigkeitsverhältnissen bald grundlegend etwas ändern. In den siebziger und achtziger Jahren behaupteten Frauen in dem Gefühl, die Welt stünde ihnen offen und warte nur mit offenen Armen auf sie: »Ich kann alles tun, was ich will.« Tatsächlich ist es einigen gelungen, zu tun was sie wollten, aber für viele hat sich auch das eher als vorübergehender Erfolg erwiesen. Dafür können wir um so häufiger zusehen, wie Frauen dem kulturellen Imperativ der Mutterschaft auf den Leim gehen, wie selbständige Frauen in die Familienfalle geraten, daß die Zahl der Mütter unter zwanzig nicht weniger wird, wie Frauen scheinbar freiwillig ohne eigenes Einkommen im Haushalt versauern. Viel zu viele von uns gehen nach wie vor in die Falle ihrer eigenen Machtlosigkeit und Schwäche.

Außerdem müssen wir feststellen, daß Frauen vor dem Wort *Macht* zurückschrecken wie der Teufel vor dem Weihwasser. Die Teilnehmerinnen meiner Seminare, von wenigen Frauen abgesehen, reagieren eher negativ oder versuchen dieses Wort überhaupt zu umgehen. Macht ist nicht »nett«, denken sie ganz zu Recht. Ich erinnere mich an den Tag, an dem mir eine Kollegin von ihren sexuellen Phantasien erzählte und mich nach meinen Phantasien fragte.

»Macht«, antwortete ich ohne Zögern.

Sie sah mich in schweigendem Entsetzen an, als hätte ich etwas völlig Unaussprechliches gesagt.

Anscheinend haben wir zum Geld ein ähnlich gestörtes Verhältnis. Genauso wie viele Frauen glauben, daß Macht zerstörerisch ist, glauben wir, daß Geld schmutzig ist und schmutzig macht. Verständlich, wenn man bedenkt, daß wir weder vom einen noch vom anderen je viel gehabt haben, sondern eher erlebt haben, wie Geld und Macht auf teilweise schreckliche Art gegen uns verwendet wurde. Außerdem sollen sich die »netten Mädchen« um Gottes willen nicht die Finger schmutzig machen.

Dabei ist eigentlich ganz klar, daß wir ohne Macht ohnmächtig zu ihren Opfern werden und ohne Geld schlicht arm dran sind. Warum wollen wir dem nicht entgehen?

Obwohl wir längst durchschaut haben, daß Machtlosigkeit wenigstens teilweise auch eine Frage des fehlenden Geldes ist, tun wir nichts gegen die unter Frauen so weit verbreitete Mentalität, Geld sei Nebensache. Sogar Frauen, die über Geld verfügen, handeln oft aus dieser Vorstellung heraus. Mich irritiert diese freiwillige Selbstbeschneidung.

Und nirgendwo kommt diese Mentalität deutlicher zum Ausdruck als in Frauenorganisationen, wo sich Frauen tagtäglich selbst ausbeuten. Wir verschließen die Augen vor der Tatsache, daß Geld gleichbedeutend ist mit Macht, und verleugnen, daß wir Geld brauchen, wenn wir etwas erreichen wollen. Für alle möglichen caritativen Zwecke haben Frauen Unsummen zusammengesammelt, warum gelingt es uns nicht, die nötigen Mittel für unsere eigenen Interessen aufzubringen? Wie oft habe ich schon gehört:

»Dafür haben wir kein Geld.«

»Das können wir nicht finanzieren.«

»Wir fragen die oder die, ob sie es umsonst macht.«

Und natürlich findet sich immer die eine oder die andere, die nur allzu bereit ist, sich selbst auszubeuten.

Es sind häufig die Frauen, die sich über die Höhe meiner Rechnungen für Beratung oder Supervision beschweren (die mit dem, was männliche Unternehmensberater verlangen, durchaus vergleichbar sind). Sie können sich nur schwer damit abfinden, daß eine Frau für gute Arbeit gutes Geld verlangt, auch wenn sie das bei Männern selbstverständlich akzeptieren.

Sogar die Geschäftsfrauen, mit denen ich zusammenarbeite, haben Probleme mit der Vorstellung, daß ihre und meine Arbeit mit Profit verbunden sein könnte, obwohl sie sich später daran gewöhnen. Wenn ich sie nach ihren Gründen frage, warum sie eine Firma eröffnet haben, bekomme ich alles Mögliche zu hören, aber selten sprechen sie von Profit – das gilt als schmutziges Wort. Trotzdem bewegen auch sie sich im Profit-Sektor. Eine Frau gab das auf mein Drängen hin zu. »Es stimmt«, sagte sie. »Aber müssen wir es deshalb unbedingt *sagen*?«

Im Grunde ist die weibliche Abneigung gegen Macht und Geld Symptom eines tieferliegenden Problems. Ich vermute, wir haben immer noch das Gefühl, wir seien es nicht wert, für gute Leistungen gutes Geld zu verdienen. Warum sollten wir auch glauben, Geld oder Macht zu verdienen, wenn uns die Welt immer das Gegenteil vorführt?

Die Erfahrung von der Macht des Geldes habe ich im Lauf meines Lebens immer und immer wieder gemacht. Ich brauchte Geld, um das College besuchen zu können. Ich arbeitete jede Ferienzeit hindurch und außerdem nebenher im Semester im Kaufhaus und wurde Mitglied im Sparverein. Im Sommer brachte mir die Arbeit wöchentlich 22,24 $ ein, von denen ich 20 $ sparte. Die verbleibenden 2,24 $ reichten nicht weit, deshalb nahm ich mir mein Mittagessen von zu Hause mit und ging zu Fuß, um das Fahrgeld zu sparen. Ich war noch ein Kind, aber ich hatte meine Macht bei der Bank deponiert, damit ich später aufs College gehen konnte. Ich gebe natürlich zu, daß damals noch möglich war, was heute eigentlich unmöglich geworden ist, daß Jugendliche sich ihr eigenes Schulgeld verdienen können.

Eine weitere Lektion über die Macht des Geldes lernte ich Jahre später als Dozentin am College. Es war einer kleinen Gruppe von uns gelungen, einen Förderpreis für sozialwissenschaftliche Arbeit zu ergattern, und wir gründeten in den USA den vermutlich ersten Studiengang für internationale Frauenstudien. Mit dem Geld konnten wir nicht nur unsere eigenen Gehälter bezahlen, es gab unserer Arbeit gleichzeitig Gewicht und Legitimation. Außerdem konnten wir Lehraufträge vergeben, namhafte Gäste für Vorträge gewinnen, unseren Bereich zum offiziellen Nebenfach für Studenten ausbauen und Kolloquien veranstalten. Ich wurde die Leiterin dieser Einrichtung, und diese Arbeit war für mich der entscheidende Schritt auf dem Weg, den ich heute gehe.

Aus dieser und anderen Lektionen habe ich die Schlußfolgerung gezogen, daß wir die Fähigkeit zur Macht in uns selbst verleugnen und uns deshalb von ihren Möglichkeiten ausschließen. Manchmal gilt das auch für Männer, aber für Frauen ist es die Regel. Wir alle haben die Fähigkeit zur Macht, die Möglichkeit der Einflußnahme, egal, in welcher Position wir uns befinden. Aber Macht zu haben, ohne von ihr Gebrauch zu machen, kommt der Ohnmacht gleich.

Meine Mutter setzte ihre Macht meinem Vater gegenüber, soweit ich mich erinnern kann, nur ein einziges Mal ein. Meistens erfüllte sie seine Wünsche, auch wenn sie noch so tyrannisch oder irrational waren. Aber daß sie Vater um jeden Groschen extra bitten mußte, war und blieb ihr immer unangenehm. Mein Vater war nie besonders großzügig – eher das Gegenteil. Selbst in Armut großgeworden, knauserte er mit seinem kleinen Einkommen und versuchte sein Geld für unvorhergesehene Notfälle zusammenzuhalten.

Schließlich hatte meine Mutter genug vom Geiz meines Vaters und verkündete, sie würde sich einen Job suchen. Damals war sie siebenundvierzig, und mein Vater geriet außer sich vor Wut und verbot ihr zu arbeiten. Meine Mutter blieb eisern und nutzte ihre Beziehungen, um einen Job als Putzfrau in der Polizeiwache zu finden.

Lange sprach mein Vater kein einziges Wort mit meiner Mutter. Sie kam jeden Tag von ihrer Arbeit nach Hause, bereitete das Abendessen, und wir saßen schweigend am Tisch. Aber das hielt sie nicht davon ab, ihren Job zu machen.

Wenn Macht die Fähigkeit bedeutet, Menschen in Bewegung zu setzen, dann müssen wir selbst zuerst anfangen, uns zu bewegen. Mutter bewegte sich. Sie bekam eigenes Geld und war nicht mehr völlig von meinem Vater abhängig. Sie gab mir das Geld, als ich mir im College einen fahrbaren Untersatz zulegte, damit ich die Wege zwischen Arbeit, College und Zuhause schaffte. Sie konnte meiner Schwester eine kleine finanzielle Unterstützung zukommen lassen, wenn sie für ihr Medizinstudium teure Bücher brauchte. Sie half meiner jüngeren Schwester, nachdem sie die Schule verlassen und geheiratet hatte. Und sie hatte hin und wieder ein paar Dollar für caritative Zwecke übrig.

Aber in erster Linie half meine Mutter sich selbst. Obwohl sie meinem Vater nach wie vor alle Wünsche erfüllte, verlieh ihr die finanzielle Unabhängigkeit eine neue Selbständigkeit. Sie freundete sich mit anderen Menschen an, zuerst aus ihrer Polizeiwache, später in der Stadtverwaltung, wo sie ebenfalls putzte. Ihre Welt wuchs über den beschränkten Horizont von Heim und Herd hinaus. Und ihre Arbeit trug wesentlich dazu bei, daß sie im Alter eine eigene Rente hatte und sich zum Beispiel ihre Reisen leisten konnte.

Die Macht der Entschlossenheit

Trotz ihrer Unterwürfigkeit zu Hause lernte ich von meiner Mutter noch andere Lektionen über Macht. Nachdem ich mir mein erstes gebrauchtes Auto gekauft hatte, kam auch mein Vater auf den Geschmack. Aber er selbst hatte das Gefühl, fürs Fahren zu alt zu sein (immerhin war er zweiundzwanzig Jahre älter als meine Mutter), also sollte Mutter es lernen. Sie selbst war damals auch schon Anfang fünfzig, aber diese Aufgabe machte ihr Spaß.

Nur stellte es sich für eine italienische Einwanderin, deren Englisch gerade ausreichte, um sich im Alltag durchzuschlagen, als gar nicht leicht heraus, gleichzeitig praktisch fahren zu lernen *und* sich auf die schriftliche theoretische Prüfung vorzubereiten. Den theoretischen Teil schaffte sie auf Anhieb, dafür fiel sie in der praktischen Prüfung durch. Unverzagt ging sie in die zweite Prüfung und fiel durch. Bei der dritten das gleiche, und bei der vierten, fünften, sechsten ebenfalls. Sie gab den Mut nicht auf und absolvierte die siebte, achte, neunte, zehnte, elfte Prüfung.

»Du hast getan, was du konntest – wir fahren dich, wohin du willst«, beruhigten wir Schwestern meine Mutter.

Das war nicht dasselbe, und meine Mutter wußte es. Also ging sie in die zwölfte Prüfung, und endlich hatte sie es geschafft. Aus dieser Episode lernte ich, welche unglaubliche Kraft in der Entschlossenheit liegt. Versagen heißt aufgegeben haben.

Der alte gelbe Pontiac, in dem meine Mutter herumfuhr, war schon für sich genommen ein Mittel, das meiner Mutter Macht verlieh. Sie hatte die Macht, selbst zu bestimmen, wann sie kam und ging. Sie konnte ihre Schwester in Amsterdam, New York besuchen, das 180 Kilometer weit weg liegt. Sie konnte Freundinnen besuchen, einkaufen fahren, meinem Vater entkommen, wenn ihr danach war. Kein Wunder, daß Italienerinnen wie meine Mutter ihr Auto schlicht als *la machina – die Maschine* bezeichnen.

Als mein Vater gestorben war, leistete sich meine Mutter statt des alten Pontiac einen neuen Wagen. Sie rief mich an, um mir die frohe Nachricht zu verkünden.

»Was für ein Auto hast du gekauft?« fragte ich.

»Ein rotes«, verkündete sie voll Begeisterung.

»Ja, aber welche Marke?«

»Es ist rot, das ich alles, was ich weiß.«

Natürlich! Daß sie sich ein neues, rotes Auto gekauft hatte, war das Ereignis, von dem wir alle wissen sollten.

Als sie mit fünfundachtzig Jahren das Fahren aufgeben mußte, war sie tieftraurig. An dem Tag, als der Abschleppwagen kam und ihren roten Ford Maverick von unserer Auffahrt schleppte, weinte sie und hörte den ganzen Tag nicht damit auf. Meine Mutter hatte damit, so empfand sie es, einen Teil ihrer Macht verloren. Die närrische Liebe der Männer zum Auto verblaßt neben der Freiheit und Unabhängigkeit, die es uns Frauen verleihen kann.

Mutters Lektion über die Kraft der Entschlossenheit begleitete mich durch mein Leben. Ich bezog daraus die Fähigkeit, zu studieren und gleichzeitig zu arbeiten, um das Studium bezahlen zu können. Sie gab mir den Mut, nach meiner Heirat auf die andere Seite des Kontinents zu ziehen, mit unserer gesamten Habe in einem klapprigen Ford. Mit nicht mehr als fünfzig Dollar in der Tasche fuhren wir drei Tage lang zu unserem zukünftigen Arbeitsplatz, der Universität von Kansas.

Ich war zwei Jahre verheiratet, als ich beschloß, meine Reisephantasien endlich auszuleben, und wildentschlossen sparte ich, was ich konnte, damit wir im Sommer nach Europa reisen konnten. Viel war es nicht, was sich von Joes Stipendium für seine Doktorarbeit und dem Gehalt für meine Lehrtätigkeit in der Unterstufe der Highschool abzweigen ließ.

Wir aßen Bohnen und Preßschinken und handhabten, was in jenen Jahren als Sparhaushalt für Notzeiten bekannt war. Ende Juni zogen wir aus unserer kleinen Wohnung aus und nahmen den Zug nach New York City. Am 1. Juli 1964, unserem dritten Hochzeitstag, gingen wir an Bord eines Überseedampfers nach Neapel. Das wichtigste Gepäckstück war der Reiseführer *Europa für fünf Dollar am Tag*. Wir mieteten ein kleines Auto und verbrachten damit zwei wunderbare Ferienmonate in Italien, Frankreich und der Schweiz.

Den Ort meiner Herkunft zu besuchen rührte mich zu Tränen. Meine Großmutter, zwei Tanten und viele ihrer Kinder lebten noch in Guardiagreggia, dem kleinen Dorf in den Bergen. Obwohl ich mein Leben lang die Geschichten aus diesem Dorf gehört hatte, war ich auf die Wirklichkeit nicht vorbereitet. Das Leben dort kam mir vor wie im Mittelalter – die Steinhäuser mit einem Fußboden aus gestampfter Erde, der Feuerstelle zum Kochen, ohne fließend Wasser, mit den schweren Federbetten, die Schweine und Schafe, die frei herumliefen, der Esel, der uns trug, wohin wir wollten. Kaum etwas hatte sich im Lauf der Jahrhunderte verändert.

Mit eigenen Augen konnte ich sehen, wie hart das Leben der Frauen war. Dreißig Jahre, nachdem meine Mutter das Dorf verlassen hatte, trugen sie noch immer das Wasser vom Brunnen auf dem Kopf nach Hause, machten Feuer, kochten die Mahlzeiten in einem großen Topf, der am Haken über dem Feuer hing, wuschen ihre Kleider im öffentlichen Waschhaus von Hand, bereiteten alles, was sie aßen, selbst zu. Eine unbeschreiblich harte Arbeit von der Morgendämmerung bis zum Abend. Ich erinnere mich an die Männer, die jeden Tag auf dem Dorfplatz zusammen ihren Kaffee tranken, während ihre Frauen endlos im Haushalt schufteten.

Meine Tante Christina hatte gerade am Tag vorher ein Kind geboren, und wir machten den Abstieg durch die Felsen zu ihrem Haus. Wir staunten nicht schlecht, als sie uns erzählte, daß sie den Vormittag mit Feldarbeit und dem Kochen einer Mahlzeit zu unseren Ehren verbracht hatte.

Ein Ereignis wurde für mich zum Zeichen weiblicher Ohnmacht schlechthin. Wir planten einen gemeinsamen Ausflug nach Piedemonte, einem Dorf am Fuß der Berge. Das Haus meiner Tante Francescina war voller Aufregung über das bevorstehende Ereignis und die Vorbereitungen für das Picknick. Eine derartige Reise war kein alltägliches Ereignis, und in einer *machina*, unserem Mietauto, schon gar nicht.

Als endlich der verabredete Tag gekommen war, wurde uns klar, daß meine Tante Francescina nicht mitkommen würde, nur Onkel Carlo und Cousin Mario. Jemand mußte schließlich zu Hause bleiben, um die Tiere zu versorgen, die alltäglichen Arbeiten zu verrichten, das Abendessen vorzubereiten; und es verstand sich natürlich von selbst, daß dieser Jemand nur eine Frau sein konnte. Wir schlugen verschiedene Alternativen vor, aber unser Protest stieß auf taube Ohren. Ich werde nie vergessen, wie traurig und wütend ich für meine Tante war, als sie dem Auto nachwinkte.

Diese Reise nach Europa und besonders nach Guardiagreggia werde ich nie vergessen. Immer empfand ich die Ironie, die darin lag, daß sie durch meine Entschlossenheit zustande gekommen war – und daß ich dort am deutlichsten vorgeführt bekam, wie ohnmächtig Frauen sein können, denen die Macht der Entschlossenheit abgeht.

Das Wissen über die Macht der Entschlossenheit half mir in vielen Situationen. Als ich 1983 meine Firma als Unternehmensberaterin für Gleichstellungsfragen gründete, sagte alle Welt, daß ich damit nie Geld verdienen würde.

»Niemand wird dich *dafür bezahlen*, daß du für die Rechte der Frauen eintrittst«, hielt man mir unisono entgegen.

Aber ich war der festen Überzeugung, daß wenn sich Streichelsteine, Bücher ohne Worte und Hula-Hoop-Reifen verkaufen ließen, es für mich möglich sein mußte, mein Geld damit zu verdienen, daß ich die Frauenrechte vertrat. Ohne jegliche Vorbilder kostete mich das zwei schwierige Jahre, in denen ich mich durch nichts und niemand von meinem Entschluß abbringen ließ, und es klappte.

Kürzlich habe ich die ermutigende Geschichte einer Frau aus der Gegend gelesen, deren Entschlußkraft ihrem Leben eine entscheidende Wendung gegeben hatte. Anfang der siebziger Jahre lebte Ruth von Sozialhilfe. Weil sie sich unter allen Umständen davon befreien wollte, überredete sie die Bezirksverwaltung, sie im Gegenzug für den monatlichen Scheck Büroarbeiten machen zu lassen.

Auf diesem Weg erkämpfte sie sich zuerst einen Job, bis sie im Lauf der Jahre zur leitenden Angestellten aufgestiegen war und gutes Geld verdiente. Sie wußte genau, daß ihr nichts in den Schoß gefallen war und daß sie als »nettes Mädchen« nie dahin gekommen wäre, wo sie heute steht.

»Die Bezirksverwaltung hat mir eine Chance gegeben, aber nur, weil ich dafür gekämpft habe, das zu bekommen, was ich wollte«, sagt sie. »Du kannst nicht immer die Dame spielen und tun, was die Männer wollen. Du mußt dir deinen eigenen Weg suchen, du mußt hartnäckig genug sein und nicht aufgeben, bis du jemand gefunden hat, der zuhört und etwas für dich tut.«

Die vielen Gesichter der Macht

Macht entspringt einer doppelten Quelle, die durch innere und äußere Zuflüsse gespeist wird. Geld ist dabei nur einer der vielen externen Faktoren, Entschlußkraft einer der internen Faktoren. Autorität (die wir aus gesellschaftlichen oder beruflichen Positionen beziehen), berufliche Kontakte und private Beziehungen (zu einflußreichen oder aktiven Personen) und unsere ganz eigenen Begabungen (die von anderen gebraucht werden) bilden Zuflüsse, durch die unsere Macht von außen gespeist wird.

Auf der anderen Seite sind die inneren Quellen der Macht wichtig, weil sie uns nicht weggenommen werden können. Dazu zählen unser Wissen oder die Fähigkeit, Zugang zu Informationen zu bekommen (die anderen nützlich sind), unsere Urteilsfähigkeit (durch Sachkompetenz und Erfahrung) oder unsere Persönlichkeit (einschließlich der Fähigkeit, effektiv mit anderen umzugehen).

Im Grunde verfügt jeder Mensch über Macht, die auf den Elementen unserer Identität beruht. Das Problem ist, daß wir unsere Macht oft nicht erkennen – oder die Tatsache verkennen, daß wir neue Machtquellen anbohren können, die in uns selbst oder in unserer Reichweite liegen. Natürlich hält uns auch das »nette Mädchen« in uns selbst davon ab, Macht zu erlangen und zu nutzen.

Zusätzlich zu den äußeren und inneren Faktoren der Macht spielt natürlich auch kollektive Macht eine wichtige Rolle für unser persönliches Leben. Als wir aus Europa zurück waren, zogen Joe und ich in eine Wohnung in Syracuse. Ein Jahr später wurden wir und die anderen Mieter von einer drastischen Mieterhöhung überrascht. Joe und ich organisierten eine Mieterversammlung, um Maßnahmen gegen die Erhöhung zu diskutieren.

Tatsächlich erschienen alle Mieter, und alle machten ihrer Empörung über die überzogene und unbegründete Erhöhung Luft. Alle waren sich einig, daß wir etwas dagegen unternehmen mußten. Wir wollten die Forderung nicht akzeptieren und deshalb eine gemeinsame Strategie dagegen entwickeln. Das Treffen endete mit allgemeiner Entschlossenheit, als nächstem Schritt dem Vermieter entgegenzutreten.

Nach einigen Tagen bekamen Joe und ich einen Brief mit der Androhung einer Zwangsräumung, falls wir die Wohnung nicht innerhalb von dreißig Tagen freiwillig räumten. Die Nachricht ging wie ein Lauffeuer durch das Haus. Und ebenso schnell waren alle Nachbarn von der Bildfläche verschwunden. Niemand war bereit, uns zu unterstützen; aller Protest war im Keim erstickt worden, und das Ergebnis war, daß wir ausziehen mußten, während die verbleibenden Mieter zahlten.

Was können wir aus dieser Geschichte lernen? Wenn die Leute in einer schwierigen Lage nicht zusammenhalten, verlieren sie ihre Macht an andere. Und des weiteren: Angst macht uns handlungsunfähig, deshalb müssen wir uns mit allen Mitteln gegen Einschüchterungsversuche zur Wehr setzen.

Auch durch meine Arbeit habe ich viel über kollektive Macht gelernt. Die Dozentinnen an dem College für Freie Künste, wo ich lehrte, waren ihren männlichen Kollegen gegenüber eindeutig in der Minderheit – insgesamt waren wir nur acht Frauen. Deshalb beschlossen wir, uns einmal im Monat bei einer guten Tasse Tee zu treffen, um gemeinsame Probleme und Anliegen zu besprechen. Wir nannten uns Feministischer Stammtisch.

Das waren wunderbare Zeiten. Wir tranken Earl Grey Tee, lachten und aßen Gurken-Sandwiches in Corinnes Haus am See. Wir redeten über die Frauenbewegung, Ereignisse am College, Bücher, die wir gelesen hatten, zum Beispiel Marilyn Frenchs »Frauen«[4]. Häufig gingen wir gemeinsam zu Tagungen und Vorlesungen über Frauenthemen. Wir entwickelten Möglichkeiten, Probleme am College zu lösen, indem wir gemeinsam auftraten.

Unsere Treffen waren nicht frei von Kontroversen. Und einige Männer der Fakultät beschuldigten uns, lesbisch und männerdiskriminierend zu sein. Ein Professor war so besessen von dieser Idee, daß er zu einem unserer Tees erschien und verlangte, als Mitglied zugelassen zu werden.

Offensichtlich fühlte sich die Männlichkeit bedroht von dem, was sie als weibliche Machtkonzentration empfand. Man bezeichnete uns als *Kabale*, was im Lexikon als »eine Gruppe von Leuten, die sich heimlich zusammentun, um einen Umsturz oder eine Machtergreifung anzuzetteln« definiert wird. Wir waren bei weitem keine Verschwörergruppe, aber anscheinend wurde unserer Umgebung klar, daß wir als Gruppe Macht hatten. Wir selbst waren eher erstaunt, welche Wirkung wir mit unserem Feministischen Stammtisch auf andere hatten.

Eine einzelne Frau wird leicht als ohnmächtig wahrgenommen. Aber eine Gruppe von Frauen, sei sie noch so klein, wird offensichtlich als mächtig – und bedrohlich – wahrgenommen. Das ist eine Lektion, die für viele Frauen noch aussteht.

Auch in anderen Gruppen habe ich erlebt, wie stark mich die Gemeinsamkeit machte. Als ich meinen Doktor der Philosophie gerade erst in der Tasche hatte, bekam ich meinen ersten Lehrauftrag (noch lange vor dem Feministischen Stammtisch) und fühlte mich ziemlich isoliert. Außer mir lehrte nur eine einzige andere Dozentin, die den Fachbereich aber bald danach verließ, weil ihre Stelle nicht verlängert wurde.

Die neugegründete Society for Women in Philosophy (SWIP), ein Zusammenschluß der im Bereich Philosophie beschäftigten Frauen, gab mir die nötige Unterstützung, um mich meiner Arbeit gewachsen zu fühlen. Ich nahm an Tagungen teil, las die internen Rundschreiben und machte die Bekanntschaft anderer Philosophinnen. SWIP bestätigte mich in meinen feministischen Gedanken und bot mir ein Forum, wo ich meine Ideen zum Ausdruck bringen und mit anderen Frauen diskutieren konnte. Ich fing wieder an zu schreiben.

Ein paar Jahre später machte ich in Seneca Falls die Bekanntschaft einer Gruppe, die sich zum Ziel gesetzt hatte, unser feministisches Erbe zu bewahren. In Seneca Falls hatte nämlich dank Elizabeth Cady Stanton, Lucretia Mott und anderen im Jahr 1848 die erste Frauenrechtskonferenz stattgefunden. Unter Vorsitz des Afro-Amerikaners Frederick Douglas hatte diese Konferenz die Erwartungen der Organisatoren damals bei weitem übertroffen. Hunderte waren aus dem Umkreis von mehr als hundert Meilen herbeigeeilt. Das in der Weslyan Kapelle in der Fall Street versammelte Publikum wurde Zeuge des Vorschlags von Stanton, die aufgestanden war, um zum allgemeinen Entsetzen das Wahlrecht für Frauen zu fordern. Aus dieser Konferenz und der Forderung Stantons entstand die mächtige Bewegung der Suffragetten und deren zweiundsiebzig Jahre währender Kampf für ein Frauenwahlrecht.

Ironischerweise war in die Weslyan Chapel inzwischen ein Waschsalon eingezogen, und nur eine Gedenktafel an der Hausecke erinnerte an die bedeutenden Ereignisse, die hier stattgefunden hatten. Auch das Haus Stantons war halbverfallen. Das Hunt-Haus, wo sich Stanton und ihre Mitstreiterinnen getroffen hatten, um die Konferenz vorzubereiten, das McClintock-Haus, wo die Erklärung formuliert wurde, daß »alle Männer *und* Frauen gleich geschaffen sind …«, die Straßen, in denen Amelia Bloomer die Bürger durch ihre revolutionären Gewänder schokkierte, das inzwischen abgerissene Verlagsgebäude der ersten feministischen Zeitung, *The Lily* (Die Lilie) – dieses ganze Erbe zu erhalten, waren wir entschlossen.

Dank der Bemühungen vieler wurden diese Häuser als nationales Geschichtserbe als *Women's Rights National Historic Park* unter Denkmalschutz gestellt. Ich denke oft an unsere bunt zusammengewürfelte, streitbare Gruppe, von der das alles ausgegangen war. Allein die Zahl der Menschen, die sich für eine Sache einsetzen, ist schon ein Machtfaktor.

Am deutlichsten spürbar wurde für mich persönlich die Macht der Masse, als ich meine Dozentenstelle am College zu verlieren drohte. Ich bekam keine Erklärung, man hatte mich lediglich wissen lassen, daß meine Dienste nicht mehr benötigt wurden. Aus unerfindlichen Gründen hatte sich ausgerechnet meine Planstelle als Assistentin für Philosophie in Luft aufgelöst.

Das war um so merkwürdiger, als ich nur wenige Monate zuvor mit dem angesehenen Jefferson-Preis ausgezeichnet worden war, der jährlich nur an zehn Universitäten in den ganzen Vereinigten Staaten verliehen wurde. Meine Bewertungen waren ausgezeichnet; ein anonymer Student hatte als Bewertung in seinem Fragebogen nur den einen Satz: »Agonito ist die Größte!« geschrieben. (An den amerikanischen Hochschulen hängt die Verlängerung des Vertrags für Dozenten von der Bewertung durch die Studenten ab. Anm. d. Übers.in.) Außerdem war mein Buch kurz zuvor von einem renommierten Verlag zur zweiten Auflage angenommen worden, was für eine College-Publikation auch nicht gerade alltäglich ist.

Andererseits haftete mir wegen verschiedenster Aktivitäten der Ruf einer »radikalen Feministin« an. (In der Regel gelten Feministinnen ohnehin als radikal, und in diese Schublade werden alle gesteckt, die sich irgendwie für Frauenthemen engagieren.) Jedenfalls wurde ich entlassen, und als sich das Gerücht auf dem

Campus verbreitete, erhob sich allgemeiner Protest. Der Großteil der Dozenten meiner Fakultät unterschrieb eine Petition, in der für meine Wiedereinstellung plädiert wurde. Das half. Aber was noch mehr half, war der massive Protest der Studenten.

Die Studenten beriefen Versammlungen ein, protestierten, schrieben Artikel in der College-Zeitung und setzten buchstäblich Himmel und Hölle in Bewegung. Der dramatische Höhepunkt ereignete sich mit dem Wochenendbesuch der Eltern beim offiziellen Empfang durch den Präsidenten des Colleges, wo die Studenten ein großes Transparent entrollten, das niemand übersehen konnte. »Rettet Rosemary« stand darauf.

Tatsächlich wurde ich »gerettet«. Plötzlich war eine Stelle frei, weil angeblich zufällig gerade irgendwer gegangen war. Nur daß dieser irgendwer schon vor meiner Entlassung gegangen war und außerdem noch in einem anderen Fachbereich gewesen war. Ich bekam meinen Job wieder, und das nur durch eine kollektive Aktion, die als Machtfaktor letzten Endes die Macht der College-Verwaltung übertraf.

Zusätzlich zu dieser Erfahrung von gemeinsamer Macht können wir die Unterstützung durch andere auch im persönlichen Bereich erleben. Viele Menschen in meinem Leben haben durch Ermutigung oder Freundlichkeit und Unterstützung dazu beigetragen, daß ich die geworden bin, die ich heute bin. Ginny zum Beispiel, eine wunderbare Feministin, die eine weiterführende Schule leitet. Wir arbeiteten zusammen, um ein Gleichstellungszentrum ins Leben zu rufen und Richtlinien zu entwickeln, die Lehrerinnen und Lehrern sowie Beraterinnen Hilfestellungen geben, ihre Vorurteile über Geschlechterrollen zu überwinden. Mädchen und junge Frauen sollen auf diesem Weg bessere Chancen bekommen, in ihren Unabhängigkeitsbestrebungen unterstützt werden, bei ungewöhnlichen Berufswünschen beraten und ermutigt werden und vieles andere mehr.

Tom und Mary Ann von der Schulbehörde des Staates New

York haben mich ebenfalls sehr wirkungsvoll unterstützt. Tom hat mehr als einmal eigene Interessen zurückgestellt, um mir zu helfen, wenn ich nach Finanzierungsmöglichkeiten suchte, damit ich Seminare abhalten konnte, in denen selbständige Frauen lernen können, mit Problemen fertigzuwerden. Mary Ann hat es immer geschafft, auch wenn sie selbst viel zu tun hatte, gleichzeitig unsere Projekte für eine Gleichstellung von Frauen und Männern im Bildungssektor zu unterstützen.

Ich hatte Mentoren auf vielen Abschnitten meines Weges, und ich habe die Erfahrung gemacht, wieviel die Unterstützung einer Ratgeberin bedeuten kann. In der Highschool und im College nahm mich Kate »unter ihre Fittiche«. Als Einkäuferin in demselben Kaufhaus, wo ich arbeitete, gab Kate mir die Möglichkeit, über den Tellerrand hinwegzublicken. Sie führte mich in wirtschaftliche Zusammenhänge ein, nahm mich auf Messen und zu Großhändlern mit und erzählte mir die seltsamsten Geschichten aus der Welt des Business. Wenn ich mir keine Garderobe für besondere Anlässe leisten konnte, lieh Kate mir etwas Passendes. Wenn ich zum Beispiel in der Schule Fürsprache brauchte und Mutter mit ihrem gebrochenen Englisch mir nicht helfen konnte, dann war Kate immer zur Stelle.

Kate war eine starke Frau mit ungewöhnlichem Selbstvertrauen und außerdem die erste Karrierefrau, die ich in meinem Leben traf. Als junge Frau war sie sehr sportlich gewesen und wollte unbedingt ein College besuchen, aber statt dessen mußte sie arbeiten, um ihre Familie zu unterstützen. Sie geriet in die rosa angemalte Welt der Verkäuferinnen und machte dort Karriere. Zuerst wurde sie Abteilungsleiterin, bis sie schließlich in einer männlich dominierten Umgebung zur Chefeinkäuferin aufstieg.

Mit dem Selbstbewußtsein einer intelligenten, erfolgreichen Frau reiste sie überallhin und traf interessante Menschen. Aber sie hat nie geheiratet. Weil sie ebenfalls die Tochter italienischer

Immigranten war, kam mir das immer merkwürdig vor. Eine unverheiratete Frau war in meiner Vorstellung damals ein Widerspruch in sich. Mir fehlte einfach der gedankliche Hintergrund, um diese vermeintliche Abweichung zu verstehen und zu erkennen, daß eine Frau sich bewußt dafür entscheiden konnte, als Single zu leben.

Meinen zweiten Mentor fand ich an der Universität, als ich an meiner Dissertation arbeitete. Während sich in der Philosophie »alles was Rang und Namen hatte« mit sprachanalytischer Philosophie beschäftigte, hatte Fred sich auf Phänomenologie und Existenzialismus spezialisiert. In seinen Seminaren fühlte ich mich ganz in meinem Element.

Für Fred schien die Tatsache, daß ich eine Frau war, keine Rolle zu spielen, er nahm mich einfach als das, was ich war, ein menschliches Wesen. Schon wegen dieser ungewohnten Haltung hatte er meine ganze Zuneigung. Er handelte aufgrund der Feststellung, daß ich eine fähige Studentin war, und er behandelte mich als ebenbürtige Gesprächspartnerin. Er wäre nie dem Trugschluß aufgesessen, daß ich mein Privatleben über meine Arbeit stellen würde, bloß weil ich eine Frau war.

Als ich dummerweise für einige Monate in der Versenkung verschwand, weil ich mit unserem frisch adoptierten Kind beschäftigt war (oder hatte ich etwa bloß Angst vor Erfolg?), hörte ich von ihm nicht den leisesten Vorwurf. Er hieß mich einfach herzlich willkommen, als ich zurückkam, und er ermutigte mich immer, meinen Weg zu gehen.

Inspiriert von einem Mentor, der zu den Außenseitern gehörte, schrieb ich selbst eine Außenseiter-Dissertation. Ich erinnere mich noch genau an mein Rigorosum, wo ich meine Thesen zu verteidigen hatte. Nachdem mich eine Gruppe gediegener Professoren, von denen sich außer Fred kein einziger je mit meinem Thema befaßt hatte, eine Stunde lang unerbittlich mit Fragen bombardiert hatte, saß ich vor der Tür auf dem Armesünderbänkchen und wartete auf die Urteilsverkündung. Ich war erfüllt von einer bodenlosen, betäubenden Furcht, daß meine fünf Jahre währenden unermüdlichen Anstrengungen womöglich immer noch nicht zum Ziel geführt haben könnten.

Als die Sekretärin Feierabend machte, saß ich immer noch da und wartete, und sie versicherte mir nervös, die Herren würden gleich erscheinen, und alles wäre in Ordnung. Endlich traten sie mit grimmigen Gesichtern aus der Tür und gratulierten mir zum bestandenen Examen. Nie habe ich herausgefunden, welchen Kampf Fred für mich ausgefochten hat, aber ich wußte, daß er für mich und meine Dissertation gekämpft hatte. Er ließ es nicht zu, daß sie mich dazu verdonnerten, eine zweite Arbeit zu schreiben, die mehr nach ihrem Geschmack ausfiel, wie es vielen anderen vor mir passiert war.

Meinen letzten Mentor habe ich vor ein paar Jahren kennengelernt, als ich unter die Existenzgründer ging. Bob war selbst Chef einer kleinen Unternehmensberatung, und er durchschaute *das System* besser als sonst jemand. Aber im Gegensatz zu vielen Leuten, die ihre Kenntnisse zum persönlichen Vorteil nutzen, setzte Bob sein Wissen ein, um den Benachteiligten zu helfen, Behinderten, Kriegsveteranen, Schwarzen. Als ich mit der Bitte an ihn herantrat, an einem Projekt zur Unterstützung von Unternehmensgründer*innen* mitzuarbeiten, war er sofort dazu bereit.

Von Bob habe ich viel gelernt. Er war ein hervorragendes Gegenmittel für meine weibliche Konditionierung, die ich noch immer mit mir herumschleppte. Think big – war seine Devise; klotzen, nicht kleckern; ohne Risiko kein Gewinn; wenn du etwas erreichen willst, überlege dir in jeder Situation eine Taktik; lerne die Bedeutung der Redensart »eine Hand wäscht die andere« positiv für dich zu nutzen. Das alles waren Schlagwörter, deren Sinn mir Bob nahebrachte. Aber das Wichtigste, was ich durch Bob gelernt habe, ist, wie man das System nutzen kann, damit es die Rechte der Frauen fördert. Mit anderen Worten, ich habe gelernt, wie ich das System wenigstens hier und da dazu bringen kann, die Augen für die Bedürfnisse der Menschen zu öffnen, die von eben diesem System normalerweise ausgegrenzt werden.

Das beste ist, daß ich es in all den Jahren nie erlebt habe, daß Bob seine Prinzipien irgendeinem Zweck geopfert hätte. Obwohl Frauen häufig glauben, daß es mit Prinzipientreue unvereinbar ist, im großen Stil zu denken, sich taktisch zu verhalten und für Leistungen auch Gegenleistungen zu erwarten.

Das waren für mich drei erstaunliche Menschen – und alle drei gaben mir eine sehr fundamentale Unterstützung, indem sie mir meine eigene Stärke vor Augen führten, mir halfen, meine Macht zu nutzen und damit das »nette Mädchen« hinter mir zu lassen. Solche FürsprecherInnen wünsche ich allen Frauen.

Das alte Spiel mit neuen Regeln: Wie können wir mit Machtspielen umgehen?

Unsere eigene Stärke aufzubauen und unsere Macht einzusetzen, ist nur die eine Seite der Medaille. Die Machtspiele anderer nicht mitzuspielen, ist die andere Möglichkeit.

Das Erlebnis der Dominanz über andere hat uns Frauen traditionell davon abgehalten, unsere Macht einzusetzen, weil wir die männliche Art der Machtausübung leider mit Macht an sich verwechseln. Dabei bedeutet Macht nicht mehr und nicht weniger als die Fähigkeit, Einfluß zu nehmen, Ereignisse zu gestalten und unsere persönlichen Ziele zu erreichen. Ein aggressives, autoritäres, patriarchalisches Verhalten (das mit männlichem Konkurrenzdenken einhergeht), ist für mein Konzept von Macht nicht notwendig. Macht kann auch in einem kooperativen, gleichberechtigten, selbstbewußten Verhalten zum

Ausdruck kommen, in dem alle Beteiligten sich gegenseitig respektieren.

Um die negativen Aspekte der traditionell männlichen Machtausübung zu überwinden, müssen wir Frauen sie zuerst durchschauen. Nur dann können wir die destruktiven Machtspiele, die wir am Arbeitsplatz so häufig erleben, benennen und in einen gleichberechtigten Dialog umwandeln. Viele Frauen leiden an dem Mißverständnis, sie könnten an diesem Spiel nur teilnehmen, wenn sie sich den männlichen Regeln beugen, aber nach männlichen Regeln zu spielen, die eigens dazu geschaffen sind, Frauen an ihrem »angestammten« Ort zu halten, führt Frauen leicht auf Irrwege. Also habe ich mir das alte Spiel vorgenommen, um ihm neue Regeln zu verpassen.

Die Grundlagen dieses alten Spieles sind ein ewiger Machtkampf, der dem Konkurrenzdenken entspringt und dazu dient, Gewinner und Verlierer zu ermitteln. In solchen Machtkämpfen sind Frauen meistens dazu verdammt, sich auf der Verliererseite zu befinden. Auch wenn ich überhaupt kein Interesse daran habe, auf Kosten anderer zu gewinnen, will ich deshalb trotzdem nicht die Unterlegene sein. Meine Strategie unter dem Motto »Altes Spiel, neue Regeln« hat den Zweck, sicherzustellen, daß ich nicht verliere, wenn ich in Machtspiele verwickelt werde.

Eine meiner Kolleginnen wendete meine Strategie, das »Alte Spiel mit neuen Regeln zu spielen« an, als sie das Gefühl hatte, dem Machtkampf eines ihrer Mitarbeiter auf den Leim gegangen zu sein. Sein heimlicher Plan sah vor, daß sie die Arbeit tun, und er dafür die Lorbeeren ernten würde – eine Aufgabenverteilung, über die sich viele Frauen beklagen. Peggy arbeitete an einem wichtigen und schwierigen Projekt über Wochen hauptsächlich allein. Ab und zu beriet sie sich mit einem älteren Kollegen, der eigentlich an dem Projekt mitarbeiten sollte, aber die Arbeit im wesentlichen ihr überließ. Bei den Besprechungen erzählte sie von ihren Fortschritten in der Sache.

Regel 1 Weder ignoriere ich ein Machtspiel noch weiche ich ihm aus. Weil Frauen als ohnmächtig und Männer als mächtig wahrgenommen werden, sind wir, was Macht angeht, meistens ohnehin im Nachteil. Ein Machtspiel zu ignorieren oder ihm auszuweichen – wie es einem »netten Mädchen« ansteht –, bedeutet, daß ich Herrn X auf meine Kosten den Sieg überlasse.

Regel 2 Ich reagiere nicht defensiv und auch nicht aggressiv. Wenn ich mich mit Entschuldigungen aus der Situation zu winden versuche oder »ausraste«, hat das Machtspiel auf mich die beabsichtigte Wirkung gehabt und bestätigt meine Unfähigkeit, mit einem Machtspiel umzugehen.

Regel 3 Ich respektiere den Menschen, nicht die Handlung. Einen Gegenspieler anzugreifen und damit sein aggressives Verhalten zu übernehmen, reduziert mich zum Spielball seiner Methoden.

Regel 4 Ich übernehme die Kontrolle über die Situation, indem ich nach meinen eigenen Regeln mitspiele. Damit setze ich seiner Destruktivität Grenzen und ersetze sein Machtspiel durch eine Auseinandersetzung, die meinen Interessen gerecht wird.

Es war vorgesehen, daß Peggy bei einem Abteilungsleitertreffen über ihr Projekt berichten sollte, und Peggy war froh, daß sie damit Gelegenheit hatte, die Qualität ihrer Arbeit vorzeigen zu können. Als sie zu dem Treffen kam, wurde sie von ihrem Kollegen auf dem Flur abgefangen: »Peggy, du brauchst an dem Treffen heute nicht teilzunehmen, den Bericht kann ich für dich übernehmen.«

Obwohl sie über die Offensichtlichkeit dieses Machtspiels empört war, blieb Peggy gelassen: »Vielen Dank für das Angebot, aber ich habe schon alles vorbereitet. Außerdem wäre es unfair, dich mit einer Materie alleinzulassen, in der du dich nicht besonders gut auskennst.«

Dann betrat sie den Raum und begrüßte die Anwesenden mit den Worten: »Ich freue mich, Ihnen heute das Projekt X präsentieren zu können.«

Peggy hatte sich erfolgreich gegen seinen Versuch gewehrt, sie zum Opfer zu machen.

Natürlich habe ich es oft erlebt, daß Frauen dem Druck männlicher Machtspiele nachgegeben haben oder sogar zusammengebrochen sind, aber ich habe auch erlebt, wie Frauen sich wunderbar behaupteten. Bei einem Kollegentreffen in einer anderen Stadt waren wir gemeinsam essen gegangen, und das Gespräch drehte sich um das Studium. Jane erzählte uns von ihrem Plan, ihr Examen nachzuholen. Peter, der mir später noch häufiger auffiel, weil er Frauen abwertete, um mit seiner Überlegenheit zu glänzen, unterbrach sie: »Ha! Und was machst in der Zeit mit den Kindern, wenn du an die Uni mußt und zu Hause lernst? Willst du ihnen etwa ein Video von dir dalassen?«

Ohne mit der Wimper zu zucken, gab Jane zurück: »Hervorragende Idee! Machst du das auch so, wenn du nicht zu Hause bist?«

Mit einem Satz hatte Jane den blöden Kommentar gekontert, ohne defensiv oder aggressiv zu werden, und ihm damit gezeigt, daß sie sich nicht in die Ecke drängen ließ.

Eine andere Frau erzählte mir, daß sie von wichtigen Sitzungen ausgeschlossen würde und deshalb Entscheidungen ohne sie getroffen würden, die ihren Arbeitsbereich betrafen. Obwohl Brenda als leitende Angestellte in einer ungewöhnlichen Branche gutes Geld verdiente, fühlte sie sich ohnmächtig und unwichtig. Das Szenario war immer wieder das gleiche: Wenn entscheidende Sitzungen stattfinden sollten, gelang es ihren männlichen Kollegen immer, sie mit wichtigen Aufgaben am liebsten außer Haus zu beschäftigen, so daß sie »leider« verhindert war.

Meine Strategie, »Altes Spiel, neue Regeln« brachte sie weiter. Als das nächste Mal eine wichtige Entscheidung anstand, die sie und ihre Abteilung betraf, war Brenda fest entschlossen, an der Sitzung teilzunehmen. Aber ihr Chef nahm sie beiseite, um ihr ein nebensächliches Geschäft aufzuladen, das *unbedingt* jetzt erledigt werden mußte.

Brenda blieb standfest und sagte: »Das kann ich gut heute nachmittag erledigen. Im Augenblick ist es wichtiger, daß ich an der Sitzung über den neuen Vertrag mit Z teilnehme. Wir sehen uns.«

Brenda hatte die Situation für sich entschieden, indem sie statt um Erlaubnis zu fragen einfach ihr Recht auf Teilnahme betont hatte.

Manchmal spielen sich Machtkämpfe aber auch auf einer viel subtileren Ebene ab. Vera erzählte mir von ihrer Weigerung, sich manipulieren zu lassen. Während sie im Kollegenkreis über ein Projekt berichtete, hatte sie das Gefühl, daß die Anwesenheit ihres Kollegen Bob ihre Sicherheit untergrub.

Bob hatte sich für alle sichtbar ganz nach vorn gesetzt, und während Vera sprach, sorgte er durch Geflüster mit seinem Nachbarn für eine schlechte Atmosphäre, wobei er auch noch störende körpersprachliche Signale aussendete (die Stirn runzelte, sich gelangweilt im Raum umsah, die Arme über der Brust verschränkte). Sein Verhalten teilte allen Anwesenden mit: »Diese Frau hat sowieso nichts Wichtiges zu sagen, das geht mich nichts an, ich langweile mich und habe Besseres zu tun.«

An einem passenden Punkt ihrer Darstellung sprach Vera ihn darauf an: »Bob, du siehst verwirrt aus, gibt es einen Punkt, den du vielleicht noch einmal erklärt haben willst?«

Bob erstarrte. Weil sie das Publikum auf sein Verhalten aufmerksam gemacht hatte, war seine Macht über sie gebrochen. Wenn jemand ein Machtspiel spielt, verfolgt er damit eine bestimmte Absicht, aber er will auf keinen Fall dabei *erwischt* werden. Jetzt war es an Bob, mit der Situation zurechtzukommen, nicht mehr an Vera.

Das alte Schlagwort »Alle Macht dem Volke« finde ich falsch. Es hat den Anschein, als sollte die Macht den wenigen, die sie jetzt haben, entzogen werden, um sie den vielen zu geben. Tatsächlich haben alle Macht – jeder für sich und gemeinsam. Wir wissen es bloß nicht, und wir nutzen sie nicht. Unsere wirklichen Feinde heißen Angst und Schicksalsergebenheit.

6 Sexuelle Belästigung am Arbeitsplatz

Geschichten, die das Leben schrieb

Friedrich Nietzsche soll irgendwann gesagt haben, Frauen seien ein Spielzeug der Männer. Offensichtlich sind noch immer viele Männer dieser Meinung.

Obwohl ich die schockierenden Statistiken über sexuelle Belästigung am Arbeitsplatz kenne, bin ich doch immer wieder entsetzt über die Geschichten, die mir Frauen aus ihrem Alltag erzählen.

- Von Männern, die sie in die Ecke drängen.
- Von Männern, die sie angaffen.
- Von Busengrabschern.
- Von Männern, die ihr Aussehen und ihren Körper kommentieren.
- Von Männern, die anzüglich werden oder sexistische Witze reißen.
- Von pornographischen oder entwürdigenden Bildern, mit denen Männer am Arbeitsplatz die Wände zukleistern.
- Von Männern, die ihnen bei der Arbeit unsittliche Anträge machen.
- Von Männern, die ihnen mit Entlassung oder Benachteiligung drohen, wenn sie »nicht mitspielen«.
- Von Männern, die versuchen, sie zu vergewaltigen.
- Von Vergewaltigung.

Es gab sogar einen Fall, bei dem ein Mann seine Freundin dazu zwang, sich von ihm fesseln zu lassen, wonach er sie zur Belustigung seiner Kollegen von der Taille aufwärts entblößte.

Und dann die Geschichte einer Frau, die ins Büro eines Kollegen gekommen war, um etwas mit ihm zu besprechen. Sie erklärte ihm ihr Anliegen, und er winkte sie mit der Hand zur Seite. Irritiert trat sie einen Schritt nach links, und als ihm das nicht ausreichte, blickte sie hinter sich und sah das Bild einer nackten Frau in aufreizender Pose.

Eine andere Frau wurde ständig von ihrem Chef belästigt, der außerdem noch die Frechheit hatte, ihr zu sagen, sie würde das doch eigentlich selbst genießen, obwohl sie ihn wiederholt gebeten hatte, sie in Ruhe zu lassen, weil sie ihren Job machen wollte und sonst nichts. Sie kündigte, nachdem er bei einem Übergriff ihr Kleid zerrissen hatte.

Und eine andere Frau mußte sich in Gegenwart Dritter von einem Kollegen anhören, sie sähe gut aus, nur ihre Titten seien zu klein. Ob sie sich nicht operieren lassen wollte.

In einem Krankenhaus hatten die Frauen gemeinsam eine besondere Frechheit zu ertragen, weil ein paar Männer »ihren Spaß« haben wollten. Sie saßen neben dem Eingang der Cafeteria und bewerteten das Aussehen aller Frauen nach einem Punkte-System von eins bis zehn. Ihre Diskussionen waren kaum zu überhören – die Männer riefen ihre Bewertungen quer durch den Raum.

Ich arbeitete mit einem Rechtsanwalt zusammen am Fall einer siebzehnjährigen Verkäuferin einer großen Supermarktkette. Tinas Mutter war erst vor kurzem gestorben, und sie mußte allein für sich und eine jüngere Schwester sorgen. Ohne finanzielle Reserven oder Unterstützung von außen strampelte sie sich ab und besuchte außerdem Abendkurse, um sich weiterzubilden.

Als ob sie damit nicht genug belastet gewesen wäre, hatte sie einen älteren, lüsternen, verheirateten Ausbilder, der ihre Verletzbarkeit ausnutzte, indem er ihr unverschämte Vorschläge machte. Im Lager drängte er sie in eine Ecke, versuchte sie zu küssen, begrabschte sie. Obwohl sie eine Kündigung fürchtete, beschwerte sich Tina bei dem Filialleiter.

Das Ergebnis zeigt, wie sehr solche Vorfälle im Alltag zu den Kavaliersdelikten gerechnet werden. Wie so oft in der Arbeitswelt, sprach der Filialleiter zwar mit dem Mann, aber Tina mußte weiterhin in dessen Abteilung arbeiten. Nachdem der Ausbilder seine Zudringlichkeiten noch verstärkte, kündigte Tina ihre Stelle.

Als ich auf Bitte des Rechtanwaltes mit ihr sprach, war Tina aufgewühlt, verängstigt und erschüttert, weil ihre Beschwerde nicht ernstgenommen worden war. Einer ihrer Gründe für die Kündigung war gewesen, daß man ihr vorgehalten hatte, *sie* sei die Unruhestifterin und nur darauf aus, die Karriere dieses Mannes zu ruinieren. Sie befürchtete, daß ein Gerichtsverfahren sich negativ auf die Familie des armen Mannes auswirken könnte, und machte sich Sorgen, daß sie selbst keine neue Lehrstelle finden würde.

Es ist besonders schlimm, wenn junge Frauen, die den Erwachsenen in ihrer Umgebung vertrauen, feststellen müssen, daß sie von ihnen ausgenutzt und mißbraucht werden, und die Statistiken zeigen, daß gerade junge Frauen zu den Hauptbetroffenen sexueller Belästigungen am Arbeitsplatz zählen.

Auch im Bildungssektor ist die Lage nicht anders. In Schulen und Universitäten werden Frauen und Mädchen von Lehrern und Professoren belästigt und genötigt. Und auch hier ergeht es mir so, daß ich die schockierenden Statistiken über sexuelle Belästigung kenne und trotzdem jedesmal wieder entsetzt bin, wenn mir Schülerinnen und Studentinnen erzählen, daß sie

- von Lehrern bedrängt werden;
- vor versammelter Klasse durch zweideutige Kommentare bloßgestellt werden;
- von ihren Professoren zu »Ausflügen« eingeladen werden;
- von Dozenten zu »Privatstunden« eingeladen werden, die in keinem Zusammenhang mit dem Lehrstoff stehen;
- Professoren kennen, die Studentinnen durchfallen lassen, wenn sie sich sexuell verweigert haben;
- Dozenten kennen, die ihren sexuell unkooperativen Studentinnen die Seminarscheine verweigern;
- von Dozenten, Lehrern, Professoren vergewaltigt wurden.

Vor ein paar Jahren kannte ich eine Studentin im Hauptstudium, der ein Professor, bei dem sie ihre Examensarbeit schrieb und der durch diese Rolle entscheidend auf die Weichenstellung ihrer beruflichen Zukunft einwirken konnte, vorgeschlagen hatte, mit ihm »zusammenzuarbeiten«. Anfangs ging es dabei um akademische Projekte. Im Lauf der Zeit verlor sich aber der professionelle Aspekt, bis sie eines Tages allein bei ihm in seinem Arbeitszimmer saß, ohne daß es dafür einen erkennbaren Grund gab.

Sie fühlte sich in dieser Situation derart unwohl, daß sie eine Ausrede erfand, um sich verabschieden zu können, worauf er sehr verärgert reagierte. Eines Tages drängte er sie in die Ecke und sagte, sie sollte nicht so zimperlich sein und endlich mit ihm ins Bett gehen. Als sie das entschieden ablehnte, deutete er an, er würde andernfalls dafür sorgen, daß sie an dieser Universität nie einen Abschluß bekommen würde. Diese Aussicht empfand sie als so existenziell bedrohlich, daß sie ihr Studium aufgab.

Sexuelle Belästigungen im Bildungsbereich bleiben nicht auf die Universitäten beschränkt. Zunehmend höre ich solche Geschichten auch aus den Schulen, wo Schülerinnen der Belästigung durch Lehrer, Tutoren und Mitschüler ausgesetzt sind. Es fängt damit an, daß sie Schülerinnen durch ihre sexistischen Kommentare Spießruten laufen lassen, sich im Unterricht über (reale oder phantasierte) Sexualkontakte auslassen, die körperlichen Vorzüge einzelner Schülerinnen hervorheben und dabei betonen, welche männlichen Phantasien sie damit bedienen.

Ein Mädchen erklärte, daß sie sich von allen Seiten mit Blicken und Frechheiten beschossen fühlte, wenn sie zwischen zwei Unterrichtsstunden durch das Foyer der Schule ging, vor allem, wenn die Jungen dort mit ihren Gangs herumlungerten. Da all dies sozusagen »zum Spaß« geschieht, haben die Mädchen oft das Gefühl, Spielverderberinnen zu sein, wenn sie diese Unverschämtheiten nicht lachend über sich ergehen lassen.

Sexuelle Belästigungen treffen Frauen jeden Alters und jeder Hautfarbe. Und jeder Arbeitsplatz kann zum Schauplatz solcher Ereignisse werden – Büro, Fabrik, Einzelhandel, Baustelle, Krankenhaus und andere soziale Einrichtungen, Verwaltung, Regierung – überall. Die Täter sind Manager, Vorarbeiter, Mitarbeiter, Kollegen und Kunden. Besonders in männlich dominierten Bereichen spielen sich haarsträubende Sachen ab, die Frauen vor die schwierigsten Situationen stellen. Egal, wie im einzelnen die Umstände sind, sexuelle Belästigungen sind Akte der Machtausübung und Gewalt gegen die Opfer. Die eigene Ohnmacht ist die Botschaft, die dem Opfer vermittelt werden soll – und die auch empfunden wird.

Der Schmerz, den solche Erlebnisse für das Leben einer Frau bedeuten, äußert sich häufig eher indirekt. Sie kann nicht mehr richtig arbeiten. Sie ist verängstigt, wütend, depressiv, sie schämt sich. Sie fühlt sich in die Enge getrieben und nimmt Tage frei, um dem Täter aus dem Weg zu gehen. Sie hat Alpträume und leidet unter innerer Unruhe. Situationen, die sie vorher spielend bewältigen konnte, bereiten ihr nach einem sexuellen Übergriff große Ängste. Der aus der Belästigung resultierende Streß steigt so sprunghaft an, daß viele Frauen krank werden. Sie machen sich selbst dafür verantwortlich. Durch das Unverständnis ihrer Umgebung wird ihr Familienleben in Mitleidenschaft gezogen, und häufig leiden ihre Freundschaften, obwohl sie gerade jetzt auf liebevolle Unterstützung angewiesen wären.

Meistens ist das Ende abzusehen. Die Frau kündigt wegen der sexuellen Belästigungen, oder ihr wird gekündigt. Und sehr oft gehen Opfer mit den entwürdigenden Übergriffen passiv um und ziehen sich »in ihr Schneckenhaus« zurück. Selten gehen Frauen den offiziellen Beschwerdeweg, weil sie um ihren Job fürchten, weil sie es vorziehen, »gute Miene zum bösen Spiel« zu machen und die Tat damit selbst zum Kavaliersdelikt erklären, oder weil sie einfach nicht glauben, daß ihnen jemand helfen würde. Und natürlich sieht eine weibliche Erziehung vor, daß »nette Mädchen« solche Ereignisse über sich ergehen lassen, weil sie unter keinen Umständen die Gefühle anderer verletzen dürfen.

Ich selbst habe mich in meiner präfeministischen Zeit sexuellen Belästigungen gegenüber genauso passiv verhalten, deshalb kann ich das Schweigen gut nachvollziehen. Allerdings hatte ich das Glück, daß ich nie anders als verbal belästigt wurde. Aber häufig sind es gerade Passivität und Schweigen, die eine Eskalation nach sich ziehen.

Die Anhörung im Fall Clarence Thomas

Manchmal bringen Opfer den unglaublichen Mut auf und handeln. Auch ich verfolgte, wie so viele andere, gebannt die Anhörung des Senats über die Klage, die Anita Hill wegen sexueller Belästigung gegen den Kandidaten für das Oberste Gericht, Clarence Thomas, eingereicht hatte. Hundertmal hatte ich die ewig gleiche Geschichte schon erlebt – mit anderen Namen und anderen Gesichtern –, und sie schockiert mich jedesmal aufs neue. Nie und nimmer werde ich mich daran gewöhnen.

Obwohl damals die Umfragen gleich nach dem ersten Tag der Anhörung ergaben, daß die meisten Frauen Clarence Thomas' Unschuldsbeteuerungen glaubten, machte sich in den darauffolgenden Tagen, Wochen und Monaten unter den Frauen Amerikas zunehmend Unmut breit. Die Mitgliedszahlen und Spendengelder in den Frauenverbänden stiegen erheblich an, andere Frauen strengten Prozesse gegen selbsterlebte Übergriffe an, und die Zahl der Frauen, die sich um öffentliche Ämter bewarben, stieg genauso wie die allgemeine Bereitschaft, sie auch zu wählen.

Mir wurde schon ziemlich bald klar, daß die Umfragen an wichtigen Aspekten der Reaktion der Frauen vorbeigegangen waren. Nach der Anhörung nahm ich in Seneca Falls an der bahnbrechenden Versammlung für das Weslyan Chapel Monument teil. Unsere Arbeit für die Gründung des Women's Rights National Historical Park nahm konkretere Formen an, trotz des Gegenschlags, den die Frauenbewegung im Fall Clarence Thomas einstecken mußte.

Die Bewohner der Stadt, die Besucher des Parks, die Frauenrechtlerinnen und auch Politiker – Frauen und Männer – versammelten sich in der gedrückten Stimmung, die diese Woche überschattete. Trotzdem ließen wir uns vom Trübsinn nicht unterkriegen. »Ich glaube Anita – ich werde wählen«, trugen viele der Anwesenden als Button am Kragen. Die Kongreßabgeordnete Louise Slaughter, die mit anderen Frauen vor den Kongreß gezogen war, um eine Revision zu bewirken, wurde mit rauschendem Beifall begrüßt. Alle waren der Meinung, das Urteil in Washington sei ein Hohn auf die Gerechtigkeit und überlegten, was dagegen zu tun war. Insgesamt erlebten wir eine energiegeladene, verbindende Wut und einen Aktivismus, den die Presseberichte nicht hätten vermuten lassen.

Daß sich Frauen stark damit identifizierten, wie Anita Hill »ihren« Täter an den Pranger gestellt hatte, wunderte mich nicht.

Sexuelle Belästigung durchzieht die gesamte Arbeitswelt, und die meisten von uns (wenn nicht alle) waren diesem Pesthauch, der uns die Lust an der Arbeit verdirbt, schon persönlich ausgesetzt. Aber ich dachte viel darüber nach, was so viele Frauen von passiven Beobachterinnen zu Aktivistinnen hatte werden lassen. Ich sah darin eine wichtige Frage. Denn während ich nur wenig Frauen kenne, die sich wirklich keine Vorstellung davon machen, wie schlecht Frauen behandelt werden, sehe ich doch nur wenige, die ihre Opferhaltung ablegen und sich aus dem festen Griff der eigenen Schicksalsergebenheit befreien. Häufig erscheint es mir so, als ob viele Frauen die weibliche Opferrolle als naturgewollte Tatsache hinnehmen.

Wenn ich dieser Schicksalsergebenheit begegne, bitte ich die Frauen, einen Blick auf die Geschichte zu werfen. Noch vor gar nicht allzu langer Zeit war es Frauen verboten, in der Öffentlichkeit zu sprechen, an Wahlen teilzunehmen, vor Gericht als Richterinnen, Rechtsanwältinnen oder Klägerinnen aufzutreten, Ärztinnen zu werden, und sie hatten kein Bestimmungsrecht über ihr selbstverdientes Geld oder über ihre eigenen Kinder.

»Weißt du nicht, daß unsere Wurzeln in der Sklaverei liegen?« frage ich sie. »Nicht nur für schwarze Frauen, sondern auch für weiße?«

Weiße Frauen sehen mich erstaunt an, wenn ich das sage. Aber in der antiken westlichen Kultur bedeutet der Begriff *Familie* ursprünglich die »Gesamtheit der Sklaven unter einem Herrn« (das lateinische Wort *familia* wird von dem Wort *famulus* abgeleitet, das ursprünglich »Sklave« bedeutet). Eine Frau wurde als Sklavin und Eigentum ihres Mannes betrachtet. Mehr noch, im antiken Rom hatte der Mann das Recht, seine Frau zu ermorden, ohne daß er dafür vor Gericht gestellt worden wäre. Und anderswo auf der Welt waren die Lebensbedingungen für unser Geschlecht auch nicht viel anders.

Veränderungen finden statt, auch wenn sie sich manchmal im

Schneckentempo vollziehen. Fatalismus ist der Luxus der Schwachen, den wir uns eigentlich absolut nicht leisten können.

Und jetzt häuften sich dank einiger engagierter Frauen auf dem Capitol die Anhörungen vor dem Senat. Ich erlebte, wie meine ganze Umgebung sich voller Mitgefühl mit einer Frau solidarisierte, weil sie es gewagt hatte, gegen sexuelle Belästigung einen öffentlichen Prozeß anzustrengen. Was die Frauen in dieser Angelegenheit am meisten auf die Palme brachte, lag auf der Hand:

- Weder Anita Hill selbst noch die sexuelle Belästigung war ernstgenommen worden.
- Ein weiteres Mal durften Männer über Frauen richten, und eine einzelne Frau war das Opfer.
- Das Opfer wurde zur Schuldigen erklärt: Man unterstellte ihr, eine Handlangerin von Thomas' Gegnern zu sein. Man unterstellte ihr, aus verschmähter Liebe gehandelt zu haben oder daß sich die ganze Geschichte nur in ihrer Phantasie abgespielt habe. Man warf ihr vor, sich als Frau lächerlich gemacht zu haben. Man unterstellte ihr, die pornographischen Darstellungen selbst genossen zu haben.
- Die Senatoren behandelten Anita Hill mit Geringschätzung.
- Der Präsident der Vereinigten Staaten verwehrte Anita Hill Gerechtigkeit, indem er schon *vor* der Anhörung öffentlich behauptete, daß sie log, ohne daß ihm Akten oder irgendwelche Beweise vorgelegen hätten.
- Die afro-amerikanische Gemeinschaft solidarisierte sich, obwohl viele politisch gegen Thomas waren, mit ihrem schwarzen Bruder, nicht mit ihrer schwarzen Schwester.

Das alles waren offensichtliche Tatsachen, aber sie erklärten noch nicht, warum so viele Frauen in Wut und Verzweiflung gerieten. Ich selbst brauchte Tage, um die dunkle Wolke zu vertreiben, die sich über mich gelegt hatte, als ich von Thomas' Wahl zum Mitglied des Obersten Gerichts erfuhr.

Die sexuellen Übergriffe gegen eine einzelne Frau waren an sich schlimm genug, aber sie konnten die Reaktion nicht erklären. Die Erklärung lag darin, daß mit dem Urteil eine unausgesprochene Botschaft an die Frauen verbunden war: Eine Frau hat einem Mann ergeben zu dienen, egal, was dieser tut. Eine Frau hat nicht das Recht, einen Mann zur Rechenschaft zu ziehen, erst recht nicht, wenn er Macht und mächtige Freunde besitzt. Wenn sie es trotzdem wagt, wird man sie in ihre Grenzen weisen.

Bewußt oder unbewußt hatten die meisten Frauen diese Botschaft verstanden. Die Presse lag falsch, als sie behauptete, die meisten Frauen könnten sich einfach nicht mit Anita Hill identifizieren.

Ganz bestimmt hatten sich die berufstätigen Frauen in den USA mit Anita Hill identifiziert. Wir begriffen so deutlich wie nie zuvor, daß Ausbildung, Position, Persönlichkeit und Vertrauenswürdigkeit kaum mehr zählen, wenn es »um die Wurst geht« – jedenfalls nicht, wenn du eine Frau bist. Aber auch alle anderen Frauen hatten die Botschaft verstanden, und womöglich war sie für sie noch bedrohlicher. Wenn man das mit einer Frau machen konnte, deren Ausbildung, Position, Persönlichkeit und eine über alle Zweifel erhabene Vertrauenswürdigkeit sie eigentlich unangreifbar hätte machen müssen – dann können sie es wieviel leichter auch mit uns machen!

Ich denke, das war es, was die Frauen in Aktivität versetzte.

Die kulturellen Zusammenhänge

Es sind nicht »nur« die unzähligen sexuellen Belästigungen, denen Frauen am Arbeitsplatz ausgesetzt sind, sondern die sexuelle Belästigung kultureller Natur, die uns überall begegnet. Keine Frau entkommt ihr.

Die meisten Frauen kennen das Gefühl, durch die pornographischen »Frontlinien« einer Stadt zu gehen. Die schmierigen Läden stellen ihre frauenfeindlichen Waren in grellstem Licht zur Schau. An allen Ecken wird uns durch Bilder und Blicke Gewalt angetan.

Aber die Pornographie beschränkt sich nicht auf die Rotlichtzonen; sie unterwandert unser tägliches Leben. Ob es dabei um softe oder harte Pornos geht, Pornographie ist und bleibt frauenfeindlich. Sie verwischt die Grenze zwischen Sexualität und Gewalt. Pornographie zeigt Frauen, die entweder durch brutale Männergewalt unterworfen werden oder deren Existenz nur dem Spaß und Vergnügen der Männer dienen soll. Pornographie ist das allgegenwärtige Produkt einer Industrie, die Millionengewinne einbringt.

Die Werbung benutzt die weibliche Anatomie, um ihre Produkte an den Mann zu bringen. Weibliche Körper werden überall zur Schau gestellt, und überall wird die Botschaft verbreitet, daß Frauen gern verfügbar sind. Eigentlich keine Überraschung, daß Mädchen noch immer in der Vorstellung aufwachsen, ihr Körper sei die wertvollste Ware, die sie anzubieten haben.

Zeitschriften verkaufen sich mit Titelblättern, die dem Käufer spärlich bekleidete, dümmlich lächelnde Mädchen anbieten, die nur eines zu sagen scheinen: »Ich bin verfügbar! Nimm mich! Ich bin verfügbar!«

Irreführend als »nur für Erwachsene« bezeichnete Videoläden, Sexshops und ähnliches verkaufen ihre Frauen-Hasser-Waren, die keineswegs immer Erwachsene, sondern häufig Kinder vorführen, in der Regel an Männer, die selbst an den Folgen einer sexuell verklemmten Jugend leiden.

Die Autowerkstätten haben eine eigene, anscheinend gesellschaftsfähige Variante sexueller Belästigung entwickelt und erlauben den Mechanikern, meistens Männern, überlebensgroße Bilder nackter Frauen an die Wände zu hängen. Ich habe einmal Reifen in einer Werkstatt gekauft, wo mich die leeren Augen eines Busenwunders vom Poster anglotzten. Ich war wütend, fühlte mich erniedrigt und beschwerte mich beim Chef. Er erklärte achselzuckend, die meisten seiner Kunden seien eben Männer, und es hätte sich noch nie einer beschwert. Mich waren sie als Kundin jedenfalls los.

Die nächste Garage, bei der ich Kundin wurde, hatte irgendwann ein Schild aufgehängt, das besagte: »Fragen Sie nicht, ob Sie unser Werkzeug leihen können, wir fragen Sie schließlich auch nicht, ob wir Ihre Frau leihen können.«

Es ist keineswegs ein Einzelfall, daß Männer glauben, Frauen seien eine Ware, die nach Belieben verliehen oder verkauft werden kann. Man spricht von »käuflichem Fleisch« und meint es manchmal sogar wörtlich, denn Frauenkörper am Fleischerhaken gehören tatsächlich zum Repertoire der Pornographie. Eines Tages habe ich am Strand ein Badehandtuch gesehen, das den Körper einer Frau zeigte. Wie ein Plakat beim Metzger war der Körper in vier Teile zerlegt und seine Fleischstücke namentlich bezeichnet – Rumpsteak, Brustfleisch, Rippe. Leider gehörte das Handtuch einer Frau.

Hollywood scheint außerstande zu sein, einen Film ohne Zugabe von nackten Frauen und deutlichen sexuellen Handlungen zu produzieren. (Und dabei meine ich wirklich die Zugabe, nämlich Sex-Szenen, die für den Handlungsverlauf völlig überflüssig sind.) Nur äußerst selten werden die Genitalien eines Mannes gezeigt, dann, wenn es sich nicht vermeiden läßt. Die Produzenten in Hollywood wissen zu gut, daß sich Nacktheit nicht mit Macht vereinbaren läßt; der Kaiser ohne Kleider ist kein Herrscher, sondern das Gespött der Leute.

Das Fernsehen wandelt sich jeden Tag ein Schrittchen weiter vom Ödland zur Kloake. Sex und Gewalt bestimmen das Bild, am liebsten in Form sexueller Gewalt gegen Frauen.

Musikvideos haben die Kunst der sexuellen Ausbeutung schon bis hin zur Perfektion betrieben. Jugendliche werden erwachsen unter einem Bilderhagel voll Horrorszenarios: Frauen werden gefesselt und geknebelt, Frauen in Ketten, Frauen in Käfigen, Frauen lecken Männern die Füße, Frauen, die Gewalt genießen, Frauen in Posen und Bewegungen, die an Tiere erinnern.

Wenn weibliche Körper allgemein als Ware mit Unterhaltungswert verfügbar sind, dann hat das zur Folge, daß der Körper einer individuellen Frau am Arbeitsplatz, im Büro, in Schulen, überall, genauso als Ware betrachtet wird. Diese Wahrheit müssen wir erkennen, wenn wir den sexuellen Übergriffen in der Arbeitswelt ein Ende machen wollen.

Wir treffen überall in der Öffentlichkeit auf Frauenkörper, die zur Ware gemacht werden, und erwarten gleichzeitig, daß eine kleine Ecke der Gesellschaft, nämlich unser Arbeitsplatz davon ausgespart bleibt. Wir handeln und behandeln Frauen als Sexobjekte und erklären gleichzeitig den Männern in unserer Umgebung, daß diese Sicht am Arbeitsplatz verboten ist.

Solange unsere Kultur Frauen als Sexualwesen präsentiert, die für alle kommerziellen und unterhaltenden Zwecke zur Verfügung stehen, ist der Kampf gegen sexuelle Übergriffe am Arbeitsplatz eine Sisyphusarbeit. Doppeldeutigkeit führt nur selten zu einem eindeutigen Ergebnis.

Wie wir mit sexuellen Belästigungen fertig werden

Wie mit sexueller Belästigung am Arbeitsplatz umzugehen ist, stellt für alle Frauen ein riesiges Problem dar. Keine Reaktion ist auch eine Reaktion. Passives Tolerieren verstärkt das unerträgliche Verhalten, weil der Täter es leicht als Einverständnis des Opfers mißdeuten kann. Außerdem ist die Ohnmacht der Frau und damit die eigene Macht genau das, was der Täter möchte.

Was können wir also tun? Der erste Schritt besteht darin, uns selbst vor Augen zu führen, was sexuelle Belästigung alles umfaßt, damit wir den Tätern mit einer Definition ausgerüstet entgegentreten können. Ich habe schon lange feststellen müssen, daß nicht alle Belästigungen von Frauen sexueller Natur sind und längst nicht jede Belästigung gesetzlich verboten ist.

Im allgemeinen umfaßt der Begriff der sexuellen Belästigung am Arbeitsplatz jedes unerwünschte Verhalten sexueller Art, das uns als Individuum oder Gruppe in unserer Würde beeinträchtigt, uns Angst macht oder verletzt. Aber so belästigend, verängstigend oder verletzend ein Verhalten auch sein mag, nicht immer sind wir dagegen gesetzlich geschützt.

Herablassung oder Bevormundung Frauen gegenüber kann ich als schrecklich belästigend empfinden; wiederholt als *Mädchen* bezeichnet zu werden, kann mich in den Augen anderer als nicht ernstzunehmend erscheinen lassen; einer sexistischen Sprache ausgesetzt zu sein, die Frauen verniedlicht oder degradiert, kann mich ärgern und meine Würde als Frau verletzen, aber all das ist rechtlich gesehen nicht verboten.

Auf der anderen Seite ist sexuelle Belästigung als verbotene Form geschlechtsspezifischen Verhaltens genau definiert.* Außerdem können wir uns das Ausmaß der Verhaltensweisen, gegen die wir gesetzlich geschützt sind, vor Augen führen, indem wir uns diese (amerikanische) Rechtsdefinition in Erinnerung rufen:

* (In Deutschland kann sich jede Frau auf das neue Frauenarbeitsplatzschutzgesetz im 2. Gleichberechtigungsgesetz sowie auf den Artikel des Grundgesetzes zum Schutz der körperlichen Unversehrtheit berufen.)

Unwillkommene sexuelle Angebote, Forderungen nach Gewährung sexueller Vorteile und andere verbale oder tätliche Handlungen sexueller Art erfüllen die Bedingungen einer sexuellen Belästigung, wenn:

1. die Einwilligung zu einer solchen Handlung entweder direkt oder indirekt zur Bedingung oder zum Inhalt eines Arbeitsvertrags gemacht wird.
2. die Einwilligung oder Verweigerung einer solchen Handlung durch ein Individuum als Grundlage für Entscheidungen am Arbeitsplatz verwendet wird.
3. solche Handlungen den Zweck oder die Wirkung haben, die Arbeitsmöglichkeiten eines Individuums einzuschränken oder eine einschüchternde, feindselige oder beleidigende Arbeitsatmosphäre herstellen.

Diese Rechtsdefinition läßt sich auf jede Art *unerwünschter* sexueller Aufmerksamkeit anwenden, vor allem natürlich in wiederholten Fällen.* Wenn die Belästigung zum Beispiel mit der Androhung einer Nicht-Beförderung wegen verweigertem Sexualkontakt einhergeht, ist schon ein einmaliges Vorkommen ausreichend, um die Bedingung einer sexuellen Belästigung zu erfüllen.

Das Schlüsselwort in dieser Definition ist *unerwünscht*, denn selbstverständlich bedeutet ein von zwei Erwachsenen einvernehmlich erwünschter Sexualkontakt keine sexuelle Belästigung, obwohl ich finde, daß Sexualität am Arbeitsplatz eher unprofessionell ist. Zumal eine sexualisierte Atmosphäre am Arbeitsplatz leicht zu sexuellen Belästigungen führen kann, wenn eine der

* Für genaue Informationen zur deutschen Rechtslage siehe Literaturempfehlung.

Beteiligten diese Form des Kontakts nicht mehr wünscht. Ansonsten erstreckt sich unerwünschtes sexuelles Verhalten in einer Bandbreite vom geschmacklosen Witz über Nacktposter bis hin zur Androhung von sexuellen Übergriffen und Vergewaltigung.

Wer entscheidet, welches sexuell geprägte Verhalten als unerwünscht gilt? Jede von uns. Wir können unser eigenes Empfinden darüber, welche Annäherungen uns sexuell geprägt erscheinen und was wir selbst als belästigend erfahren, als Maßstab ansetzen und »nein« dazu sagen. Auch die Gerichte gehen allmählich dazu über, das »Empfinden einer durchschnittlichen Frau« als Bewertungsgrundlage anzusetzen, wenn es wegen sexueller Belästigung zu einer gerichtlichen Auseinandersetzung kommt. Wir können also guten Gewissens aufhören, uns als »Spielverderberinnen« oder übersensibel zu betrachten, wenn wir uns gegen sexuelle Belästigung zur Wehr setzen. *Wir* wissen genau, wie wir solches Verhalten empfinden und können unserer eigenen Empfindung vertrauen.

Aber selbst wenn wir unseren eigenen Empfindungen trauen, müssen wir uns überlegen, welche konkreten Handlungsmöglichkeiten uns offenstehen. Ob wir es vorziehen, das Problem in einem Gespräch unter vier Augen zu lösen oder eine Beschwerde beim Betriebsrat einreichen, eine Frauenbeauftragte hinzuziehen oder womöglich ein Gerichtsverfahren anstrengen – das hängt einzig und allein davon ab, wie wir selbst die Situation beurteilen. Nur eins steht von vornherein fest: Das Problem zu ignorieren hilft uns nicht weiter.

Ich habe im Lauf der Jahre einige Vorschläge gesammelt, wie unerwünschtem Verhalten von Anfang an entgegenzutreten ist, um damit ganz klar zu signalisieren: »Das lasse ich nicht mit mir machen.« Natürlich bietet auch das keinen Rundumschutz vor sexuellen Belästigungen, aber es hat sich erwiesen, daß ein entschlossenes Verhalten Frauen hilft, wenigstens ein gewisses Maß an Kontrolle über die Situation zu behalten, auch in solchen Fällen, wo alle anderen Strategien versagen.

Dazu müssen wir unsere Abneigung schon beim ersten Anzeichen sexueller Belästigung deutlich zum Ausdruck bringen, indem wir unmißverständlich »nein« sagen. Wir können auch sagen: »Diese Ausdrücke sind unangemessen und stören mich sehr. Ich gehe davon aus, daß Sie sie nicht mehr verwenden werden.« Oder: »Ich möchte mein Privatleben und meine Arbeit strikt getrennt halten. Ich bin sicher, Sie werden das verstehen.«

Sagen Sie das mit aller Deutlichkeit in ernstem Ton, und sorgen Sie dafür, daß Ihre Körpersprache zu Ihren verbalen Äußerungen nicht im Widerspruch steht. Wenn Sie gleichzeitig lächeln oder versuchen, nett zu sein, signalisieren Sie Unentschlossenheit und für einen unsensiblen Täter womöglich leider mehr als das.

Sowieso gehen viel zu viele Männer davon aus, daß eine Frau sich in diesen Situationen »ziert« und »ja« meint, wenn sie »nein« gesagt hat. Unter solchen Umständen werden Täter sich nur durch ganz entschlossenes Verhalten von ihren Belästigungen abbringen lassen. In jedem Fall kann sich die Tatsache, *nein* gesagt zu haben, in einem späteren Verfahren als sehr wichtig erweisen.

Außerdem ist es sinnvoll, sich über sexuelle Belästigungen Notizen zu machen, so geringfügig jedes einzelne Ereignis auf den ersten Blick erscheinen mag. Wenn sich bei einer fortgesetzten sexuellen Belästigung später ein Muster aufzeigen läßt, haben wir damit eine gute Grundlage für eine Beschwerde gewonnen. Auch für jedes Gerichtsverfahren liegt die Beweislast bei der betroffenen Frau. Und Vorgesetzte sind trotz ihrer Fürsorgepflicht für ihre Angestellten häufig erst dann bereit, aktiv zu werden, wenn die Betroffenen Zeugen oder Beweise vorlegen.

In ihren schriftlichen Notizen sollte jede Frau folgende Einzelheiten festhalten:

- Wer hat mich belästigt?
- Wie hat der Täter mich belästigt?
- Wo hat die Belästigung stattgefunden?
- Wann hat die Belästigung stattgefunden?
- Namen der Zeugen, wenn es sie gibt.

Viele Frauen haben erlebt, daß solche Notizen zur entscheidenden Waffe gegen den Täter wurden.

Außerdem ist es hilfreich, einer Vertrauensperson von der Belästigung zu erzählen. Das kann eine Kollegin, eine Freundin, eine Vorgesetzte oder eine Ärztin sein, und natürlich können wir uns auch Männern anvertrauen, wenn sie loyal sind und wir wirklich Vertrauen zu ihnen haben. Besser ist es, mehreren Personen von der Belästigung zu erzählen, die sich dann gegebenenfalls als Zeugen gegenseitig bestätigen können.

Wenn eine sexuelle Belästigung zu medizinischen oder psychischen Problemen führt, sollten Sie einer Ärztin oder einer Psychologin von dem Vorfall erzählen. Einer ärztlichen oder psychologischen Aussage wird in einem Gerichtsverfahren, wenn Sie sich irgendwann dazu entschließen sollten, großes Gewicht beigemessen.

Inzwischen sollten Sie sich mit dem firmeninternen Beschwerdeverfahren gegen sexuelle Belästigung vertraut machen, damit sie auf alle Schritte vorbereitet sind, wenn sie sich entschließen, den Vorfall öffentlich zu machen. Der erste Schritt führt meistens zu einer Frauenvertreterin oder andernfalls zum Betriebsrat. Nützlich ist außerdem, sich gleichzeitig über externe Möglichkeiten der Beschwerdeführung zu informieren, etwa, wie man die Frauenbeauftragte der Stadt oder des Landes einschaltet oder welche rechtlichen Schritte möglich sind, wenn man auf Ihre Beschwerde innerhalb der Firma nicht angemessen reagiert oder wenn die sexuelle Belästigung trotz Ihrer Beschwerde nicht aufhört.

Wenn die Belästigung fortgesetzt wird und Sie noch nicht den offiziellen Weg beschreiten wollen, können Sie dem Täter einen Brief schreiben. Dieser Brief sollte formell in geschäftlichem Ton abgefaßt werden und die für *Sie* entscheidenden Punkte enthalten.

Zuerst sollten Sie *sachlich* beschreiben, was der Täter getan hat, und aus ihren Notizen Ort und Zeitpunkt hinzufügen. Zum Beispiel schrieb eine Frau, die zunehmende Belästigungen erlebte: »Am 10. Dezember während unserer Besprechung um 11 Uhr haben Sie Ihre Hand auf mein Knie gelegt und versucht, mich im Schritt zu berühren. Am 18. Dezember haben Sie mich kurz vor zehn Uhr abends aufgefordert, mit Ihnen zu schlafen.«

Als nächstes sollten Sie beschreiben, wie *Sie* sich dabei gefühlt haben und welche Wirkung die Belästigung auf Sie hat. Die Frau aus meinem Beispiel setzte ihren Brief fort: »Ich ärgerte mich und war gekränkt, außerdem macht Ihr Verhalten es mir unmöglich, konzentriert zu arbeiten. Ich gehe deswegen nicht mehr gern zur Arbeit und bekomme Magenschmerzen.«

Machen Sie dem Täter deutlich, daß sein Verhalten für Sie eine sexuelle Belästigung bedeutet, aber geben Sie ihm die Möglichkeit, sich zu entschuldigen. »Sie hatten vielleicht nicht die Absicht, mich zu bedrängen, aber der gesetzlichen Definition nach läßt sich Ihr Verhalten eindeutig als sexuelle Belästigung einordnen und ist damit illegal.«

Kaum zu glauben, aber manche Männer sind immer noch der festen Überzeugung, daß ihre sexuellen Belästigungen den Frauen schmeicheln und daß sie nur darauf warten, vergewaltigt zu werden.

Schließlich sollten Sie dem Täter erklären, was Sie von ihm erwarten (auf jeden Fall, daß er mit seinen Belästigungen in jeglicher Form aufhört). Es ist nicht notwendig, an dieser Stelle ausdrücklich mit einem Gerichtsverfahren zu drohen, zumal die Möglichkeit gerichtlicher Schritte durch den Hinweis auf die Illegalität der Belästigung schon angedeutet ist.

Die Berechtigung dieses Verfahrens liegt eigentlich darin, dem Täter die Möglichkeit zu geben, sein Verhalten grundlegend zu ändern, ohne daß Sie selbst dafür in die direkte Konfrontation gehen müssen. Sobald Sie nämlich wegen einer sexuellen Belästigung an die Öffentlichkeit gegangen sind, wird der Täter mit einer unerhörten Schlammschlacht gegen Sie antworten, und seine Selbstverteidigung wird auf *Ihre* Kosten gehen. Damit müssen Sie rechnen.

Wenn Sie den Brief geschrieben haben, sollten Sie ihn per Einschreiben mit Antwortschein an den Täter schicken. Selbstverständlich sollten Sie eine Kopie des Briefes zusammen mit dem Antwortschein aufheben. Damit weiß der Täter, daß Sie belegen können, daß er Ihren Brief empfangen hat, und daß es deshalb ausgesprochen dumm wäre, wenn er die Chance, sein Verhalten zu ändern, nicht nutzt.

Wenn ein Gespräch unter vier Augen oder eben ein Brief erfolglos bleiben, sollten Sie versuchen, den formalen Weg innerhalb Ihrer Firma zu gehen oder ansonsten offizielle Hilfe von außerhalb in Anspruch zu nehmen. Das ist sicher nicht leicht, aber sich als Opfer ohnmächtig zu stellen, bringt niemand auch nur einen Schritt weiter, außer vielleicht den Täter.

Folgendes sollten Sie auf keinen Fall tun:

- Machen Sie sich selbst keine Vorwürfe wegen der Ereignisse. Die sexuelle Belästigung ist zu verurteilen, nicht das Opfer.
- Warten Sie nicht ab, sondern handeln Sie. Nicht nur, weil die Belästigung sonst fortgesetzt oder auch intensiviert wird, sondern weil es womöglich »Verjährungsfristen« gibt.
- Behalten Sie das Problem nicht für sich, es ist mehr als wahrscheinlich, daß der Täter auch andere belästigt hat. Trotzdem sollten Sie sich keine großen Hoffnungen machen, daß sich andere an Ihrer Klage beteiligen.

- Machen Sie Ihre Schritte nicht von den Bedürfnissen und der gesellschaftlichen Position des Täters abhängig. Sie haben ihm die Möglichkeit, seine Belästigungen einzustellen, schon gegeben, als sie eindeutig »nein« sagten. Wenn Sie Ihre Bedürfnisse zurückstellen, um seine Bedürfnisse zu schützen, wird Sie das in Ihrem Handlungspielraum auf ein Minimum einschränken. Außerdem haben sich die meisten Täter vorher schon an vielen anderen Frauen vergriffen.

Es muß gesagt werden, daß eine Frau mit ihrem Versuch, sich gegen sexuelle Belästigungen zur Wehr zu setzen, nicht unbedingt und in jedem Fall erfolgreich ist. Obwohl sexuelle Belästigung eindeutig zu den Problemen gehört, die wir nicht ignorieren dürfen, ist damit leider noch nicht gesagt, daß wir jeden Kampf dagegen gewinnen. Deshalb sollten Sie das Problem, das Sie am meisten angeht, aufnehmen und mit allen Kräften für eine Lösung kämpfen, ohne zu viel Sorgen darum, ob Sie gewinnen oder verlieren.

Natürlich wird es Ihr Ziel sein, zu gewinnen. Aber einen Kampf zu verlieren, der Sie existentiell betrifft, ist immer noch besser, als die Hände in den Schoß zu legen und nicht für die eigenen Interessen einzutreten, weil der Kampf selbst schon ein wichtiges Zeichen setzt. Wer kämpft, kann verlieren, wer nicht kämpft, hat schon verloren. Es gibt nämlich etwas Schlimmeres, als zu verlieren: ein ohnmächtiges Opfer zu sein.

Vor einigen Jahren habe ich meine »Jetzt erst recht!«-Strategie halb im Scherz und halb im Ernst meinen Freundinnen vom feministischen Stammtisch vorgestellt. Gedacht, um gegen diejenigen, die uns diskriminieren, belästigen und unterdrücken etwas in der Hand zu haben, ist sie eine Abwandlung des Mottos »Das Böse siegt, wenn das Gute schweigt«. Entsprechend dieser »Jetzt erst recht!«-Strategie sollten wir, selbst wenn wir keinen direkten Grund haben, um uns gegen einen dieser selbsternannten Tyrannen zu erheben, uns »jetzt erst recht« miteinander solidarisieren. Die potentiellen Täter sollen ruhig merken, daß sie mit ihren Unverschämtheiten nicht ungeschoren davonkommen, sondern daß wir sie zur Rechenschaft ziehen werden. Es ist schon per Definitionem so, daß diejenigen, die Unrecht begehen, die Opfer dazu zwingen, für sie zu bezahlen. Die »Jetzt erst recht!«-Strategie stellt sicher, daß auch die Täter ihren Preis bezahlen werden, selbst wenn er »symbolisch« sein sollte, indem wir potentielle Täter an den Pranger stellen und öffentlich auf das Problem aufmerksam machen. Sehr viele Frauen tragen sich nämlich mit dem Gefühl: »Ich bin die Einzige, der solche erniedrigenden Dinge passieren.« Das Bewußtsein, nicht allein zu sein, ist ein erster Schritt gegen dieses allgegenwärtige Hindernis, das sexuelle Belästigung am Arbeitsplatz für Frauen bedeutet.

Und die Täter schrecken vor der Öffentlichkeit zurück. Das ist schon ein ziemlich guter Grund, sich auch dann zur Wehr zu setzen, wenn wir absehen können, daß wir verlieren werden. Vielleicht ist es ein Relikt der italienischen Vendetta in mir, aber ich finde, bevor alle Stricke reißen, hat die »Jetzt erst recht!«-Strategie ihre Vorteile.

Halbe Sachen

In den Vereinigten Staaten sind wir in der glücklichen Lage, daß der Gesetzgeber es endlich geschafft hat, sexuelle Belästigung am Arbeitsplatz als Menschenrechtsverletzung einzustufen. (Auch in Deutschland hat der Gesetzgeber 1994 sexuelle Belästigung am Arbeitsplatz unter Strafe gestellt.) Leider sind wir, was die allgemeine, kulturelle sexuelle Belästigung durch Pornographie und ponographische Werbung etc. angeht, noch längst nicht in dieser glücklichen Lage, weil die Presse- und Meinungsfreiheit noch immer als höheres Rechtsgut bewertet wird. Während sexuelle

Belästigung im Geschäftsleben verboten ist, ist es weiterhin erlaubt, mit sexueller Belästigung Geschäfte zu machen.

Anscheinend ist der Arbeitsplatz der einzige Ort, an dem einem frauenfeindlichen Verhalten Bedeutung zugemessen wird (weil man darin womöglich zu Recht einen negativen Wirtschaftsfaktor erkannt hat). Dafür ist Frauenfeindlichkeit auf der Straße, im Fernsehen, im Kino akzeptabel. Natürlich steht es mir frei, eine andere Straße entlangzugehen, meinen Fernseher auszuschalten und nicht ins Kino zu gehen. Aber warum soll ich als Opfer diese Mühe auf mich nehmen oder auf meine persönliche Bewegungsfreiheit verzichten? Warum sollte ich einen Umweg machen, bloß damit die Pornoläden ungestört ihr Geld verdienen können, oder im Fernsehen auf interessante Programme verzichten, weil die Werbung Frauen ausbeutet, oder nicht ins Kino gehen, weil Frauen in den meisten Filmen ohne Notwendigkeit als Ware präsentiert werden?

Am Arbeitsplatz wird die Last der Veränderung dem Täter auferlegt; überall sonst geschieht Veränderung nur zu Lasten der Opfer. Am Arbeitsplatz sollten wir unsere persönlichen Rechte nicht gegen das Recht auf freie Meinung verteidigen müssen. Einem Opfer sexueller Belästigungen wird hoffentlich auch nicht vorgehalten, daß sie sich genausogut einen anderen Arbeitsplatz suchen kann, auch wenn bedauerlicherweise viele Frauen diesen Weg einem Weg durch die Instanzen vorziehen. (Auch Meinungsumfragen in Deutschland[5] haben ergeben, daß Ende 1991 schon 66,8 Prozent der Bevölkerung die sofortige Entlassung von Belästigern forderten.)

Es ist kein Zufall, daß sich Frauen auf der Straße und selbst zu Hause nur selten völlig sicher fühlen. Die Zahl der Vergewaltigungen nimmt zu, und selbst vorsichtige Schätzungen gehen davon aus, daß jede dritte Frau wahrscheinlich wenigstens einmal in ihrem Leben vergewaltigt wird. Schon als Heranwachsende fühlte ich mich immer unwohl, wenn ich in der Dunkelheit unterwegs war oder mich in einer menschenleeren Umgebung befand. Immer war das Gefühl einer Gefahr anwesend, und daran hat sich bis heute nichts geändert.

In Kanada hat sich eine viel bewußtere Haltung zur Pornographie entwickelt, besonders bei der Vermischung von Sexualität mit Gewalt und Erniedrigung. Das oberste Gericht Kanadas hat basierend auf einem Ansatz, der nach dem Schaden für die Betroffenen fragt, die große Zahl von Studien anerkannt, die die schädlichen Auswirkungen von Pornographie auf das Selbstvertrauen und die Sicherheit von Frauen und Mädchen belegen. Damit ist Obszönität nicht mehr eine Frage des persönlichen Geschmacks (wobei sowieso immer der männliche Geschmack entscheidet), sondern welchen Schaden sie am Grundsatz der Gleichberechtigung von Frauen und Männern anrichtet.

Berufstätige Frauen sollten sich diese Zusammenhänge immer wieder klar vor Augen führen. Genauso wie Pornographie Frauen erniedrigt, hat auch sexuelle Belästigung eine Erniedrigung der Frau zum Ziel. Und immer bedeutet sexuelle Belästigung, daß Männer Macht über Frauen ausüben und Frauen als Objekte betrachten, die ihnen zur Verfügung stehen, womit eine Gleichberechtigung der Geschlechter ausgeschlossen ist. Männlicher Macht und männlichen Zwecken unterworfen zu sein, macht den Kampf um Gleichberechtigung ungleich schwerer, wenn nicht unmöglich. Wie soll unter diesen Bedingungen in der Gesellschaft ein Frauenbild etabliert werden, das Gleichberechtigung statt Unterlegenheit der Frauen zum Inhalt hat? Am Arbeitsplatz gibt es dieses Problem, und als Hausfrauen werden Frauen ohnehin schon häufig als bessere Dienstmädchen, Köchinnen, Putzfrauen betrachtet. Wie können Frauen unter diesen Bedingungen in Führungspositionen ernstgenommen oder als ernsthafte Anwärterinnen für Führungspositionen in Betracht gezogen werden? Wie soll eine gleiche Bezahlung verwirklicht werden? Wie kann Gewalt gegen Frauen in jeder Form gestoppt werden? Wie können weibliche Sichtweisen und Beiträge in Kultur und Wirtschaft genauso ernstgenommen werden wie die der Männer?

Die Antwort muß natürlich sein, daß es unmöglich ist. Und wenn uns das nicht gefällt, dann müssen wir unseren Anspruch auf Gerechtigkeit wahrnehmen und endlich aufhören, »nette Mädchen« zu spielen. Wir dürfen es nicht zulassen, daß die bestehenden Verhältnisse auf unsere Kosten erhalten bleiben.

Wir müssen erkennen, daß unsere ewigen Mühen kein Ende nehmen, wenn wir nicht jetzt die große Mühe auf uns nehmen, für unsere eigenen Ansprüche einzutreten.

Veränderung ist machbar, allmählich oder plötzlich und allen Widerständen zum Trotz. Spätestens unsere Töchter, unsere Enkelinnen und Urenkelinnen werden die Früchte unserer Bemühungen ernten – genauso wie wir von den Errungenschaften unserer Vorkämpferinnen profitieren.

7 Erfolg und Karriereplanung

Karriere und Mutterschaft

Als Jugendliche habe ich oft über den Sinn des Lebens nachgedacht. Damals dachte ich, ich könnte die Lösung im blauen Himmel, im romantischen Sonnenuntergang oder in den dogmatischen Auslassungen meines Priesters über entrückte Themen finden.

Jetzt arbeite ich jeden Tag, um meinem Leben Sinn zu geben und mich selbst als Persönlichkeit zu definieren. Meine eigene Identität zu gestalten, mich selbst zu verwirklichen, ist die größte Herausforderung, der ich mich je gestellt habe.

Eltern sein, was die meisten Menschen als die schwierigste Aufgabe ihres Lebens betrachten, ist in Wirklichkeit die zweitschwierigste. Uns selbst zu verwirklichen ist die härteste Arbeit, die es gibt. Letztlich ist ein Kind zu bekommen ein physischer Vorgang; der Rest des Elternseins besteht darin, den Kindern mit Rat und Unterstützung zur Seite zu stehen. Genau wie jedes menschliche Wesen sind es die Kinder selbst, die ihre eigene Persönlichkeit schaffen. Wir können diese Verantwortung nicht für sie übernehmen, nur für uns selbst.

Das Drama im Leben vieler Frauen hat seinen Grund in einem Mißverständnis über Mutterschaft, das uns schon in der Kindheit eingetrichtert wird. Mutterschaft, so wird uns vorgeführt, erfordert Selbstverleugnung, Selbstaufopferung und die eigene Identität unsichtbar zu machen. Damit verbunden ist, daß wir unsere Bedürfnisse zugunsten der Bedürfnisse unserer Kinder unterdrücken und daß wir im Gegensatz zu den Vätern unserer Kinder auf Selbstverwirklichung verzichten sollen. Deshalb ist vom traditionellen Verständnis her Mutterschaft unvereinbar mit der Schaffung meiner eigenen Identität als autonomes Individuum und der Möglichkeit, meinem Leben selbst einen Sinn zu geben.

Wenn wir Frauen also versuchen, dieses falsche Bild von Muttersein zu erfüllen, bezahlen wir dafür mit zerstörerischen Selbstzweifeln, Schuldgefühlen und einer Identitätskrise, sobald wir uns der unabhängigen Bedeutung unseres Lebens versichern wollen. Frauen werden dazu gebracht, im Mutter sein den Sinn ihres Lebens zu suchen, der ausreicht, sich selbst als Individuum zu definieren, während in Wirklichkeit Eltern sein nicht mehr und nicht weniger ist als ein wichtiger Prozeß, der aus einer Abfolge von Aufgaben besteht, wie sie sich ähnlich auch in anderen Lebenszusammenhängen stellen.

Weil Mutterschaft historisch immer zum Wesen, Sinn und Zweck jedes Frauenlebens erhoben wurde, sehen wir heute Frauen an den katastrophalen Folgen einer falsch verstandenen Mutterschaft leiden. Noch immer spukt in vielen Köpfen die Vorstellung herum, daß eine Frau, egal, was sie sonst in ihrem Leben erreicht und geleistet hat, kein vollwertiges menschliches Wesen sein kann, wenn sie keine Mutter ist.

Auch Frauen haben dieses Bild vom Mutter sein als dem wahren Wesen des Frauseins verinnerlicht. Deshalb tickt in vielen Frauen, unabhängig von ihrer beruflichen Selbstverwirklichung, die biologische Uhr im Lauf der Jahre immer lauter, bis sie die Äußerungen ihres authentischen Wesens übertönt hat. Mit Ende dreißig spätestens stehen viele Frauen mit einer Torschlußpanik da und wünschen sich nichts sehnlicher als ein Kind. Für unseren Wunschtraum von familiärer Geborgenheit sind sie bereit, alles aufzugeben, was sie bisher erreicht haben. Aber leider gehen viele Frauen schon viel früher in die Familienfalle.

Das heißt nicht, daß Frauen keine Mütter und Männer keine Väter werden sollten. Aber wir sollten die freie Wahl haben, und sie sollte uns selbst (und dem Kind und unserer Umgebung) angemessen sein, und keine notwendige Bedingung darstellen, um uns als vollwertige Frau erfahren zu können.

Wir sollten anfangen zu begreifen, daß Eltern sein eine wichtige, schöne Arbeit ist (genau wie andere wichtige, schöne Arbeiten). Aber mit dieser Rolle ist längst nicht definiert, was meine Persönlichkeit ausmacht. Ein Kind zu haben enthebt mich nicht der Verantwortung, meine eigene Identität zu gestalten und ihr Geltung zu verschaffen.

Mutter zu werden ohne freie, verantwortungsbewußte Entscheidung kann sich als große Katastrophe erweisen. Spätestens wenn die Kinder das Elternhaus verlassen, erleben viele Frauen, die ihr ganzes Leben ihrer Mutterrolle gewidmet haben, eine gähnende Leere in sich. Immer wieder treffe ich Frauen, die sich zwischen vierzig und fünfzig mit der plötzlichen Erkenntnis konfrontiert sehen, daß sie ihr Leben an ein falsches Ideal von Mutterschaft verschwendet haben.

Egal, ob sie freiwillig auf Berufstätigkeit verzichtet haben oder sich von den Umständen haben zwingen lassen – in der Zeit nach der »Familienpause« von oft mehr als zwanzig Jahren haben viele Frauen keinen sehnlicheren Wunsch, als sich weiterzubilden und Arbeit zu finden.

Aber häufig läßt die Katastrophe nicht so lange auf sich warten. Viele Frauen erleben eine tiefe Depression nach der Geburt, und das Gefühl, in einer Falle gefangen zu sein, kennen viele Mütter, schon weil die Last der Erziehung zum allergrößten Teil auf die Frauen abgewälzt wird.

Ich erinnere mich nur zu gut daran, wie sehr ich mich dagegen auflehnte und es zutiefst bereute, schwanger geworden zu sein, bevor ich mich dieser Entscheidung gewachsen fühlte. Ich mußte den begonnenen Prozeß, meine Identität als Autorin aufzubauen, für lange Zeit unterbrechen. Zum Glück erschienen mir die Aufgaben des Mutterseins in den ersten Jahren lohnend genug, außerdem startete ich bald darauf meine Karriere als College-Dozentin. Deshalb bin ich nicht, wie so viele meiner Bekannten, mit Leib und Seele in der Mutterschaft aufgegangen.

Als ich mein zweites Kind adoptierte, kam mir das selbst wie das Ergebnis einer freien Entscheidung vor. Inzwischen weiß ich, daß das nicht zutraf. Tief im Unbewußten war diese Entscheidung davon diktiert, meine Lebensaufgabe zu erfüllen, die darin bestand, eine *richtige* Familie aufzubauen.

Ich denke noch oft an diesen ersten Tag auf dem Kennedy Airport. Nachdem wir stundenlang auf die verspätete Maschine gewartet hatten, kam eine Flugbegleiterin den Flugsteig herunter, die anscheinend ein Baby auf dem Arm trug. Wir sahen über sie hinweg und hielten in der Menge, die aus dem Flugzeug kam, weiterhin Ausschau nach unserem dreijährigen Kind.

Dann rief die Flugbegleiterin mit dem Baby unseren Namen: »Agonito!?«

Das »Baby« in ihren Armen war unser Kind, die dreieinhalbjährige Mae Ki Lee, so schrecklich unterernährt, daß sie gerade neun Kilo wog. Unser Name stand auf einem kleinen weißen Stofflappen, der auf ihr grobgewebtes braunes Kleidchen genäht war. An den Füßen trug sie Sandalen aus Pappe. Sie war in allen Einzelheiten das, was ich von den Bildern der Flüchtlingskinder aus dem Zweiten Weltkrieg in Erinnerung hatte, die ich als ganz kleines Kind in der Zeitung gesehen hatte.

Mae war völlig verängstigt und verwirrt. Sie war auf dem endlosen Flug von Seoul in Korea über Honolulu und Seattle nach New York krank geworden.

Die ganze lange Autofahrt nach Syracuse saß sie verkrampft und verschüchtert auf der Rückbank neben ihrem fremden neuen

Bruder, der immer wieder versuchte, mit ihr zu reden und ihr Spielzeug zu geben.

Ich saß auf dem Vordersitz mit einem Kloß im Hals und dem Gefühl, als würde mir der Boden unter den Füßen weggezogen. Jetzt war sie da, und ich war für sie genauso verantwortlich, als hätte ich sie neun Monate lang in meinem Körper getragen. Dieses Gefühl stieg mir während dieser ewigen Autofahrt ins Bewußtsein und setzte sich in meinen Gedanken fest. Es gab kein Zurück mehr. Ich war zum zweiten Mal Mutter geworden. Eine Tochter oder ein Sohn bleiben nicht nur für achtzehn oder zwanzig Jahre, sie bleiben ein ganzes Leben.

Vor einiger Zeit hat mir eine Bekannte erzählt, daß sie wieder schwanger ist.

»Wie fühlst du dich damit?« fragte ich sie.

Eine lange Pause entstand, in der sie nach den richtigen Worten suchte: »Es ist nicht unbedingt das, was ich mir an diesem Punkt meines Lebens gewünscht hatte«, antwortete sie.

Eine weitere Pause entstand. Ich dachte an ihre drei Kinder, unter ihnen Zwillinge. Ich erinnerte mich daran, daß ihr Mann sie nach der Geburt ihres ersten Kindes wegen einer anderen Frau verlassen hatte, und daß die Zwillinge sozusagen das »Nebenprodukt« eines Wechsels der Verhütungsmethode waren.

Zu meiner Überraschung sagte sie: »Ich werde auf eine volle Stelle gehen, wenn das Kind da ist. Ich nehme eine Kinderfrau.«

Obwohl sie mit drei Kindern nur halbtags arbeitete, entschied sie sich, mit vier Kindern ganztags zu arbeiten und dafür eine Hilfe zu bezahlen, die mit im Haus wohnen sollte, wodurch ihr von ihrem Gehalt mit Sicherheit nicht mehr viel übrig bleiben würde.

»Ich genieße meine Arbeit – die Gespräche mit Leuten, die Anregungen, etwas Sinnvolles tun«, erklärte sie. »Die Kinder kommen mir wie eine schwere Arbeit vor, hier entspanne ich mich.«

Jetzt vor kurzem hat sie mir erzählt, daß ihr Frauenarzt vermutet, daß sie wieder Zwillinge bekommt. »Ich weine viel«, sagt sie lakonisch.

Heißt das, es macht nie Spaß, Kinder zu haben? Natürlich, auch. Aber das Problem ist, daß wir Mädchen und junge Frauen dazu bringen, daß sie glauben, Kinder seien nur Freude und eitel Sonnenschein, wie ein endloses Kinderspiel mit einer hübschen Puppe. Wir versagen, wenn es darum geht, sie darauf vorzubereiten, daß Kinder Arbeit machen, Sorgen und Enttäuschungen mit sich bringen und Geld kosten. Wir negieren die Probleme und die Tatsache, daß Mutter sein uns nicht abnehmen kann, unsere Identität als einzigartige, authentische Individuen zu gestalten. *Damit müssen wir anfangen.*

Sobald Mutter sein realistisch dargestellt wird, bekommen Frauen die Möglichkeit, sich wirklich frei zu entscheiden. Nur dann werden Frauen aufhören, Mutter sein als absolute Notwendigkeit ihrer Existenz anzusehen, und Mütter werden die Möglichkeit haben, auch ihre negativen Gefühle zu äußern, ohne sich dafür selbst als Rabenmütter mit Schuldgefühlen zu bestrafen.

Die glücklichsten Frauen, die ich kenne, haben in ihrem Leben ganz eigene Entscheidungen getroffen, während viele andere Frauen, die das Gefühl hatten, selbst zu entscheiden, in Wirklichkeit nur den veralteten Rollenvorgaben aus zweiter Hand gefolgt sind und damit später Probleme haben.

Auch ich selbst habe reichlich lange gebraucht, um zu begreifen, daß meine Arbeit, nicht meine privaten Beziehungen, den Kern meines Lebens ausmacht, und daß ich mich selbst als einmaliges Individuum über meine Arbeit definiere. Arbeit als Sinn des Lebens zu bezeichnen ist heute nicht besonders populär, aber tatsächlich bestimmt das, was wir *tun*, unser Leben und unsere Identität. Natürlich sind wir außerdem Mitglieder einer Familie oder einer sozialen Gruppe, aber unter dem Strich kommt es auch hier darauf an, *was wir tun.* Ein Großteil dessen fällt unter die Begriffe Arbeit, Job, Beruf oder Karriere.

Das ist nicht zu verwechseln mit dem, was wir für unser Überleben tun, was jedes Lebewesen, auch ein Tier, tut. Was ich unter Arbeit verstehe, ist der produktive, konstruktive Beitrag, den wir in der familiären und sozialen Gruppe leisten, weil wir immer beiden Gruppen angehören.

Und natürlich haben die privaten Beziehungen für jeden Menschen eine große Bedeutung. Das Leben ist unendlich viel reicher, wenn wir Partner, Gleichgesinnte und nahe Freunde haben, aber ein anderer Mensch kann uns nicht davor bewahren, den Sinn unseres Lebens selbst suchen zu müssen. Andere Menschen kommen und gehen, leben und sterben, aber ich selbst bin immer bei mir. Schon deshalb ist es besser, wenn ich mir selbst eine Identität aufbaue, die ich lieben und schätzen kann.

In meiner Jugend konzentrierten sich Mädchen ausschließlich auf Beziehungen. »Nette Mädchen« heirateten, bekamen Kinder, und ihr Leben drehte sich um ihre familiären Bindungen. Arbeit war auch nur in diesem Zusammenhang wichtig (nämlich als Beitrag zur Familie), und nichts brachte uns Mädchen damals auf die Idee, daß wir sonst noch irgendwelche gesellschaftlich relevanten Beiträge hätten leisten können. Und auch heute konzentrieren sich Mädchen in erster Linie auf Beziehung und Familie, selbst wenn das nach außen hin manchmal anders erscheint.

Sicher, Mädchen und junge Frauen machen sich Gedanken über Beruf und Karriere, aber das ist noch immer zweitrangig, verglichen mit der Rolle, die der ersehnte Mann spielen soll, wenn er endlich in ihr Leben tritt. Selbst an den höheren Schulen gilt das Hauptinteresse der meisten jungen Mädchen »ihrem Freund«, oder wenn sie ihn noch nicht haben, dann richten sie zumindest ihren ganzen Ehrgeiz auf dieses Ziel. Wir lernen nicht für die Schule, sondern für das Leben – aber für Mädchen heißt das Hauptfach »Romantik«. Liebe ist eine gesellschaftliche Droge, die

Mädchen zu Süchtigen macht. Das hat sich in wissenschaftlichen Studien bestätigt, und wenn wir hinsehen, wie Mädchen und junge Frauen sich verhalten, dann werden wir das ebenfalls feststellen. Diese Einstellung wird von den jungen Männern größtenteils unterstützt und geteilt. Vor kurzem sagte ein Student in einem meiner Seminare am College im Brustton der Überzeugung: »*Meine* Frau wird nicht arbeiten! Sie bleibt zu Hause und erzieht meine Kinder!« Und die anderen jungen Herren bekundeten nickend ihre Zustimmung. Keine der jungen Frauen protestierte.

Ein Ausrutscher? Keineswegs. Ich treffe überall, wo ich mit Menschen spreche, auf junge Männer mit dieser Haltung. Trotz des weitverbreiteten Glaubens, daß die junge Generation über die Rolle der Frau aufgeklärter denkt, wird man bei näherem Hinsehen feststellen, daß junge Frauen nach wie vor Gefangene des Cinderella-Komplexes sind. Und auf der anderen Seite stehen junge Männer und haben Angst vor selbstbewußten, kompetenten Frauen und dem, was sie sich erkämpft haben.

Ein typisches Beispiel für diese Situation findet sich in einer amerikanischen Studie über das Bild, das junge Frauen und Männer von ihrem idealen Heiratspartner haben. Nachdem Ende der achtziger Jahre drei Jahre lang Studentinnen und Studenten am College befragt wurden, stand fest, daß die Frauen einen ehrgeizigen, erfolgreichen Karrieremann als Ehepartner bevorzugen, der ihnen einen gehobenen Lebensstil bieten kann, während die Männer nach einer gutaussehenden Hausfrau Ausschau hielten. Die Ansprüche, die von den Frauen an einen Idealpartner gestellt wurden, waren (nach Wichtigkeit): ehrgeizig, leistungsorientiert, attraktiv, intelligent, Vater/Ernährer der Kinder, Aussicht auf eine erfolgreiche Karriere, finanzielle Absicherung. Die Beschreibung der Jungen dagegen bewertete am höchsten: attraktiv, gut zuhören können, gut kochen können, wenig Freiheitsdrang, warm und anschmiegsam, bereit, zu

Hause zu bleiben und eine gute Mutter, eine gute Hausfrau, eine gute Gastgeberin zu spielen.

Haargenau wie in den fünfziger Jahren! Und Frauen spielen das »nette Mädchen« wie eh und je!

Warum verlassen sich so viele Frauen auf (ihre zukünftigen) Männer, wenn es um Ziele, Erfolge und finanzielle Sicherheit geht? Nicht weil wir selbst keinen Erfolg haben wollen. Wir wollen ihn. Aber wir haben zwiespältige Gefühle, wenn es um Erfolg geht, oder Zweifel an unserer eigenen Fähigkeit, Erfolg zu haben.

Erfolg und Selbstverwirklichung

Traditionell äußert sich der amerikanische Traum in einer Vorstellung von Erfolg, die sich beispielhaft in der Person eines Direktors einer großen Gesellschaft verkörpert, der als Tellerwäscher angefangen hat. Daran hat sich seit den Gründerjahren nicht viel geändert. Erfolg bedeutet noch immer, in eine Spitzenposition aufgestiegen zu sein, womit Reichtum, Macht, Ruhm und Ehre einhergehen.

Diese Vorstellung geht an den meisten Frauen vorbei. Die Geschichte kennt kaum Beispiele, in denen Frauen solche Spitzenpositionen besetzen. Auch in der heutigen Zeit geht die Zahl derer, die von uns in die schwindelnden Höhen der Chefetagen aufgestiegen sind, über eine Handvoll nicht hinaus, und das betrifft nicht nur die Wirtschaft, sondern genauso die Politik, die Kirche, die Universitäten, den Sport und andere gesellschaftliche Institutionen. Dafür verbringen noch immer viele Frauen ihr Leben auf dem staubigen Boden der Tatsachen, wörtlich als Putzfrauen, aber ansonsten in Leichtlohngruppen oder ohne gesichertes Arbeitsverhältnis.

Tatsächlich orientiert sich diese Definition von Erfolg an

männlichen Wertvorstellungen und spiegelt männliches Konkurrenzdenken wider, in dem Gewinn alles ist, während andere gleichzeitig verlieren.

Mit dieser Orientierung fühlen sich Frauen nur selten wohl. Außerdem signalisiert dieses Modell einer Mehrheit, daß Erfolg etwas ist, von dem sie ausgeschlossen bleiben. Schon die Definition besagt, daß Erfolg wenigen Auserwählten vorbehalten bleibt, weil nur einige wenige diese Spitzenpositionen einnehmen können.

Was wir brauchen, ist eine neue Definition von Erfolg und von einigen anderen Modellen auch. Ein paar alternative Definitionen von Erfolg gibt es schon:

- Das Erreichen selbstgesetzter Ziele.
- Jedes erreichte Ziel, das uns im Vergleich zu gestern einen Schritt weiter gebracht hat.
- Alle täglich erreichten Ziele auf unserem Weg.

Erfolg bedeutet nicht für jeden Menschen das gleiche, er ist auch keine feste Größe. Was für Margaret Thatcher ein Erfolg ist, bedeutet nichts für eine arme Immigrantin oder eine Hausfrau mit fünf Kindern.

Als Heranwachsende wollte ich immer »berühmt« werden, aber das war ein so unbestimmter Wunsch, daß ich nie hätte angeben können, wie ich dahin kommen wollte. Trotzdem war mir immer klar, was ich *nicht* sein wollte: Sekretärin, Lehrerin, Krankenschwester. Auch wenn ich sah, daß die meisten Frauen solche Berufe hatten, wenn sie denn überhaupt Berufe hatten.

Ein paar Phantasien über die Möglichkeit, berühmt zu werden, hatte ich dennoch. Die erste Phantasie meiner Kindheit, an die ich mich erinnern kann, reicht zurück in den Zweiten Weltkrieg. Ich stellte mir vor, wie ich mit Joseph Stalin zusammentreffen und ihm seine bösen Pläne ausreden würde. (Die Allmachtsphantasien setzten bei mir schon ziemlich früh ein.)

Die ersten einunddreißig Jahre meines Lebens ging ich mit der Ziellosigkeit einer Feder, die im Wind trudelt, durch's Leben und nahm sich bietende Gelegenheiten wahr oder auch nicht – wie es gerade kam. Nach der Highschool studierte ich Mathe, weil ich in diesem Fach zufällig gut abgeschnitten hatte, ohne die leiseste Ahnung, was ich damit später anfangen sollte. Ich schrieb mich an einem College ein, das mir zwar nicht am besten gefiel, dafür aber billig war, und weil man dort keinen Sport machen mußte, den ich haßte.

Ich freundete mich mit einer jungen Frau an, die im Hauptfach Geisteswissenschaften studierte, und weil ich keinen richtigen Grund hatte, Mathe zu studieren, wechselte ich in den geisteswissenschaftlichen Zweig. Im Grundstudium nahm ich Englisch als Hauptfach, weil ich die Literatur-Dozentin am liebsten mochte, Lesen mir Spaß machte und mir nichts Besseres einfiel.

Gegen Ende meines ersten Studienjahres ging meine Romanze mit einem Mitstudenten in die Brüche und damit auch meine Heiratspläne. Deshalb sah ich im zweiten Jahr zwei Möglichkeiten: das Studium abschließen oder arbeiten gehen. Eine meiner Freundinnen versuchte mich zu überreden, mit ihr nach New York zu ziehen, um Zeitungsredakteurin zu werden, aber ich hatte gerade ein Stipendium bekommen, mit dem ich meinen Magisterabschluß in Englisch machen konnte. Ich entschied mich, weiterzustudieren, weil ich noch immer nicht wußte, was ich eigentlich wollte.

Die gleiche Ziellosigkeit in den Berufswünschen erlebte ich bei den meisten Studentinnen um mich herum, bei den männlichen Studenten jedoch kaum. Die meisten hatten ziemlich genaue Vorstellungen davon, was sie nach dem Studium machen wollten.

Es kommt immer wieder vor, wenn ich über diese Ziellosigkeit spreche, daß andere mir heftig widersprechen: »Aber das ist doch lange her! Heute denken die Frauen völlig anders!« Ich wünschte, es wäre so. Meine eigene Erfahrung aus der Arbeit mit Frauen von der Managementetage bis hin zu Frauen ohne Arbeit und Berufsausbildung deutet auf etwas ganz anderes hin: Eine grundlegende Veränderung für Frauen und von Frauen selbst dauert viel länger als zwei oder drei Jahrzehnte.

Als Gruppe betrachtet, planen auch die heutigen Frauen nicht für ein langes Berufsleben. Dabei wäre es für Frauen genauso wichtig wie für Männer, sich langfristige Ziele zu setzen. Ohne geplante und klar definierte Ziele ist es unmöglich, eine Richtung auszumachen oder Entscheidungen zu treffen, die auf etwas hinarbeiten. Dann können wir nur passiv auf das reagieren, was uns in unserem Leben zustößt. Was für ein Unsinn! Das ist nicht nur die beste Vorbedingung für emotionale Katastrophen, sondern auch für finanzielle Abhängigkeit oder Armut, weil Frauen sowieso schon immer leichter in die Gruppe der Unterbezahlten und Armen rutschen. Auch wenn wir es nicht wahrhaben wollen: Armut untergräbt allmählich, aber unerbittlich alle unsere Möglichkeiten.

An der Harvard Universität wurde eine Langzeitstudie durchgeführt, die die ökonomischen Folgen dieser Ziellosigkeit auf den Punkt bringt: Die Studie teilte die Absolventen in drei Kategorien ein – Absolventen ohne Zielvorstellungen, Absolventen, die ein Ziel vor Augen haben, und Absolventen mit klar formulierten, schriftlich fixierten Zielen und konkreten Plänen zur Verwirklichung. Die Absolventen ohne Ziele waren später finanziell am schlechtesten gestellt. Absolventen, die Ziele vor Augen hatten, schnitten im Vergleich dazu ökonomisch dreimal besser ab. Und die wenigen, die ihre Ziele in konkrete Pläne umgesetzt hatten, erwirtschafteten zehnmal soviel Geld wie ihre ziellosen Kommilitonen.

Vielleicht kommt es daher, daß wir dazu erzogen wurden, Mann und Familie für das wichtigste Ziel in unserem Leben zu halten, daß wir unsere eigenen Fähigkeiten vernachlässigen und dazu neigen, unsere Leistungen zu unterschätzen. Vielleicht fehlen uns auch die inspirierenden weiblichen Vorbilder. Vielleicht findet sich keine Frau, die Mädchen sagt: »Hör mal, *das* solltest du tun!«, so wie Männer, die ihre Söhne unter ihre Fittiche nehmen. Vielleicht fehlen uns die erfolgreichen Mütter. Was für jede einzelne von uns der Grund sein mag, für die meisten Frauen liegt die Zukunft im Nebel.

Und genauso war mein Verstand umnebelt, als ich nach dem Studium in eine Stelle an einer unbedeutenden Universität hineinstolperte, die mich nicht richtig befriedigte, weil ich noch immer nicht wußte, was ich eigentlich wollte. Ich schäme mich, wenn ich daran zurückdenke: Zu heiraten war mir wichtiger, als ein berufliches Ziel zu finden.

In meinem Hauptstudium hatte ich Joe Agonito kennengelernt, und seitdem rückte der Gedanke an Ehe und Familie wieder in den Vordergrund. Während Joe Pläne für seine Doktorarbeit schmiedete, bestand mein Plan darin, ihm bis ans Ende der Welt zu folgen, wenn es notwendig sein sollte. Wir machten beide unser Examen, heirateten und gingen in den mittleren Westen des Landes, wo er an einer großen Universität den Plan für seine Doktorarbeit verwirklichen konnte. Ich würde mich um Arbeit kümmern, sobald wir da waren – irgendwas würde sich schon finden lassen. Außerdem hatte ich ja meinen Joe. Auch wenn ein leises Gefühl des Zweifels mir sagte, daß an dieser Konstruktion etwas faul war, spielte ich weiter meine Rolle.

Ich fing sofort an, mich um einen Job an der Universität zu kümmern, und dachte, ich würde irgendwas in irgendeinem Büro finden, obwohl ich nicht einmal meinen eigenen Namen tippen konnte. Ich war mehr als erstaunt, als der Fachbereichsleiter Englisch mir eine Assistentenstelle anbot, bei der ich Kurse für Studenten im Hauptstudium abhalten sollte. Der Fachbereich Englisch war ziemlich überlaufen, sie brauchten kurzfristig einen weiteren Dozenten, und ich war zufällig gerade da und qualifiziert für den Job. Plötzlich war ich selbst in der Situation, als Assistentin zu arbeiten und eine Doktorarbeit in Englisch schreiben zu können.

Es war ein aufregendes Jahr voll kultureller Ereignisse, die eine große Universität zu bieten hat. Aber wir hatten trotzdem beide Heimweh, zumal sich zeigte, daß Joe für seine Doktorarbeit Einschränkungen hinnehmen mußte, die er schwer akzeptieren konnte. Deshalb gingen wir zurück nach Syracuse, was für mich hieß, zurück nach Hause zu kommen, und für Joe, zurück an seine alte Universität.

Um unsere familiäre Zweisamkeit zu finanzieren, nahm ich eine Stelle als Lehrerin an der Highschool an – ein Job, von dem ich immer gesagt hatte, daß ich das bestimmt nicht wollte. Pubertierende Jugendliche zu unterrichten war die unangenehmste Arbeit, die ich in meinem ganzen Leben gemacht habe. Nach zwei Jahren hatte ich die Nase gestrichen voll und habe aus dieser Zeit einen Heidenrespekt für Lehrer übrig behalten.

Nach einer kurzen Karriere als Autorin und einem Baby stolperte ich in die nächste Gelegenheit, die immerhin dazu führte, daß ich wenigstens eine Richtung für mich fand. Nachdem ich fünf Monate lang verdrossen die treusorgende Ehefrau und Mutter gespielt hatte, bekam ich einen Anruf von einem der benachbarten Colleges, in dem ich gefragt wurde, ob ich nicht Lust hätte, eine Vollzeitstelle als Philosophiedozentin anzutreten (was im Studium mein Nebenfach gewesen war). In den sechziger Jahren herrschte Lehrermangel.

Ich hatte noch nie daran gedacht, daß ich als Dozentin an ein College gehen könnte. Als Lehrerin an der Grundschule oder an der Highschool zu arbeiten hatte ich definitiv abgehakt, aber Dozentin zu werden war mir einfach noch nie in den Sinn gekommen. Warum nicht? Einfach weil ich als Studentin nie eine Frau als Dozentin erlebt hatte. Aber bei näherem Hinsehen stellte ich fest, daß es mich reizte, Philosophiedozentin zu werden.

Warum sollte ich es nicht einfach versuchen? Also nahm ich meine Mutter in die Pflicht, um auf unser Kind aufzupassen, der mein Vater inzwischen ihren geliebten Job als Putzfrau im Bürgermeisteramt madig gemacht hatte. Und weil mir wenigstens bewußt war, wie sehr Frauen auch in der Funktion als Großmütter ausgebeutet werden, bestand ich darauf, sie zu bezahlen.

Endlich verlief mein Leben in geregelten Bahnen, und ich hatte Spaß an meiner Arbeit als Philosophiedozentin. Zwei Jahre lang gaben mir die Studenten die besten Bewertungen, und schließlich ging ich an die Universität – diesmal aus eigener Entscheidung –, um eine Doktorarbeit zu schreiben.

Wieder bekam ich eine Assistentenstelle mit Lehrverpflichtung, die mir in den bewegten Jahren der späten Sechziger und frühen Siebziger viele interessante Erfahrungen und eine breitere akademische Orientierung einbrachte. Als ich endlich meinen Doktortitel hatte, war der akademische Stellenmarkt zusammengebrochen, und es gab nur noch wenige Jobs. Ich kämpfte mich durch, genau wie alle anderen auch, aber ich wußte, was ich wollte. Nachdem ich dieses Ziel erreicht hatte, tat ich immer genau das, was dazu diente, meine Ziele zu verwirklichen.

Der Konflikt zwischen Beruf und Familie

Obwohl für mich selbst alles wunderbar lief, mußte zu Hause vieles umorganisiert werden. Wenn ich nicht die Hausfrau spielte, wie sollte dann die anfallende Hausarbeit erledigt werden?

Im wesentlichen fand diese Entwicklung bei mir selbst statt, ich mußte lernen, mich selbst ernstzunehmen, Selbstbewußtsein zu entwickeln und von anderen selbstverständlich zu verlangen, die Lasten des Alltags verantwortlich zu teilen. Ich mußte aufhören, jedermanns »nettes Mädchen« zu sein. Obwohl diese Entwicklung nicht schmerzfrei oder unproblematisch ablief und ich einige Rückschläge erlebte, hatte ich das Glück, einen Mann geheiratet zu haben, der die Fähigkeit und den Willen mitbrachte, mit mir zusammen neue Verhaltensmuster zu entwickeln. Ich mußte für meine berufliche Selbstverwirklichung nicht mit der Belastung durch zwei Vollzeitjobs, nämlich Beruf und Familie, bezahlen, während mein »werter Gatte« seinem Vollzeitjob und ansonsten seinen Privatvergüngungen nachgeht. Joe, ebenfalls College-Dozent, übernahm die Hälfte aller für Kinder und Haushalt anfallenden Arbeiten. De facto hatte er sogar mehr als die Hälfte vom Kochen, Saubermachen und Kindererziehung übernommen, weil ich längere Fahrzeiten hatte.

Ein Ereignis gibt Joes Rolle in unserem Haushalt am besten wieder: Bei einem unserer Familientreffen kochte meine Schwester Mary ein wunderbares Gericht, und mein Sohn machte ihr dafür Komplimente.

»Tante Mary, das Essen schmeckt phantastisch!« Und dann fügte er spontan hinzu: »Kannst du das Rezept nicht meinem Papa geben?«

In unserer Familie wurde über dieses Ereignis viel gelacht, aber gleichzeitig wurde uns etwas Wichtiges klar. Ohne daß wir es gemerkt hatten, war Joe ein aktives Elternteil geworden, der in den Augen unserer Kinder für unser tägliches Leben mitverantwortlich war.

Weil den meisten Frauen diese Möglichkeit fehlt, fühlen sie sich ständig am Rande ihrer Kraft. Obwohl die meisten Frauen inzwischen berufstätig sind und damit zum Bruttosozialprodukt genauso wie zum Familieneinkommen beitragen, geht im Privatleben alles weiter wie eh und je, und es wird von den Frauen erwartet, daß sie die Last des Alltags zu Hause wie in früheren Zeiten allein tragen. Leider gibt es zu wenige, die sich gegen diese Zumutung zur Wehr setzen.

Für die meisten Frauen, die Familie haben, ist die Doppelbelastung durch einerseits Kinder und Haushalt, andererseits berufliche Forderung das entscheidende Hindernis auf dem Weg zum Erfolg. Diese Doppelbelastung hält Arbeitgeber davon ab, die Bewerbungen von Frauen genauso zu berücksichtigen wie die von Männern, Frauen einzustellen, selbst wenn sie womöglich besser qualifiziert sind, und sie als Kandidatinnen für Führungspositionen und Beförderungen überhaupt wahrzunehmen. Viel zu oft hält die Doppelbelastung Frauen selbst davon ab, sich weiterzuqualifizieren, sich für interessante Stellen zu bewerben, die vom Wohnort der Familie entfernt liegen, Stellen anzunehmen, die periodische Abwesenheit von zu Hause erfordern, und sich überhaupt auf die beruflichen Möglichkeiten einzulassen, die Männer mit größter Selbstverständlichkeit für sich in Anspruch nehmen. Fehlende Kindergärten und Ganztagsschulen tun ein übriges, um Frauen den Weg zu beruflichen Erfolgen zu versperren. Die psychische Belastung und die körperliche Erschöpfung, die viele Frauen als Einschränkung ihrer beruflichen Möglichkeiten erleben, kommt immer daher, daß im Ernstfall die Mütter die Verantwortung für das Geschehen in der Familie tragen.

Deshalb wird es niemand wundern, wenn auch wissenschaftliche Untersuchungen bestätigen, daß Kinder zu haben und Eltern zu werden für Männer und Frauen völlig verschiedene Rollenvorgaben mit sich bringt. Nach der Geburt eines Kindes ändert sich das Selbstbild einer Frau: Ihre berufliche Identität und ihre Rolle als Partnerin tritt in den Hintergrund, dafür sieht sie sich jetzt in erster Linie als Mutter, egal, wie alt sie bei der Geburt des Kindes ist. Wird ein Mann dagegen Vater, bringt ihn das nicht davon ab, seine Identität in erster Linie durch seine Arbeit und seine Rolle als Partner seiner Frau zu definieren.

Mit ihrem (bewußten oder unbewußten) Einverständnis, die Rolle als Mutter in einem tradierten Drehbuch zu spielen, erleiden die meisten Frauen Schiffbruch. Ich erlebe die »menschlichen

Wracks«, die an den Folgen dieses Schiffbruchs leiden, überall wo ich hinsehe: Die überforderte alleinerziehende Mutter, die selbst gerade erst erwachsen geworden ist und jetzt von Sozialhilfe leben muß, statt eine Berufsausbildung machen zu können; die junge Mutter, die sich im Spagat zwischen Ausbildung oder Beruf und Familie zerreißt; die Hausfrau mit der zerrütteten Ehe, ohne Ausbildung oder finanzielle Reserven, die sich als billige Putzhilfe ausbeuten läßt, um ihre Familie durchzubringen; die verbitterte alte Frau, deren Träume vom besseren Leben sie bis zum Tod verfolgen werden.

Frauen müssen endlich anfangen zu begreifen, wie extrem wichtig sinnvolle Arbeit für unsere menschliche Existenz ist. Ich betone noch einmal, daß ich nicht behaupte, Kindererziehung sei keine sinnvolle Arbeit. Kindererziehung ist sinnvolle Arbeit, aber das Leben eines erwachsenen Menschen kann sich nicht darauf beschränken, innerhalb der eigenen vier Wände mit den eigenen Kindern zusammenzuleben. Außerdem ist noch ganz ungeklärt, ob ein Mensch, der sich vom kulturellen Leben und der Arbeitswelt ausschließt, überhaupt fähig ist, gute Erziehungsarbeit zu leisten.

Auch die finanzielle Unabhängigkeit ist ein wichtiger Punkt. Ein Job, und wenn er noch so anstrengend sein sollte, ist immer die Mühe wert, wenn er einer Frau ihre finanzielle Unabhängigkeit ermöglicht. Jede Frau, die selbst erlebt hat, was es bedeutet, zur Befriedigung elementarster Bedürfnisse von einem anderen Menschen oder einer Institution abhängig zu sein, wird mir hoffentlich zustimmen, daß es unmöglich ist, gleichzeitig frei zu sein.

Eine finanziell abhängige Frau ist *immer* verletzbar. Angesichts einer Scheidungsrate von fünfzig Prozent, Tendenz steigend, von der hauptsächlich junge Frauen betroffen sind, einer hohen Arbeitslosigkeit und angesichts der Tatsache, daß sowohl Männer als auch Frauen immer weniger Geld verdienen, ist die Idee von einer Heirat als Lebensversicherung inzwischen mehr als lächerlich geworden. Und viel zu viele Frauen müssen buchstäblich am eigenen Leib erfahren, was finanzielle Abhängigkeit bedeutet, wenn sie von ihren Männern geschlagen werden, aber nicht über die Mittel verfügen, um sich aus dieser Situation zu befreien.

Wenn wir verletzbar sind, wird das immer anderen nutzen, nie uns selbst.

Karriereentwicklung

Im Grunde trifft der Begriff Karriereentwicklung nicht das, was wir uns als Frauen von einer beruflichen Entwicklung versprechen, nämlich unsere Identität zu gestalten, unsere Begabungen und Fähigkeiten weiterzuentwickeln, persönliches Wachstum in unserer Arbeit zu erleben, Neues zu lernen, unseren Intellekt und unsere Sensibilität zu erweitern und immer neue Herausforderungen zu suchen und anzunehmen.

Ich denke, es trägt zum Verständnis bei, den Prozeß der Karriereentwicklung mit der Schaffung eines Kunstwerks zu vergleichen. Zu jedem Zeitpunkt meines Lebens verfüge ich über gewisse Werkzeuge (individuelle Begabungen, Fähigkeiten, Wissen, berufliche Kontakte), genauso wie Maler über eine Reihe von Materialien verfügen (Leinwand, Farbe, Pinsel). Mit diesen Mitteln muß ich mein Leben gestalten und meine Individualität entfalten, genauso wie ein Maler ein Kunstwerk schafft, das seine persönliche Vision zum Ausdruck bringt.

Immer wenn ich darüber nachdenke, was Frauen erreichen können, fällt mir eine Frau namens Mary und ihr kometenhafter Aufstieg ein. Ich kenne sie seit vielen Jahren, und ihre Geschichte gefällt mir deshalb so gut, weil sie für uns alle beispielhaft zeigt, was möglich ist.

Mary arbeitete als Kassenangestellte bei einer Bank und lernte viele neue Mitarbeiter an. Jahrelang hatte sie immer zusehen müssen, wie die Männer, die als blutige Anfänger von ihr gelernt hatten, schon bald in die nächsthöhere Etage befördert wurden.

Trotz ihrer Leistungen kam niemand auf den Gedanken, *sie* zu befördern. Deshalb fing sie neben ihrer Arbeit als Kassenangestellte ein Abendstudium im Fach Geschichte an, und als Mutter jonglierte sie mit Arbeit, Studium und Haushalt gleichzeitig.

Inzwischen erzählte ihr ein älterer Kunde, der immer darauf bestand, nur von Mary bedient zu werden, daß er vorhatte, sich aus dem Berufsleben zurückzuziehen. In gebrochenem Englisch sprach er von seiner Maschine, die Asphalt markieren konnte, so daß er sein Geld damit verdient hatte, Parkplätze mit weißen Strichen zu versehen.

»Gutes Geschäft, gute Maschine«, sagte der alte Mann. »Sagen Sie Ihrem Mann, er soll meine Maschine kaufen. Ich mache guten Preis.«

Jedesmal, wenn er in der Bank auftauchte, drängte er Mary, ihren Mann zum Kauf seiner Maschine zu überreden. Langsam wurde Mary neugierig auf diesen merkwürdigen Apparat. Aber als sie ihm schließlich erklärte, *sie* würde das Ding kaufen, protestierte er.

»Nein, nein. Für Ihren Mann!«

Trotzdem verkaufte er ihr seine Maschine, und Mary begann zu üben, indem sie, die schwere Maschine schiebend, auf ihrer eigenen Auffahrt Markierungen anbrachte. Als sie den Asphalt kreuz und quer mit Strichen übersäht hatte, hatte sie den Dreh raus. Jetzt konnte sie ihren ersten Job angehen, und sie nahm sich als ersten Kunden ihren Hausarzt vor. Nervös, weil sie keine Ahnung von diesem Geschäft hatte und nicht wußte, wieviel sie verlangen konnte, bot sie ihm an, für zehn Prozent weniger, als er zuletzt bezahlt hatte, seinen Parkplatz neu zu markieren. Er war einverstanden. Sie nahm ihren ersten Job als Markiererin an und hatte gleichzeitig herausgefunden, wie die Preise lagen.

Schon bald brachte die Arbeit mit der Markierungsmaschine

genug ein, um ihre Studiengebühren und den Lebensunterhalt zu finanzieren, so daß sie ihren aussichtslosen Job bei der Bank an den Nagel hängen konnte. Sie konzentrierte sich auf ihr Studium und betrachtete die Arbeit mit der Markierungsmaschine als vorübergehend. Bis sie feststellte, daß ihre Einnahmen wuchsen und sie zum ersten Mal erwog, die Sache zu einer richtigen Firma auszuweiten. Eine Anzeige im Branchenbuch brachte ihr einen ganzen Kundenstrom ein, während sie gleichzeitig ihr Examen am College machte.

Eines Tages klingelte das Telefon. Ein Mann erklärte, daß er ihre Anzeige gesehen hätte und einen Markierer suchte, weil die Firma, die er mit der Markierung eines Teils der neugebauten Autobahn beauftragt hatte, plötzlich ausgefallen war. Er bot ihr also an, für diese Firma einzuspringen.

»Können Sie den Job übernehmen?« fragte er.

Endlich war der Augenblick gekommen, und Mary antwortete ohne Zögern: »Ja, das kann ich!«

Als sie den Hörer aufgelegt hatte, brach ihr vor Panik der kalte Schweiß aus, bis jetzt hatte sie sich auf Parkplätzen bewegt – aber eine ganze Autobahn? Das war schon ein anderes Ding! Sie nahm allen Mut zusammen und ging zu einem Nachbarn, der im Straßenbau arbeitete, um sich Tips geben zu lassen.

Am nächsten Morgen stand sie mit ihrer Maschine allein am Anfang der endlosen Straße. Der Baustellenleiter merkte auch, daß ihr die Erfahrung für einen Auftrag dieser Größe fehlte, aber er stand unter Termindruck und hatte keine andere Wahl, als sie mit Rat und Tat zu unterstützen. Er erklärte ihr, daß es eine Mixtur gab, die auf die Markierungen der Autobahn aufgetragen werden mußte. Erfinderisch, wie sie war, fuhr Mary zum nächsten Farbenladen, kaufte die Mixtur und verteilte sie von Hand aus einer Kaffeedose, in die sie mit einem Nagel ein Loch gemacht hatte, auf der frischen Farbe, die ihre Maschine auf den Asphalt gemalt hatte.

Wenn Mary die Geschichte ihres ersten großen Auftrags erzählt, muß sie immer lachen. Aber das war der Wendepunkt in ihrem Leben, durch den sie an öffentliche Aufträge kam, so daß sie heute eine Firma mit 2,5 Millionen Dollar Jahresumsatz hat. Inzwischen hat Mary einen modernen Maschinenpark und ihre Leute, die für sie arbeiten. Als sie selbst mit der schweren Maschine den Parkplatz ihres Hausarztes markiert hatte, hätte sie wahrscheinlich im Traum nicht an ein Unternehmen dieses Ausmaßes gedacht.

Mary hatte alles verwirklicht, was in ihr steckte. Sie hatte gelernt, sie hatte ihre Möglichkeiten erweitert, sie war professionell geworden, und sie hatte keine Scheu, andere um Rat zu fragen, wenn sie nicht weiter wußte. Aber das wichtigste: Sie hatte sich selbst immer neue Möglichkeiten eröffnet und war den Risiken nicht aus dem Weg gegangen, weil sie wußte, daß sie sich auf sich selbst verlassen konnte. Selbstvertrauen heißt das Zauberwort.

Jedesmal, wenn ich nachts auf der Autobahn fahre und die hell leuchtenden weißen Markierungen sehe, die mich sicher auf der Straße halten, denke ich an Mary. Und wenn ich keine weiße Linie sehe, denke ich ebenfalls an Mary und ihre Maschine, die ein Stück Sicherheit auf die Straßen malt.

Und Mary hat nicht vergessen, woher sie kommt. Sie ist eine wunderbare Feministin, der die Zeit nie zu schade ist, um Vorträge zu halten und Frauen zu beraten, die zurück ins Berufsleben wollen oder nach einer geeigneten Ausbildung suchen.

Genauso wie Mary ist Jane eine Frau, die sich nicht einfach mit dem abfindet, was das Leben ihr aufgebürdet hat. Eines Morgens war sie aufgewacht und hatte statt ihres Ehemanns einen Zettel neben sich gefunden, auf dem dieser Mann ihr mitteilte, er hätte keine Lust mehr, verheiratet zu sein. Auf Wiedersehen. Das war's.

Die Kinder hatte er ihr dagelassen, dafür das Auto mitgenommen, und jetzt stand Jane ohne Arbeit da, wohnte zur Miete in einem Haus fernab von einer Stadt und hatte eigentlich keine Wahl. Entweder Sozialhilfe beantragen oder Arbeit suchen, wofür sie auf jeden Fall würde umziehen müssen.

Sie mußte etwas tun, sonst wäre sie in Depressionen verfallen und vor lauter Angst unfähig geworden, ihre Situation überhaupt in Angriff zu nehmen.

Also nahm sie ihren ganzen Mut zusammen, packte alles, was sie brauchte, in große Taschen und machte sich mit ihren beiden Kindern auf den Weg zur Bushaltestelle, um in die nächste große Stadt zu fahren. Weil sie kein Geld hatte, kam sie dort zuerst bei der Heilsarmee unter. Von dort aus fing sie an, Arbeit zu suchen, für die sie nicht mehr als ein paar Jahre Highschool und ein wenig Erfahrung als Sekretärin mitbrachte.

Nicht ohne Angst antwortete sie auf alle Stellenanzeigen, bis sie zu einem Vorstellungsgespräch bei der Stadtverwaltung eingeladen wurde. Der Mann, der mit ihr sprach, äußerte ernsthafte Zweifel an ihren Fähigkeiten. Aber Jane schaffte es, ihn zu überreden, indem sie ihm klarmachte, daß niemand mehr arbeiten würde als sie, weil für sie in diesem Job eine lebenswichtige Chance lag. Anscheinend hatte ihre Entschlossenheit ihn beeindruckt, denn Jane bekam den Job.

Sie mietete eine kleine Wohnung, in der sie mit ihren Kindern lange mit drei Matratzen auf dem Boden lebte, bevor sie sich anderen Hausrat anschaffen konnte. Aber sie hatten es geschafft, und sie fühlten sich wohl. Heute arbeitet Jane noch immer für diesen Mann, der inzwischen sein Glück in der Politik gemacht hat, und in diesem Job hat auch Jane ihr Glück gemacht, weil sie eine Arbeit hat, die sie ausfüllt. Sie hat ihre beiden Kinder durchs College gebracht, ist in verschiedenen Gremien aktiv und führt ein ausgefülltes Leben.

Aber nicht alle schaffen es, sich von einer plötzlichen Notlage nicht lähmen zu lassen. Ich sehe viele Frauen, die der Lethargie verfallen sind – Frauen, die ihre Begabungen brachliegen lassen, ihre Intelligenz nicht einsetzen, ihre Fähigkeiten verkümmern lassen. Nicht physische Gründe sind der Auslöser dieser Untätigkeit, sondern ein allmähliches Versinken in Ängsten und Depressionen.

Frauen aller Altersgruppen und sozialen Schichten sind der Lethargie verfallen: Hausfrauen, die eigentlich gern wieder ins Berufsleben einsteigen würden, aber nicht den Mut haben; Frauen, die statt Sozialhilfe lieber von selbstverdientem Geld leben würden; Frauen, die trotz einer guten Ausbildung in aussichtslosen Jobs beruflich unterfordert und unzufrieden sind; Frauen, an denen die ersehnte Beförderung immer vorbeigeht; Frauen, die es nicht schaffen, ihre Geschäftsideen in die Tat umzusetzen; Geschäftsfrauen, die ihre Firmen gern vergrößern würden, aber das Risiko scheuen. Meistens haben sie das Gefühl, daß sie sich selbst in eine Falle gebracht haben. Und alle warten sie darauf, daß sich ihnen endlich eine Möglichkeit *anbietet.*

Es gibt einen Kinofilm, *Thelma und Louise*, in dem die Bedeutung der persönlichen Verantwortung und im Gegensatz dazu die Neigung, sich mit zu wenig zufrieden zu geben, auf den Punkt gebracht werden.

Thelma klagt über die vielen Jahre, die sie an ihren gefühlskalten Ehemann verschwendet hat, und Louise hält ihr entgegen, daß jede »das bekommt, mit dem sie sich abfindet«.

Die gleiche Botschaft wiederholt sich später im Film, wenn Louise und ihr Lebenspartner darüber nachdenken, wie sie ihr Leben verbracht haben. Ihr Freund, ein Musiker, klagt, daß er sein Talent mit Samstagsauftritten in einem zweitklassigen Hotel vergeudet hat. Louise hat ihr Leben als Kellnerin in ebendiesem Hotel verbracht.

»Wir haben eben das bekommen, womit wir uns zufrieden gegeben haben«, sagt Louise dann.

Zu oft geben sich Frauen mit zu wenig zufrieden. Natürlich lassen sich endlos viele Gründe aufzählen, weshalb wir uns mit einer Situation abfinden. Aber wir bezahlen dafür immer einen Preis, *wir* bezahlen ihn, niemand sonst.

Wie wir uns selbst neue Möglichkeiten eröffnen können

Zu viele Frauen verstehen nicht, daß wir uns unsere Möglichkeiten selbst eröffnen können und müssen. Ewig abzuwarten (und dabei allmählich der Lethargie zu verfallen) ist wie Warten auf den Märchenprinzen. Das »nette Mädchen« wartet auf Erlösung, aber Dornröschen ist längst erstarrt, und wir warten, daß sich endlich, endlich eine Möglichkeit auftut, die unser Leben verändert.

Meistens sind es Männer, die in der Position sind, daß sie Möglichkeiten anzubieten haben, aber vor allem sind es Männer, denen Möglichkeiten angeboten werden. Dahinter steckt keine verborgene oder offensichtliche Verschwörung, sondern schlimmer noch, Frauen sind, wenn es um berufliche Möglichkeiten geht, einfach unsichtbar. (Es sei denn, Mann erwartet von einer Frau, daß sie für die von ihm gebotene Möglichkeit »bezahlt«.) Aber in der Regel verhindert der Wahrnehmungsfilter, daß wir überhaupt in Erwägung gezogen werden, selbst wenn wir entschieden mehr zu bieten haben als die mit uns konkurrierenden Männer. Und dazu tragen wir selbst noch bei, weil wir lieber »nettes Mädchen« spielen, als uns, wie Männer es häufig tun, in den Mittelpunkt zu spielen.

Diese Unsichtbarkeit sorgt in Verbindung mit der Neigung vieler Frauen, auf Anerkennung und Förderung zu warten, dafür, daß die Karrieren vieler Frauen im Sande verlaufen. Sich sichtbar zu machen, den Wahrnehmungsfilter zu durchbrechen, erscheint mir deshalb als eine der ersten Hürden, die Frauen nehmen müssen, wenn sie eine berufliche Entwicklung auf egal welchem Gebiet anstreben.

Wie schaffe ich es, als Frau wahrgenommen zu werden, statt als »nettes Mädchen«, das brav wartet, bis es an die Reihe kommt? Entscheidend ist auch hier eine tägliche, konzentrierte Bemühung, und die nachfolgenden Vorschläge können auf die Bedürfnisse jeder einzelnen Frau zugeschnitten werden, um dazu beizutragen, unkonkrete Wünsche in konkrete Pläne für die persönliche Karriereentwicklung jeder Frau umzusetzen:

- Seien Sie taktisch auf Draht, und bauen Sie Begegnungen zu nützlichen Kontakten aus.
- Entwickeln Sie berufliche Kontakte auf Gegenseitigkeit (Sie helfen und lassen sich helfen).
- Geben Sie Vorgesetzten (oder anderen, die Sie betreffende Entscheidungen zu treffen haben) zu verstehen, daß Sie am Erfolg interessiert sind und Beförderungen erwarten. Legen Sie immer wieder Nachdruck darauf.
- Beziehen Sie Vorgesetzte in Ihre Karriereentwicklung mit ein, indem Sie um Rat und Hilfe fragen.
- Knüpfen Sie Kontakte mit Leuten aus anderen Abteilungen Ihres Unternehmens.
- Bewerben Sie sich von sich aus um wichtige Projekte und Aufgaben.
- Stellen Sie Ihr Licht nicht unter den Scheffel. Machen Sie andere auf das aufmerksam, was Sie erreicht haben, um Ihre Qualifikation unter Beweis zu stellen.
- Kümmern Sie sich um die entscheidenden Aufgaben und Projekte in Ihrer Organisation, mischen Sie sich an Schlüsselpunkten ein.
- Zeigen Sie Ihre Fähigkeit, Probleme zu lösen und Krisen zu bewältigen, um im Ruf zu stehen, daß man sich in schwierigen Situationen auf Sie verlassen kann.

- Entwickeln Sie neue Ideen und vor allem, machen Sie Ihre Ideen schriftlich bekannt.
- Nehmen Sie an wichtigen Ausschüssen teil.
- Nehmen Sie an geschäftlichen Anlässen teil.
- Entwickeln Sie in Ihrem Aufgabenbereich spezielle Qualitäten, so daß sich andere um Rat an Sie wenden.
- Seien Sie kreativ, und leisten Sie damit herausragende Arbeit. Wenn Sie genauso wie alle anderen nach Schema »f« verfahren, wird niemand Sie persönlich wahrnehmen.
- Diskutieren Sie Ihre Gedanken mit direkten Kollegen und denen anderer Abteilungen. Wenn Sie zum Beispiel einen Artikel entdeckt haben, der die Arbeit Ihrer Kollegen betrifft, können Sie eine Kopie schicken, begleitet von einem Satz: »Ich dachte, daß Sie das interessiert, wenn Sie nicht schon selbst darauf gestoßen sind. Gruß, XY.«
- Setzen Sie Interessenten durch Arbeitspapiere vom Stand Ihrer Arbeit in Kenntnis, aber achten Sie dabei unbedingt auf Diskretion.
- Bleiben Sie auf Versammlungen nicht in der Zuschauerrolle, nehmen Sie aktiv teil. Bereiten Sie sich vor, damit Ihre Argumente beweisen, daß Sie informiert sind. Machen Sie sich schriftlich Notizen zu dem, was Sie über anstehende Themen denken. Setzen Sie sich nicht nach hinten, sondern so, daß Sie gesehen werden.
- Nehmen Sie die Gelegenheit wahr, Besprechungen zu leiten.
- Haben Sie keine Angst davor, bei öffentlichen Auftritten geprüft zu werden. Darin liegt immer eine Chance. Seien Sie darauf vorbereitet. Riskieren Sie lieber einen Fehler, als die graue Maus zu spielen.
- Haben Sie keine Angst, für sich selbst zu werben. Darin liegt ein entscheidender Faktor für Ihre Karriere. »Nette Mädchen« sprechen nicht gern über ihre Leistungen, weil man ihnen beigebracht hat, daß sie bescheiden sein sollen. Wenn wir nur

das tun, was sich angeblich gehört, schaden wir uns selbst. Genauso wie wir die Leistungen anderer gern zur Kenntnis nehmen, sollten wir auch gern von unseren eigenen Leistungen erzählen, egal, ob sie uns klein oder groß erscheinen.

- Drücken Sie Ihre Leistungen, wann immer es möglich ist, in Zahlen aus. (Beispiel: »Ich habe ein kostensparendes Verfahren für X eingeführt, wodurch unsere Bürokräfte zwanzig Prozent ihrer Arbeitszeit für andere Aufgaben verwenden können.«)
- Machen Sie andere innerhalb und außerhalb Ihrer Organisation auf Ihre Leistungen aufmerksam, durch Rundschreiben, Artikel, Berichte an Vorgesetzte, oder indem Sie etwa sagen: »Ich bin gespannt, was die anderen zu meiner Arbeit sagen«.
- Weisen Sie immer auf den Beitrag anderer zu Ihren Leistungen hin.
- Loben Sie die Leistungen anderer.
- Bitten Sie Leute, die ein grundlegendes Lob über Ihre Leistungen aussprechen, darum, das auch schriftlich zu äußern.
- Sagen Sie anderen, was Sie wollen – wenn niemand weiß, was Sie wollen, werden Sie nie Ihren Willen bekommen.
- Bitten Sie Vorgesetzte regelmäßig um eine Resonanz auf Ihre Arbeitsleistung, und betonen Sie dabei, daß es Ihnen darum geht, Ihre beruflichen Fähigkeiten zu verbessern.
- Bitten Sie jemand, den Sie in Ihrer Firma besonders schätzen, Ihnen etwas über Ihre Leistungen, Ihr Kommunikationsverhalten, Ihre Fähigkeit, Sachverhalte darzustellen, zu sagen. Machen Sie deutlich, daß Sie sowohl positive als auch negative Punkte hören möchten. Wenn wir die Einschätzung anderer mit unserer Selbsteinschätzung vergleichen, kann uns das bei unserem persönlichen Wachstum helfen.
- Bauen Sie sich positive Arbeitsbeziehungen auf. Setzen Sie sich mit Ihren Kollegen oder Vorgesetzten zu einem klärenden Gespräch zusammen, wenn Spannungen entstanden sind.

Fragen Sie, was Sie selbst und was der andere dazu beitragen kann, um Spannungen abzubauen.

- Stellen Sie sich selbst regelmäßig Zeugnisse aus, in denen Sie auch festhalten, wo Ihre Stärken und Schwächen liegen, was Sie konkret erreicht haben, wo Sie Fehler gemacht oder versagt haben, und entwickeln Sie daraus Strategien, die Ihre Schwächen ausgleichen.
- Legen Sie für sich selbst eine Akte an, in der Sie alle Punkte im Zusammenhang mit Ihrer Arbeit verzeichnen, Ihre besonderen Leistungen (auch wenn sie nicht direkt mit Ihrer derzeitigen Arbeitsstelle zusammenhängen), Ihre Auszeichnungen und Diplome, positive Erwähnungen von dritter Seite und ähnliches sammeln. Im Lauf der Jahre wird sich darin Ihr beruflicher Werdegang spiegeln, in dem keine Einzelheit fehlt und der Ihnen persönlich als Selbstversicherung dient oder Ihnen erlaubt, bei Bewerbungen die Höhepunkte Ihrer Karriere belegen zu können. Auch in Gehaltsverhandlungen wird sie sich als nützlich erweisen.
- Denken Sie immer an die Grundregel des Marketing, wenn Sie sich selbst anbieten (für die Leitung eines interessanten Projekts, einer Versammlung; wenn es um eine Beförderung oder eine neue Stelle geht): Die Leute kaufen, wenn *Sie* etwas anzubieten haben, was sie *selbst* brauchen. Das Thema ist deshalb nicht Ihre wunderbare Persönlichkeit, sondern was Sie konkret bieten können.
- Treten Sie selbstbewußt und sicher auf. Wenn Sie nicht an sich selbst glauben, warum sollten andere es tun?
- Soweit es Ihre Finanzen erlauben, sollten Sie sich Ihrer Persönlichkeit entsprechend gut kleiden, aber nicht unbedingt so, wie es die Mode diktiert. Erste Eindrücke sind häufig entscheidend, und Sie dürfen ruhig auffallen. Wie wir uns darstellen, ist ein Ausdruck unseres Wesens, und unsere Kleidung kann dazu beitragen, daß wir unsere Ziele erreichen.

- Stellen Sie sich auf Arbeitstreffen, Besprechungen, Messen, Kongressen so dar, daß Sie als aktive Teilnehmerin wahrgenommen werden.
- Schließen Sie sich mit anderen Frauen Ihres Berufszweigs zusammen, und organisieren Sie gemeinsam eine Datenbank, damit Sie über Informationen verfügen, welche Frau in Frage kommt, wenn ein Projekt gemacht oder eine Stelle besetzt werden soll. Auch Ihre Frauengruppe sollte zu dieser Datenbank beitragen, und die Datenbank selbst sollte den Personalbüros und verantwortlichen Managern zur Verfügung gestellt werden, damit sie wissen, daß es qualifizierte Kandidatinnen gibt. Das wirkt der Ausrede entgegen, daß es für bestimmte Jobs keine qualifizierten Frauen gibt. Außerdem bietet sich die Möglichkeit, daß sich Frauen in einem Netzwerk gegenseitig fördern können.
- Unterstützen Sie andere Frauen bei ihrer Karriereentwicklung.
- Halten Sie sich heraus, wenn im Büro die Gerüchteküche brodelt, beobachten Sie statt dessen lieber Ihre Umgebung – Sie könnten Erkenntnisse über das Verhalten anderer gewinnen, die Ihnen nützlich sind.
- Reiten Sie nicht auf Ihren eigenen Schwächen und Fehlern herum (was Frauen leider oft tun). Wenn Sie über einen Fehler sprechen, sollten Sie ihn im Gegensatz zu Ihren sonstigen Leistungen darstellen (»Das paßt überhaupt nicht zu mir, eine so wichtige Angelegenheit zu vergessen.«). Lernen Sie aus Ihren Fehlern, aber stellen Sie Ihr Licht nicht unter den Scheffel.
- Wenn Sie einen Punkt erreicht haben, an dem es für Sie keine Entwicklungs- oder Aufstiegsmöglichkeiten gibt (die Sie sich wünschen), halten Sie sich die Situation vor Augen und *handeln* Sie. Vielleicht erfordert die Situation, das Wagnis einzugehen, eine neue Stelle oder einen neuen Beruf anzufangen.

- Gehen Sie regelmäßig diese Liste durch, um sicherzustellen, daß Sie sich nicht selbst daran hindern, aus jeder Chance Vorteile zu ziehen.

Ein neues Frauennetzwerk

Viele der aufgelisteten Vorschläge dienen dazu, ein großes Hindernis aus dem Weg zu räumen, dem die meisten Frauen im Lauf ihres Berufslebens mehr als einmal begegnet sind: Sie werden nicht wahrgenommen. Vom Männernetzwerk ausgeschlossen zu sein steht uns als weiteres Hindernis im Weg. Die Männernetzwerke wirken auf der formellen und der informellen Ebene wie ein Düngemittel, das überall, wo wir hinsehen, Männerkarrieren wachsen läßt. Von diesem Netzwerk ausgeschlossen zu sein, kann für die Berufskarrieren von Frauen verheerende Wirkungen haben, weil sie von wichtigen Informationen, Kontakten, gegenseitiger Unterstützung und Hilfe ausgeschlossen werden – alles Faktoren, die für Erfolg und Erweiterung des persönlichen Horizonts sorgen. Deshalb müssen Frauen unbedingt für einen Ausgleich sorgen.

Ein Netzwerk ist im Grunde überhaupt nichts Geheimnisvolles, auch wenn sich die Männerclubs zu diesem Zweck manchmal mit einem besonderen Nimbus der Exklusivität umgeben, die sie von außen undurchdringlich erscheinen lassen. Ein Netzwerk bedeutet kontinuierliche Kommunikation und einen Austausch zwischen Individuen und Gruppen, woraus alle Beteiligten Vorteile ziehen können. Die Vorteile eines Netzwerkes entstehen aus dem Informationsfluß, der Erweiterung persönlicher Kontakte, emotionaler Untersützung, einem ermutigenden Sinn für Solidarität und Zusammengehörigkeit und der Möglichkeit, gemeinsam für die eigenen Interessen eintreten zu können. Insgesamt hängen natürlich die Auswirkungen, die ein Netzwerk auf die

Karriereentwicklung der einzelnen Mitglieder haben kann, von der Macht und den beruflichen Kontakten der Mitglieder ab. Aber schon die gegenseitige Solidarität hilft uns, persönliches und berufliches Selbstbewußtsein zu entwickeln.

Was können Frauen tun, um nicht von den Möglichkeiten bestehender Netzwerke ausgeschlossen zu werden und genauso wie Männer für Wissenserweiterung und berufliche Entwicklung auf Netzwerke zurückgreifen zu können?

Wir können uns zu alternativen Netzwerken zusammenschließen, was viele Frauen schon getan haben. Diese Frauennetzwerke können uns eine Reihe von Vorteilen eröffnen, aber solange wir Frauen noch nicht fest miteinander verbunden sind, bleiben die Informationen und Möglichkeiten beschränkt.

Den vielleicht wichtigsten Vorteil sehe ich darin, daß ein Netzwerk die Möglichkeit eines gemeinsamen politischen Handelns beinhaltet, auch wenn diese Möglichkeit von Frauen wenig beachtet und noch seltener von ihr Gebrauch gemacht wird. Schon eine kleine Gruppe von Frauen wird in den Augen anderer als potentielle Bedrohung wahrgenommen, weil man ihr zu Recht unterstellt, viel in Bewegung bringen zu können. Wir Frauen sollten darin eine Chance sehen und diese Macht als Hebel betrachten, den wir an neuralgischen Punkten ansetzen können, um Mißstände auszuräumen.

Wenn wir diese Karte in der Hand halten, sollten wir auch nicht davor zurückschrecken, sie auszuspielen, indem wir uns zugunsten unserer Ziele zusammenschließen. Es liegt keine moralische Überlegenheit darin, das Spiel nach den Regeln anderer zu spielen, die doch nur dem einen Zweck dienen, uns in »unsere Schranken« zu weisen. Die meisten Reformen, womöglich alle, sind das Ergebnis gemeinsamen Handelns (Beförderungen für Frauen, gleicher Lohn für gleiche Arbeit, Quotierung, Zugang zu traditionellen Männerberufen, Weiterbildungsprogramme etc.).

Zusätzlich zur Bildung von Netzwerken gibt es noch einige andere Dinge, die wir tun können:

- Wir können weiterhin versuchen, uns bestehenden Netzwerken anzuschließen. Häufig werden wir unbewußt ausgeschlossen, genauso wie wir unbewußt in Stereotypen gepreßt werden. Also fragen wir einfach: »Hat jemand etwas dagegen, wenn ich mit euch zum Mittagessen gehe?« Das Schlimmste, was uns passieren kann, ist, daß man uns ausschließt – aber ausgeschlossen waren wir auch vorher schon.
- Wenn es uns liegt, können wir zum Beispiel lernen, an den wichtigsten »Netzwerk-Sportarten« teilzunehmen, egal, ob das Golf, Tennis oder Doppelkopf ist.
- Wir können mit dem sympathischsten Mann aus dem Männer-Netzwerk in näheren Kontakt treten, der bereit ist, seine Informationen mitzuteilen und in der Gruppe als Fürsprecher aufzutreten. (Einer ist immer dabei, mit dem wir reden können.)
- Wir können uns in Gewerkschaften oder anderen Berufsverbänden organisieren, die eine wertvolle Möglichkeit zur Zusammenarbeit zwischen Kollegen bieten, und außerdem als Organisation über wichtige Informationen verfügen.
- Wir können Weiterbildungsveranstaltungen und Fachtagungen besuchen und mit anderen Anwesenden in Verbindung treten.
- Wir können einer Interessengemeinschaft beitreten, in der sich Menschen kennenlernen, mit denen wir Netzwerke bilden können, um uns auszutauschen, gemeinsam zu lernen und voneinander zu profitieren.
- Wir können eine Zeitschrift als Forum für einen Meinungs- und Informationsaustausch ins Leben rufen, auch eine Mailbox bietet sich an. Diese Möglichkeit erfordert etwas mehr Einsatz, als an bestehenden Systemen teilzunehmen, dafür sitzen wir dann direkt an der Quelle.

- Wir können überlegen, ob nicht einer unserer Vorgesetzten oder eine erfahrene Freundin bereit wäre, die Rolle einer Mentorin für uns zu übernehmen. Dies ist eine der Angelegenheiten, bei denen wir zu oft abwarten, bis sich Möglichkeiten eröffnen, was sich aber ohne unser eigenes Zutun fast nie ereignet. Untersuchungen mit Frauen in Schlüsselpositionen haben gezeigt, daß fast alle ihren Erfolg auch der Unterstützung durch erfahrene Mentorinnen oder Mentoren verdanken.
- Wir können Verbindungen mit Kollegen innerhalb und außerhalb unserer Organisation aufbauen, indem wir gemeinsame Projekte, gemeinsame Ausschüsse oder Bemühungen vorschlagen. Zusammenzuarbeiten ist die beste Grundlage für eine langfristige, gegenseitige Unterstützung.
- Wir können die Informationen aus den bestehenden Netzwerken durch »detektivische« Arbeit aufspüren, wenn wir unsere Aufmerksamkeit dem Papierfluß unseres Unternehmens widmen und Berichte lesen, beobachten, wer wem Kopien seiner Unterlagen zukommen läßt, Aktennotizen zur Kenntnis nehmen etc. Auch im jährlichen Unternehmensbericht kann zwischen den Zeilen gelesen werden (wobei man z. B. feststellt, was alles nicht getan wurde, und daraus wiederum eigene Strategien ableiten kann). Auch die genaue Beobachtung der Unternehmenskultur läßt Rückschlüsse auf die Qualitäten zu, die im allgemeinen mit Beförderungen belohnt werden.

Frauen in Management und Führungspositionen

Frauen sind nur selten von Erfolg gekrönt, wenn sie nach Führungspositionen streben, daran hat sich auch in den letzten Jahren nicht viel geändert. Nur äußerst selten finden wir sie in den Chefetagen großer Konzerne oder in den Spitzenfunktionen der Politik, und was die deutschen Universitäten angeht, wird durchschnittlich eine von zehn Professorenstellen mit einer Frau besetzt. Immer wenn es um Positionen von öffentlichem Interesse oder hohem Ansehen geht, stehen Männer im Rampenlicht. Dagegen hat sich im mittleren Bereich einiges getan, wenigstens den Prozentzahlen zufolge, ist es den Frauen gelungen, traditionelle Männerbastionen zu unterwandern.

Die Übernahme von Führungspositionen im großen Stil gäbe Anlaß zu berechtigter Hoffnung auf Veränderung – wobei wir davon ausgehen wollen, daß Frauen einen Führungsstil mitbringen, der den traditionellen Männerwerten Konkurrenz, Eigennutz und Sieg oder Untergang eine Absage erteilt. Daß Frauen in Führungspositionen aufsteigen, bedeutet auch, daß Frauen die Macht bekommen, *ihren* Vorstellungen Geltung zu verschaffen.

Das Haupthindernis auf diesem Weg liegt in dem tief verwurzelten Vorurteil, daß Frauen nicht über gute Führungsqualitäten verfügen, die Männer angeblich von Natur aus haben. Es ist schwer, Frauen Führungsqualitäten zuzutrauen, solange viele von uns wie »nette Mädchen« wirken und zu wenige Frauen in Spitzenpositionen das Gegenteil beweisen. Dagegen gibt es nur ein Mittel: Wir müssen uns selbst und die Männer dazu zwingen, uns in höheren Positionen nicht als Alibifrauen, sondern als für die Anforderungen verantwortlicher Positionen kompetente Bewerberinnen wahrzunehmen. Wir werden leider genötigt, unsere Führungsqualitäten erst unter Beweis zu stellen, wogegen Männer dies in der Praxis tagtäglich beweisen können, weil sie die Spitzenpositionen schon innehaben.

Damit unsere Führungsqualitäten wahrgenommen werden, müssen wir also versuchen, bei allen sich bietenden Möglichkeiten innerhalb und außerhalb unseres Unternehmens die Führungsrolle zu übernehmen, indem wir zum Beispiel:

- Versammlungen effektiv leiten;
- Funktionen der Berufsverbände kompetent ausfüllen (je höher, desto besser);
- die Leitung öffentlichkeitswirksamer, wichtiger Projekte übernehmen;
- uns um von der Öffentlichkeit wahrgenommene Positionen in der Lokalpolitik bewerben;
- uns um besondere Aufgaben in unserer Firma, der Gewerkschaft, einem Verein etc. bewerben oder sie auf eigene Initiative übernehmen;
- Artikel in Fachzeitschriften publizieren;
- innovative Ideen zur Verbesserung der Firma entwickeln oder unsere Innovationskraft anders beweisen;
- unsere Vorgesetzten bitten, uns an Fortbildungen oder Management-Schulungen teilnehmen zu lassen. Oder, wenn wir damit keinen Erfolg haben, auf eigene Initiative Veranstaltungen besuchen und dann in der Firma publik machen, daß wir unsere berufliche Qualifikation erweitert haben;
- unsere Management-Qualitäten durch Lektüre erweitern und dabei besonders die Artikel und Bücher von Frauen für Frauen lesen;
- erfolgreiche Führungspersönlichkeiten in unserem unmittelbaren oder weiteren Umfeld, die wir besonders schätzen, beobachten und von ihnen lernen;
- Biographien lesen, besonders von Frauen, die eine gesellschaftlich wichtige Funktion ausgeübt oder sonst Herausragendes geleistet haben und deren Gedanken auf unseren Arbeitsbereich anwenden;
- unsere Vorgesetzten um Erweiterung unseres Arbeitsbereichs, unserer Kompetenzen und unserer Verantwortung angehen;
- uns um eine Stelle im Personalbüro oder im unteren Management bewerben, wenn wir noch nicht über Management-Erfahrungen verfügen. Zu dieser untersten Management-

Ebene haben Frauen viel leichter Zugang als zu den Spitzenpositionen, wir können hier wertvolle Erfahrungen machen und unsere Fähigkeiten unter Beweis stellen;

- statt den Beruf zu wechseln, unseren Arbeitsbereich verändern, z. B. aus dem ausführenden Bereich in den Planungsbereich gehen, wo wir vielleicht weiter unten anfangen müssen, dafür aber wesentlich bessere Aufstiegschancen haben;
- regelmäßig überlegen, welche unserer Aktivitäten eigentlich in den Bereich des Management fallen, oder welche Bemühungen unsere Management- und Führungsqualitäten beweisen. Häufig sind wir uns unserer eigenen Fähigkeiten in diesen Bereichen nicht bewußt.

Wie wir unsere berufliche Ziellosigkeit überwinden

Auch unsere eigene Ziellosigkeit und der Mangel an Plänen für unsere Zukunft ist eine große Hürde auf dem Weg zu beruflichem Erfolg, die wir überwinden müssen, um nach außen hin ein eigenes Profil zu gewinnen und nach innen wirklich das zu tun, das unserer Selbstverwirklichung dient. Solange wir keine Ziele benennen können, unsere Vorstellungen nicht näher definiert haben und nicht wissen, woran wir eigentlich arbeiten, bereiten wir damit unser berufliches, wenn nicht persönliches Scheitern vor. In diesem Fall sind wir weit davon entfernt, unser Leben sinnvoll zu gestalten und wirklich das zu tun, wozu wir uns frei und willentlich entschieden haben. Außerdem entsteht daraus eine noch größere Verletzbarkeit durch die Unwägbarkeiten eines ökonomischen Systems, das auf das Individuum kaum Rücksicht nimmt und gescheiterte Existenzen ungerührt ans Sozialamt verweist.

Genau wie wir zu Hause alle Begabungen, Neigungen und Erfahrungen einsetzen, müssen wir alle anfangen, die ganze Bandbreite unseres Wissens, unserer Fähigkeiten und unseres Interesses den gesellschaftlichen Aufgaben zuzuwenden, um berufliche Perspektiven und neue Ansätze zu entwickeln, die gebraucht werden. Um das sinnvoll tun zu können, müssen wir vorausplanen.

Wenn wir nicht passiv auf die Umstände reagierend durch's Leben gehen oder »vom Schicksal gebeutelt« werden wollen, kommen wir nicht umhin, uns Ziele zu setzen und Perspektiven für unsere berufliche Existenz zu entwickeln. Das zu tun, muß ein bewußter und selbstbewußter Teil in dem Prozeß sein, eine selbstgewählte Identität entstehen zu lassen. Am erfolgversprechendsten ist es, die Planung dieser Ziele schriftlich abzufassen und gleichzeitig unsere Prioritäten und konkrete Schritte, durch die wir unseren Zielen näher kommen wollen, festzuhalten.

Sinnvoll ist es auch, zwischen kurzfristigen, mittelfristigen (ein halbes bis zwei Jahre) und langfristigen Zielen (bis zu fünf Jahren oder länger) zu unterscheiden und unsere Pläne darauf abzustimmen, daß zum Beispiel die familiären Verantwortlichkeiten dementsprechend gestaltet oder eingerichtet werden. Und natürlich müssen wir (das nimmt uns auch niemand ab) dafür sorgen, daß innerhalb der Familie Rechte und Pflichten zwischen allen Mitgliedern der Familie gerecht aufgeteilt werden. Wenn die Last des Alltags nicht gleichmäßig auf die verteilt wird, die von der alltäglichen Gemeinschaft profitieren, werden *wir* diese Last unweigerlich als erhebliche Einschränkung unserer beruflichen Möglichkeiten erleben. Irgendwann werden wir dann vielleicht alles »hinschmeißen«, weil ein einziger Tropfen das Faß zum Überlaufen gebracht hat.

Wenn wir uns selbst Ziele setzen, dann sollten wir der Versuchung widerstehen, uns von dem eingeimpften »das kann ich nicht« unterkriegen zu lassen. Mit ziemlicher Sicherheit gibt es wirklich Dinge, die wir nicht können, aber meistens unterschätzen wir unsere eigenen Fähigkeiten. Denken Sie immer daran, daß wir mit unseren Aufgaben wachsen.

Aber genauso sollten wir wissen, daß uns ins Uferlose gehende Ziele auch einschränken und den Prozeß, ein sinnvolles Leben zu gestalten, eher verhindern als ermöglichen. Selbstbestimmte Ziele kann nur erreichen, wer seinem eigenen Handlungsplan folgt. Dazu ist es nützlich, unsere Pläne und Ziele immer wieder an der Realität zu messen, weil unser Leben sich ständig verändert.

Eines der entscheidenden Elemente in diesem Prozeß ist, daß wir uns darauf besinnen, ein Leben lang Lernende zu sein – was uns in die glückliche Lage versetzt, auch aus eigenen Fehlern lernen zu können. Ansonsten können wir in Kursen und organisierten Weiterbildungsveranstaltungen lernen oder uns selbst (aus Büchern, Vorträgen, Gesprächen, Reisen) neues Wissen aneignen, von dem wir denken, daß es uns weiterhilft. In jedem Fall sollte aber die Erweiterung unseres Wissens Teil unseres Aktionsplans sein, um die Erfolge zu erreichen, die wir uns wünschen.

Außerdem müssen wir Frauen eine Lektion lernen, die uns alle gemeinsam und jede von uns persönlich betrifft: Die Wahrheit über unsere Situation im öffentlichen und privaten Raum. Genau diese Lektion wird uns in den durchschnittlichen, normalen Medien meistens vorenthalten – und wir wissen auch, warum. Weil nämlich die Wahrheit über uns selbst und unsere Situation uns zu einer Veränderung drängen wird, vor der Männer und außerdem auch viele Frauen Angst haben. Aber von dieser Veränderung werden wir selbst am allermeisten profitieren. Wenn wir die Medien nutzen, in denen Frauen und ihre eigenen Interessen zu Wort kommen, dann haben wir schon halb gewonnen.

Es geht um *mein* eigenes Leben

Das Leben ist kurz, sagt das Sprichwort. Und wir haben nur eine endliche Zahl von Chancen, um etwas daraus zu machen.

Bei einem meiner Karriereentwicklungs-Seminare sah ich, wie Gloria, eine sechzigjährige Frau, nach Ende der Sitzung absichtlich trödelte, weil sie offensichtlich noch mit mir sprechen wollte. Ich fragte sie, worüber sie nachdachte.

»Ach, ich bin traurig«, sagte sie, »sehr traurig.«

Ich fragte sie, warum.

»Weil ich diese ganzen Sachen nicht begriffen habe, als ich noch Zeit hatte.«

Das war einer der schwersten Augenblicke meiner ganzen Karriere als Beraterin. Es gibt kaum größere Tragödien, als wenn ein Mensch gegen Ende seines Lebens feststellt, daß er sein Leben verschwendet hat. Aber in Wirklichkeit haben wir immer Möglichkeiten, unser Leben sinnvoll zu gestalten, solange wir leben.

Gloria ging nach Hause und stellte nach einigem Nachdenken fest, daß sie ein paar Dinge in ihrem Leben ändern wollte. Sie reiste nach New York City, um herauszufinden, ob es eine Möglichkeit gab, an der Columbia Universität zu studieren. Inzwischen schmiedet sie Pläne, wie sie Versäumtes nachholen und neue Horizonte gewinnen kann, und sie stopft an ihrem Lebensabend alles Wissen in sich herein, von dem sie früher vielleicht keine Ahnung hatte.

Ich erinnere mich an einen Dialog aus einem Film, den ich früher manchmal in meinen Seminaren gezeigt habe: In diesem Film *(I Love You, Goodbye)* beschließt eine Hausfrau, mit Ende vierzig aufs College zu gehen, worüber alle Welt entsetzt ist. Schließlich sagt jemand:

»Aber bis du fertig bist, bist doch schon zweiundfünfzig!«

»Na und«, antwortet sie. »Zweiundfünfzig werd' ich auch so.«

Angst bringt uns um die vielversprechenden Möglichkeiten, die wir in uns tragen, um zu einer selbstbestimmten Identität und einer erfolgreichen Selbstverwirklichung im Beruf und im Privatleben zu kommen. Wenn wir Angst davor haben, unsere Möglichkeiten auszuprobieren, Risiken einzugehen, den Zorn unserer Familie auf uns zu ziehen oder feststellen zu müssen, daß unser Partner stur und egoistisch ist, dann ist die Wahrscheinlichkeit groß, daß wir resignierend die Hände in den Schoß legen. Lieber spielen wir weiter das hilfsbedürftige »nette Mädchen«, lassen unsere Chancen ungenutzt an uns vorüberziehen und versagen damit vor der Verantwortung, uns selbst zu verwirklichen, unserem Leben einen selbstbestimmten Sinn zu geben, sinnvolle Arbeit zu leisten, Ziele zu erreichen. All das rückt dann immer weiter in die Ferne oder verschwindet in einem Nebel der Indifferenz.

In einem meiner Seminare für Geschäftsfrauen erzählte eine der Teilnehmerinnen, wie sie zu Beginn ihres vielversprechenden Unternehmens ihren gesamten Besitz in Bargeld umgewandelt hatte, um ihre Idee in die Wirklichkeit umsetzen zu können.

Eine andere Teilnehmerin fiel ihr ins Wort: »Aber du hättest alles verlieren können!«

»Wenn ich nicht alles auf eine Karte gesetzt hätte, dann hätte ich es nie geschafft. Und vielleicht hätte ich gar nicht erst angefangen«, sagte die Unternehmerin. »Was hätte mir denn groß passieren können? Wenn ich mit dem Laden pleite gemacht hätte, dann wäre ich eben kellnern gegangen. Ich wäre schon nicht daran gestorben.«

Nicht viele Frauen denken so. Meistens haben wir eine ganze Liste von Argumenten im Kopf, in der die Nachteile überwiegen. Wir sind dazu erzogen worden, keine Risiken einzugehen, und häufig gehört das, was wir zu riskieren hätten nicht uns selbst, deshalb wollen wir es nicht aufs Spiel setzen.

Das ganze Leben ist ein einziges Risiko. Auch wenn wir die Verantwortung über unser Leben in die Hände anderer legen, gehen wir damit ein Risiko ein. Aber das Risiko, unser Leben selbst in die Hand zu nehmen und die Verantwortung für unsere Unabhängigkeit selbst zu tragen, ist viel weniger ein Glücksspiel, als die Verantwortung anderen zu überlassen.

Leicht ist das menschliche Leben nicht, und die Verantwortung lastet auf uns. Aber die schwerste Last tragen die Frauen, die ihrer Erziehung zu »netten Mädchen« entsprechend ihre eigenen Interessen zugunsten anderer verleugnen, sich den Wünschen und Plänen anderer anpassen und sich, kurz gesagt, ausbeuten lassen.

Viel zu oft haben wir unser Leben nicht in der Hand, weil wir uns vom gewohnten Schema »f« vorschreiben lassen, was wir zu tun und zu lassen haben: Wir sollen passiv sein und sind passiv, wir sollen auch die Zumutungen anderer geduldig akzeptieren, wir sollen tun, was man von uns verlangt und nichts sonst. Im Grunde verharren viele Frauen in einer ewigen Kindheit und tun immer das, was schon unsere Eltern von ihrem »netten Mädchen« erwartet haben.

Noch als erwachsene Frauen lassen sie sich durch die Rolle des »netten Mädchens« auf den Stand eines Kindes reduzieren, das ewig nichts anderes im Kopf hat, als wer es mag und wer nicht, und was es tun kann, um gemocht zu werden. Erwachsene »nette Mädchen« verkommen zur Marionette, die nur von den Wünschen und Bedürfnissen anderer in Bewegung gehalten wird. Man kann ihnen alles antun, und sie entschuldigen sich noch, wenn man sie nur wieder mag. Bis zum bitteren Ende halten sie diese Rolle durch.

Und genau diese Art, auf dem Entwicklungsstand eines Kindes zu verharren, macht Frauen zu Opfern männlicher Willkür. In den Kleinigkeiten des täglichen Lebens genauso wie in den Fällen, wo es wirklich drauf ankommt, bringt die Rolle des »netten Mädchens« Frauen dazu, an ihrer eigenen Unterdrückung mitzuwirken. Aber gleichzeitig schlummert tief im Inneren jeder Frau das Wissen, daß wir so kein erwachsenes, authentisches Leben führen können. Unser Selbstbewußtsein schmilzt dahin wie Eis in der Sonne, wenn wir uns den Maßstäben anderer anpassen und unsere eigenen Bedürfnisse in der erniedrigenden Sucht, von anderen um jeden Preis akzeptiert zu werden, unterdrücken.

Solange wir unsere eigene Identität im Sumpf versinken lassen, kann nicht die Rede von einem selbstgewählten Leben sein. Wir könnten uns am eigenen Schopf aus dem Sumpf ziehen, wenn wir uns nur auf unsere eigenen Kräfte besinnen, wenn wir aufhören, das »nette Mädchen« zu spielen, wenn wir die Chance, ein authentisches Leben zu leben, ergreifen und endlich unsere Frau stehen, wenn wir die helfenden Hände anderer Frauen ergreifen, um dem Alleingang in Anpassung zu entkommen.

Das Leben steckt voller Hoffnung und Möglichkeiten. Bei jeder Kehrtwendung tun sich neue Perspektiven auf. Und aus dieser Fülle der Möglichkeiten greifen wir uns die heraus, die unserem Wesen am besten entspricht, und fangen an, uns selbst zu verwirklichen. Das ist das spannendste Wagnis, das es auf der Welt gibt – und wir können nur gewinnen.

Die Herausforderung liegt darin, dieses Wagnis mit vollem Bewußtsein einzugehen: Wir müssen uns zu jedem Zeitpunkt genau über unsere Handlungsmöglichkeiten klarwerden, um die richtige Entscheidung zu treffen. Wir können uns auf einen Prozeß der Selbstverwirklichung einlassen, bei dem alles, was wir tagtäglich tun, in einem sinnvollen Zusammenhang steht. Wir stehen am Beginn eines selbstbestimmten Lebens.

Und genau auf diesem Weg stehen uns innere und äußere Hindernisse im Weg, die uns von unseren Zielen abbringen, deprimieren oder womöglich ganz aus der Bahn werfen. Diese Hindernisse müssen wir ernstnehmen, aber wir sollen nicht meinen, daß sie unüberwindlich sind. Wenn wir für unsere Interessen selbst einstehen und uns gegen Unterdrückungsversuche zur

Wehr setzen, uns nicht zu Opfern machen lassen und uns selbst und anderen immer wieder sagen: »Das »nette Mädchen« war ich lange genug – jetzt stehe ich meine Frau!«, können wir alle Hindernisse überwinden, die unserer selbstbestimmten Zukunft im Weg stehen.

Anmerkungen

1 Singer, Peter: Befreiung der Tiere. München, 1982.
2 Friedan, Betty: Der Weiblichkeitswahn oder die Selbstbefreiung der Frau. Ein Emanzipationskonzept. Reinbek, 1970.
3 Dowling, Colette: Der Cinderella-Komplex. Die heimliche Angst der Frauen vor der Unabhängigkeit. Frankfurt 1994/4
4 French, Marilyn: Frauen. Reinbek, 1982.
5 zitiert nach 'Dortmunder Studie' Band 260 der Schriftenreihe des Bundesministeriums für Jugend, Familie, Frauen und Gesundheit.

Literatur

Zu 1

Miner, Valerie/Longino, Helen E. (Hg.): Konkurrenz. Ein Tabu unter Frauen. München, 1990.

Zu 2

Rommelsbacher, Birgit: Weibliche Beziehungsmuster. Frankfurt/M. 1987.

Sichtermann, Barbara: Weiblichkeit. Berlin, 1983.

Zu 3

Pusch, Luise F.: Alle Menschen werden Schwestern. Feministische Sprachkritik. Frankfurt/M. 1989.

Zu 5

Asgodom, Sabine: Selbst-Management für Frauen. Düsseldorf 1993.

Zu 6

Plogstedt, Sybille/Degen, Barbara: Nein heißt sein. DGB-Ratgeber gegen sexuelle Belästigung am Arbeitsplatz. München/Zürich 1992.

Zu 7

Echter, Dorothee: Lust auf Erfolg. Karrierestrategien für Frauen. Düsseldorf, 1994.

Büchner, Karin (Hg.): Handbuch Frauen-Netzwerke. Düsseldorf 1993.

Empfehlungen

Aburdene, Patricia/Naisbitt, John: Megatrends Frauen. Düsseldorf, 1993.

Beauvoir, Simone de: Das andere Geschlecht. Sitte und Sexus der Frau. Reinbek, 1992.

Dowling, Colette: Der Cinderella-Komplex. Die heimliche Angst der Frauen vor der Unabhängigkeit. Frankfurt/M., 1994.

Estès, Clarissa P.: Die Wolfsfrau. Die Kraft der weiblichen Urinstinkte. München, 1993.

Faludi, Susan: Die Männer schlagen zurück. Reinbek, 1995.

French, Marilyn: Frauen. Roman. Reinbek, 1982. Tochter ihrer Mutter. Roman. Reinbek, 1991. Der Krieg gegen die Frauen. München, 1993.

Friedan, Betty: Der Weiblichkeitswahn oder die Selbstbefreiung der Frau. Ein Emanzipationskonzept. Reinbek, 1970.

Gilligan, Carol: Die andere Stimme. Lebenskonflikte und Moral der Frau. München/Zürich, 1994, 4. Aufl.

Henley, Nancy: Körperstrategien. Geschlecht, Macht und nonverbale Kommunikation. Frankfurt, 1993, 6. Aufl.

Hennig, Margaret/Jardim, Anne: Frau und Karriere. Erwartungen, Vorstellungen, Verhaltensweisen. Reinbek, 1978

Hite, Shere: Das sexuelle Leben der Frau. München, 1994 (Neuauflage).

LaRouche, Janice/Ryan, Regina: Erfolgreich und zufrieden. Frauen im Beruf. München, o.J.

Lerner, Gerda: Die Entstehung des Patriarchats. Frankfurt/M., 1991. Die Entstehung des feministischen Bewußtseins. Frankfurt/M., 1993

Sanford, Linda T./Donovan, Mary E.: Frauen und Selbstachtung. Ich bin ich, und ich bin o. k. O. O., 1994.

Steinem, Gloria: Was heißt schon emanzipiert? Meine Suche nach einem neuen Feminismus. Hamburg, 1993.

Tannen, Deborah: Du kannst mich einfach nicht verstehen. Warum Männer und Frauen aneinander vorbeireden. München 1993.

Wolf, Naomi: Der Mythos Schönheit. Reinbek, 1993.